Bruce Nussbaum
Das Ende unserer Zukunft

Bruce Nussbaum

Das Ende unserer Zukunft

Revolutionäre Technologien
drängen die europäische Wirtschaft
ins Abseits

Mit einem Vorwort von
Konrad Seitz
Leiter des Planungsstabes im Auswärtigen Amt

verlegt bei Kindler

Titel der Originalausgabe:
»The World after Oil. The Shifting Axis of Power and Wealth«
Simon and Schuster, New York

Aus dem Amerikanischen von
Dirk Bavendamm
Gerd Becher
Rolf Cyriax

© 1983 by Bruce Nussbaum
© 1984 für die deutschsprachige Ausgabe by Kindler Verlag GmbH, München
Alle Rechte vorbehalten, auch die des teilweisen Abdrucks,
des öffentlichen Vortrags und der Übertragung durch Rundfunk und Fernsehen
Fotomechanische Wiedergabe nur mit Genehmigung des Verlages
Umschlaggestaltung: Dieter Vollendorf, München
Satz: C. H. Beck'sche Buchdruckerei, Nördlingen
Druck und Verarbeitung: May & Co, Darmstadt
Printed in Germany
8-1-12-4-4

ISBN 3-463-00877-7

Inhaltsverzeichnis

Zur Einführung 7

Einleitung 23

1. Kapitel
Die Leittechnologien 29

Roboter – Arbeiter mit dem Stahlkragen 31
    Roboterfieber 35 · Roboter sind sparsam 39 · Die unbemannten Fabriken der Zukunft 43 · Die europäische Roboterherausforderung 44 · Roboter sind nie betrunken 46

Biotechnik und Bakterienfabriken 48
    Gene nach Maß 49 · Das Wunder der Genchirurgie 50 · Das patentierte Leben 52 Nobel-Unternehmer 53 · Ein Mittel gegen den Krebs? 54 · Der japanische Reiswein-Vorsprung 55 · Das Frankenstein-Monster 59

»C and C« – »Computers and Communications« 61
    Vom Fernseh- zum Kommunikationsgerät 62 · Die Invasion der Chips 64 · Elektronische Piraten 66 · Gesammelte Pfennige sind jetzt wertlos 69 · Der fremde Angriff 70

2. Kapitel
Die OPEC im Zwielicht 75
    Die OPEC löst die Hochtechnologierevolution aus 76 · 35 Millionen ohne Arbeit 78 · Energie auf hochtechnologischer Sparflamme 79 · Washingtons veraltete Außenpolitik 81 · Die OPEC verarmt 84 · Der Alptraum des Scheichs Jamani 87 Das Samson-Syndrom 88

3. Kapitel
Der Niedergang der Bundesrepublik und die Auflösung Europas 91
    Kissingers Einfluß 92 · Das vergehende Wirtschaftswunder 93 · Die Technologie des 19. Jahrhunderts 94 · Die technologische Lücke 97 · Wie die Bundesrepublik den Anschluß verlor 100 · Hitler und der Verlust der Spitzenstellung 103 · Hitler und die Risikokapitalgeber 105 · Die Bundesrepublik ergrünt 107 · Aufgeblähte Bürokratien 109 · Die polnische Krise zwingt die Bundesrepublik, sich für den Osten zu entscheiden 112 · Die Geschichte wiederholt sich doch 114

4. Kapitel
Der Zerfall des sowjetischen Imperiums 119
    Man stelle sich vor 119 · Wodka-Kommunismus 121 · Stalins Wirtschaft 125 Die sowjetische Macht schrumpft 126 · Die Fassade der sowjetischen Technologie 128 · Die Lysenko-Erbschaft 132 · Die Sowjetunion kopiert Technologien 134 · Die drei sowjetischen Wirtschaften 141 · Die Zivilwirtschaft: Kanonen statt Butter 143 · Die Wirtschaft im Untergrund 145 · Der OPEC-Wahn 147

5. Kapitel
Die De-Industrialisierung der Dritten Welt 151
Die »Concordes« der Dritten Welt 152 · Ataris aus Hongkong 156 · Chinas Flucht in die Vergangenheit 159 · Die »Silicon-Täler« Asiens 160 · Brasilien versucht den französischen Schachzug 163 · Zukünftige Kriege um Technologien 166 · Das Seerecht 171 · Sozialismus auf dem Meeresboden 174

6. Kapitel
Elektronischer Merkantilismus 177
Datenkriege 179 · Datenpolizei 181 · Wir werden verkabelt 183 · Datenschutz 184 · Datenschutz und Protektionismus 185 · Europäische Märkte werden abgeschottet 187 · Handel auf Gegenseitigkeit – die neue Hochtechnologiepolitik der USA 190 · Die UNESCO – das Schlachtfeld der Informationspolitik 197 · Hochtechnologischer Nationalismus 199 · Tausche Märkte gegen Technologien 203 · Europa neigt sich dem pazifischen Becken zu 204 · Der militärisch-industrielle Komplex in Frankreich 205 · Zukunftsvision 208 · Silicon-Fjorde 209 · Die Balkanisierung Europas 211

7. Kapitel
Die Verbrechen der neunziger Jahre 215
Scheidung auf technologisch 218 · »Techno-Trümpfe« und Verbrechen 219 · Der einäugige Jack 221 · Die »Japscam«-Affäre 223 · IBM – Der »Darth Vader« der Computerunternehmen 228 · Computer als Detektive 229 · Computer werden angezapft 231 · Das verwundbare Netz 233 · Hochtechnologie und ausländische Arbeitskräfte 234 · Gefahren der internationalen Kooperation 235 · Elektronische Kriegführung 236 · Operation Exodus 240 · Opfer und Täter 241

8. Kapitel
Japan – die bestimmende Macht im pazifischen Becken 243
»Japanophobie« 244 · Zurück zu den Grundlagen 248 · Auf die Fabriken kommt es an 249 · Die Tugend des Sparens 253 · Zukunftsvision 255 · Made in Japan 256 · Das MITI-Wunder 259 · Die Zukunftsvision des MITI 265 · Sind die Japaner schöpferisch veranlagt? 268 · Frührentner 271

9. Kapitel
Die Wiedergeburt Amerikas 275
Amerikas neues Zentrum der Macht 276 · Das verpaßte Rendezvous mit dem Schicksal 277 · Das Management versagte 279 · Die heiße Mischung 282 · Eine neue Generation von Firmengründern 283 · Wissenschaftler und Kapitalisten 284 · Das »Silicon-Tal« als Vorbild 285 · Arbeitsplatzvernichtung durch Automatisierung 288 · Kybernetik-Phobie 292 · Ein neuer Bürgerkrieg? 293 · Nostalgie als Politik 294 · Das Superlumpenproletariat nimmt zu 297 · Eine Hochschulreform ist nötig 298 · Einwanderungskontrollen 299 · Technologietransfer 300 · Die neue Unternehmensphilosophie 301 · Ronald Reagan und das »Silicon-Tal« 304 · Eine neue Machtkonstellation 306

Register 311

Zur Einführung

Es gibt nicht viele ausländische Sachbücher, die schon vor ihrer Übersetzung ins Deutsche bei uns eine öffentliche Diskussion auslösten und Anlaß einer SPIEGEL-Titelgeschichte[1] wurden. Nussbaums Werk ist ein solches Buch. Und mit gutem Grund, denn es geht uns an.

Der große Umbruch

Nussbaums Thema ist ein Thema von gewaltiger, historischer Dimension: Es geht um die Verwandlung der Welt durch eine neue industrielle Revolution.
Ausgelöst wird diese Revolution von zwei neuen Schlüsseltechnologien: der Mikroelektronik und der Biotechnik. Mikroelektronik faßt dabei alle Technologien zusammen, die aufbauen auf der Basisinnovation der integrierten Schaltkreise: Computer, Roboter und Steuerungssysteme, neue Kommunikationstechniken. Biotechnik heißt vor allem: großtechnische Nutzbarmachung der Basisinnovation der Spaltung und Neukombination von Genen.
Die Mikroelektronik ist schon heute die große Wachstumsindustrie in der Welt. In den USA erzielten 1982 mehr als 6000 Elektronikhersteller einen Umsatz von über 125 Milliarden Dollar. Informationsverarbeitung und Informationsübermittlung vereinigen sich dabei zu einer einzigen auf Mikroelektronik basierenden Informationsindustrie. Mit jährlichen Zuwachsraten von 15 Prozent und mehr wird diese Industrie schon bald die größte verarbeitende Industrie in der Welt sein.

[1] DER SPIEGEL vom 26. 12. 1983: Deutsche Industrie – Verschlafen wir die Zukunft?

Die Biotechnik andererseits ist heute im wesentlichen noch im Laborstadium; aber sie dürfte schon in den neunziger Jahren die zweite große Wachstumsindustrie werden.
Das Entscheidende jedoch ist: Die beiden neuen Technologien verwandeln die Volkswirtschaft als *Ganzes,* sie revolutionieren Produktionsverfahren und Produkte auch der anderen Industrien und sie revolutionieren den Dienstleistungssektor:

— Die Verbindung von Roboter und Computer bringt die rechnerintegrierte und flexibelautomatisierte Fabrik;
— die Verbindung von Computer und den neuen Kommunikationstechniken bringt das integrierte und automatisierte Büro und bringt den Heimterminal, der nicht nur Fernsehgerät ist, sondern auch Gerät, um zum Beispiel Warenbestellungen aufzugeben, Banküberweisungen auszuführen, Informationen aus Datenbanken abzurufen, Ausbildungsprogramme im Zweiwegfernsehen anzuwählen;
— die Biotechnik schließlich bringt die »Fabrik der Mikroben«: In »Bioreaktoren« werden maßgeschneiderte Bakterien Pharmazeutika wie Impfstoffe und Hormone erzeugen oder Enzyme herstellen, die ihrerseits wieder zur biologischen Herstellung chemischer Grundstoffe verwendet werden. Die Biotechnik wird – nicht weniger revolutionär als die Mikroelektronik – pharmazeutische Industrie und Medizin, Landwirtschaft und chemische Industrie verwandeln; ja sie stellt in Aussicht, daß wir Abfälle und Biomasse auf wirtschaftliche Weise in einen Universalrohstoff umwandeln, der Öl als Brennstoff ebenso wie als Ausgangsstoff der chemischen Industrie ersetzen kann.

Von all dem handelt Nussbaum. Aber sein eigentliches Thema ist der Umbruch in Weltpolitik und Weltwirtschaft, der von diesem technologischen Wandel ausgelöst wird.
Führer in den beiden neuen Technologien sind die USA und Japan. Und so wie die erste industrielle Revolution, die von Europa vorangetrieben wurde, Europa zur Herrin der Welt machte, so läßt nun die hochtechnologische Revolution Amerika und Japan zu Zentren der Macht und des Reichtums werden. Die Achse, um die sich Weltpolitik und Weltwirtschaft drehen, verlagert sich vom Atlantik zum Pazifik.
Nussbaum schildert dieses große Weltdrama in einem packenden

Stil, der die Zeit rafft, der nach Effekten hascht, der salopp ist, der übertreibt, bisweilen maßlos übertreibt.

Nussbaum ist stets konkret. Und so gelingen ihm immer wieder Sätze, die sich einprägen und nachwirken – so etwa, wenn er das Vordringen der Roboter in die Fabriken schildert und dann zitiert: »Es gibt für einen Facharbeiter der Autoindustrie keinen Trost, der bei McDonalds arbeiten muß.«

Wo anderswo abstrakt von Strukturwandel, vom Verlust alter und dem Entstehen neuer Arbeitsplätze die Rede ist, da stellt Nussbaum in einem einzigen Satz ein ganzes Lebensschicksal vor Augen, macht das, was Strukturwandel heißen kann, nicht nur intellektuell begreifbar, sondern emotional nacherlebbar.

Bei aller konkreten Fülle verliert Nussbaum jedoch nie sein Thema aus dem Auge: den Aufstieg Japans und der USA und den Abstieg der anderen. Nie ist der Leser in Gefahr, den Wald vor lauter Bäumen aus den Augen zu verlieren.

Es ist ein spannendes Buch. Es ist auch ein Buch, das den Leser an vielen Stellen zum Widerspruch herausfordert. Und es ist ein Buch, das für uns Deutsche ein Ärgernis ist – aber ein fruchtbares Ärgernis, wenn wir uns mit Nussbaums Ansichten und Prognosen auseinandersetzen.

Steht die Bundesrepublik vor dem Niedergang?

Eine Hauptrolle in Nussbaums Weltdrama spielt die Bundesrepublik Deutschland. Denn gerade sie, das einstige Wirtschaftswunderland, befindet sich – so Nussbaum – in einem unaufhaltsamen Abstieg: »Wie ein rasendes Auto, das über eine Pier hinausschießt und einen Augenblick quasi stillhält, bevor es ins Meer stürzt, ist die Bundesrepublik heute eine Nation, die sich selbstgefällig durch das 20. Jahrhundert bewegt, blind und nichtsahnend von der ökonomischen Katastrophe, von der sie bereits erfaßt ist.«

Grund für diesen Absturz ist – weiter nach Nussbaum –, daß die Bundesrepublik den Übergang zu den neuen Technologien, den Übergang von der Mechanik zur Mikroelektronik und Biotechnik, nicht schafft. Sie stellt weiterhin die besten 19.-Jahrhundert-Produkte auf der Erde her – schwere Turbinen, wundervolle Autos. Aber sie kann nicht konkurrieren, wenn es um Hochtechnologie geht – um

Halbleiter, Computer, Konsumelektronik, Telekommunikation, »Mikroben-Fabriken«.

Daß dies alles gewaltig übertrieben ist, bedarf keiner Begründung. Dennoch, wir sollten zwei Dinge klar sehen:

Zunächst: Nussbaums pessimistische Einschätzung der deutschen Wirtschaft ist – wenn auch normalerweise in gedämpfterer Form – zur Zeit in den USA weit verbreitet. So wie uns die Amerikaner Mitte der siebziger Jahre, in der Zeit der Dollarschwäche, überschätzten und der nachmalige Finanzstaatssekretär Bergsten sogar von einer amerikanisch-deutschen Bi-Hegemonie sprach, so werden wir heute kräftig unterschätzt.

Wir sollten dem durch nüchterne Information entgegenwirken und im übrigen gelassen bleiben: Wenn erst einmal die sich auftürmenden Leistungsbilanzdefizite der USA den Dollar wieder nach unten treiben, wird wohl auch das Pendel in der amerikanischen Einschätzung der deutschen Wirtschaft wieder zur Mitte zurückschwingen.

Verbreitet in Amerika – und übrigens auch in Frankreich – ist derzeit ebenso die Furcht, die Bundesrepublik könnte sich aus ihrer Verankerung im Westen wieder lösen und sich nach Osten wenden. Man glaubt, eine zunehmende Ablehnung der westlichen Werte der Rationalität und der Demokratie bei uns feststellen zu können und ein Wiedererwachen von Nationalismus und politischem Romantizismus.

Nussbaum untermauert dieses politische Argument mit einem wirtschaftlichen: Immer weniger wettbewerbsfähig auf den Weltmärkten, werde die deutsche Wirtschaft schließlich selbst auf ihrem Heimmarkt Westeuropa bei den hochtechnologischen Gütern in der Konkurrenz mit Japan und den USA unterliegen. Dann wird Moskau locken und – für den politischen Preis des Neutralismus – riesige Aufträge für die veraltete deutsche Schwerindustrie anbieten.

Auch dieses Argument hört man in Amerika nicht nur von Nussbaum. Es ist jedoch nicht weniger unrealistisch als das politische Argument: 1982 nahm der Ostblock – ausgenommen ist der innerdeutsche Handel – 4,3 Prozent unserer Gesamtexporte auf, das ist weniger als das, was allein die Schweiz (5,1 Prozent) oder Österreich (4,8 Prozent) uns abkauften. Einer massiven Steigerung der Ostblockaufträge aber steht eine einfache Tatsache entgegen: Der Ostblock könnte sie nicht bezahlen.

Und nun das Zweite, das es klar zu sehen gilt: Nussbaum übertreibt, aber in seiner Übertreibung steckt – leider – ein wahrer Kern.

Unsere Volkswirtschaft ist zwar nach wie vor in vielen Produktbereichen international mit an der Spitze, aber wir sind in den beiden für die Zukunft so entscheidenden Schlüsseltechnologien, in der Mikroelektronik und der Biotechnik, im Rückstand und in Gefahr, noch weiter zurückzufallen. Diese Situation beginnt sich zudem auch auf andere Produktbereiche ungünstig auszuwirken.

Was wir bisher nur vom Ausland hörten, findet sich jetzt bestätigt in den soeben erschienenen Strukturberichten 1983 der deutschen Wirtschaftsinstitute.

So schreibt das Kieler Institut für Weltwirtschaft: »Im internationalen Wettbewerb ist die deutsche Wirtschaft auf vielen Gebieten ins Hintertreffen geraten. Auf den Märkten für neue Technologien haben häufig andere die Nase vorne. Es muß zu denken geben, daß es zum Ausgleich des hohen Leistungsbilanzdefizits einer Abwertung der D-Mark bedurfte, was so viel heißt, daß eine Anpassung nur bei sinkendem Realeinkommen gelang.«

Und das Münchner Ifo-Institut weist darauf hin, daß sich die deutschen Exporte auf Warengruppen mit stagnierendem beziehungsweise rückläufigem Anteil am Welthandel konzentrieren. Von acht hochtechnologischen Produktbereichen weise nur die Elektromedizin einen Anteil am Export der Bundesrepublik auf, der über dem Anteil liegt, den dieser Produktbereich am Welthandel hat. Die sieben anderen, bedeutenderen Produktbereiche haben an unserem Export dagegen Anteile, die – meist weit – unter den Welthandelsanteilen liegen. Es sind dies alles Bereiche, in denen die Mikroelektronik eine entscheidende Rolle spielt. Das Ifo-Institut spricht denn auch von einer »Mikroelektronik-Lücke« der deutschen Wirtschaft.

Wird es bald auch eine Biotechnik-Lücke geben? In den USA herrscht hier eine wahre Aufbruchstimmung. Neben den großen Chemie- und Pharmazeutikkonzernen sind über 200 kleine und mittlere Unternehmen in der Biotechnik tätig; über 100 von ihnen wurden seit 1976 gegründet. In der Bundesrepublik dagegen wird die Biotechnik allein von den Großfirmen entwickelt. An hochqualifizierten Molekularbiologen herrscht Mangel; Hoechst sah sich deshalb veranlaßt, einen Forschungsvertrag mit dem Massachusetts General Hospital von Harvard zu schließen.

Doch zurück zur Mikroelektronik-Lücke. Sie ist jedem aus eigener Anschauung bewußt, der Hi-Fi-Geräte, Videorecorder, Heimcomputer kauft oder im Büro mit Computern oder Textverarbeitungsmaschinen umgeht.

Die persönliche Erfahrung sei hier untermauert mit einigen Zahlen:[2]

Bei Computern haben deutsche Unternehmen einen Weltmarktanteil von weniger als fünf Prozent. Und selbst auf dem Binnenmarkt stammen zwei Drittel aller Computer von amerikanischen Firmen (einschließlich ihrer Tochtergesellschaften, vor allem IBM-Deutschland).

Noch ungünstiger ist die Lage bei den integrierten Schaltkreisen, der Basistechnologie der Elektronikindustrie. Hier erreichte 1982 ganz Westeuropa nur einen Anteil von 4,4 Prozent an der Weltproduktion (USA: 69,4 Prozent; Japan: 24,7 Prozent). 1978 betrug der westeuropäische Anteil noch 6,7 Prozent; der Trend geht also nach unten.

Für die relativ wenigen Chips, die wir in der Bundesrepublik herstellen, sind wir überdies wesentlich von amerikanischen Produktionsausrüstungen abhängig. Und während wir erst bei den 64k-Speicherchips[3] angelangt sind, beginnen Amerikaner und Japaner bereits die neue Generation der 256k-Chips zu produzieren, die die vierfache Speicherkapazität haben.

Bei Industrierobotern, einem der stärksten Wachstumsbereiche, ist die deutsche Industrie auf den Weltmärkten kaum präsent. Sogar von den in der Bundesrepublik bis Ende 1982 installierten 3500 Robotern waren 40 Prozent importiert; und sieht man von VW ab, das seine Roboter in Eigenproduktion herstellt, so steigt der Importanteil sogar auf 70 Prozent.

Selbst in der Unterhaltungselektronik, bei der die deutsche Industrie lange Jahre hohe Exportüberschüsse erzielte, geht der Trend seit 1976 nach unten. 1981 hatten wir in diesem Bereich zum ersten Mal einen Importüberschuß in Höhe von einer halben Milliarde Mark. Von den hier verkauften Hi-Fi-Geräten kommen bereits rund die Hälfte aus Fernost. Japanische Farbfernsehgeräte haben auf dem deutschen Markt von 1979 bis 1981 ihren Anteil auf 15 Prozent verdoppelt. Bei der neuen Generation der Unterhaltungselektronik, den Videorecordern, hat Japan auf dem Weltmarkt einen Anteil von 95 Prozent; die restlichen fünf Prozent entfallen auf die Philips-Technologie, mit der auch Grundig produziert – doch wie lange noch?

---

[2] Eine Hauptquelle für die obigen Angaben und ebenso für weitere Zahlenangaben ist der Bericht des Office of Technology Assessment an den amerikanischen Kongreß: »International Competitiveness in Electronics«, Washington, November 1983.

[3] Speicherchips des Typs 64k-Ram (random access memory) mit einer Speicherkapazität von 64000 Ein/Aus-Schaltmöglichkeiten (bits).

Einen der wenigen Lichtblicke bietet die digitale Fernsprechvermittlungstechnik: Hier haben Siemens und die im Mehrheitsbesitz von ITT befindliche SEL den Rückstand gegenüber den amerikanischen, japanischen, schwedischen und französischen Firmen bei den öffentlichen Vermittlungseinrichtungen aufgeholt.

Dies ist die Gegenwart. Noch mehr beunruhigt die Zukunft:

– In Japan läuft seit 1981 ein Zehnjahresforschungsprogramm für Computer der 5. Generation; die für dieses Programm zunächst vorgesehenen 500 Millionen Dollar kommen zur Hälfte von der Regierung. 100 Millionen Dollar gehen in ein zweites Projekt für superschnelle Computer. Parallel dazu laufen mit 150 Millionen dotierte Forschungsprogramme für die Entwicklung neuartiger integrierter Schaltkreise, die für die beiden Computerprojekte benötigt werden (dreidimensionale Schaltkreiselemente, Gallium Arsenid als Halbleitermaterial, das die Aussicht gibt, die Rechnergeschwindigkeiten verzehn- bis verhundertfachen zu können).
– In den USA finanziert das Pentagon mit ebenfalls 500 Millionen Dollar die Entwicklung von Computern der 5. Generation. Entsprechend zu den Japanern unterstützt das Pentagon auch ein ergänzendes Programm für neue Schaltkreise von höchster Geschwindigkeit.

Diesen energischen Anstrengungen steht bei uns die Forschung an einigen Universitäten und wissenschaftlichen Instituten gegenüber und seit Ende 1983 ein Forschungszentrum in München, das gemeinsam von Siemens, dem britischen Computerhersteller ICL und der französischen BULL gegründet wurde. In diesem Zentrum haben einige wenige Forscher mit der Arbeit begonnen; ihre Zahl soll innerhalb der nächsten beiden Jahre auf 50 steigen, doch selbst diese 50 Forscher werden sich kaum aus Westeuropa allein rekrutieren lassen.
Computer der 5. Generation werden nicht mehr rechnende Maschinen sein, sondern wissensverarbeitende, »denkende«. Sie werden natürliche Sprache verstehen und in ihr antworten. Sie werden Muster erkennen, und das heißt also: »sehen«. Sie werden »lernen« können. Mit ihrer Hilfe werden Dinge möglich wie: automatische Schreibmaschinen, die auf Diktat schreiben; automatische Übersetzungsmaschinen; und vor allem: »intelligente« Roboter, die sehen und lesen, hören, fühlen und riechen.
Was hier bevorsteht – selbst wenn die Forschungsprogramme nur

teilweise Erfolg haben –, ist in Wirklichkeit eine zweite Computerrevolution, die Wirtschaft und Alltagsleben tiefgreifend verändert.
Wird die deutsche Industrie bei dieser Computerrevolution mithalten können? Oder wird sie darauf angewiesen sein, die neuen Schaltkreise und die Nachbaulizenzen für die neuen Computer von den USA und Japan zu kaufen?
Und wird sie die jeweils neuesten Lizenzen überhaupt kaufen können? Hier leuchten Warnlampen auf: Der amerikanischen Elektronikindustrie sitzt der Schock von 1982 tief in den Knochen. Damals hatten die Japaner, nachdem sie über Jahrzehnte massiv Halbleiterlizenzen in den USA eingekauft hatten, in einem ersten Exportvorstoß fast 70 Prozent des amerikanischen Markts für die 64k-Rams erobert. Dank verbesserter Produktionstechniken schienen die japanischen Lizenznehmer die lizenzgebende amerikanische Halbleiterindustrie aus ihrem eigenen Markt zu werfen. In Zukunft, darauf weist das Office of Technology Assessment (siehe Anmerkung 2) hin, »wird es weit weniger wahrscheinlich sein, daß amerikanische Firmen Lizenzen für ihre Technologien geben«.
Zugleich kontrolliert die amerikanische Regierung den Transfer von Wissen und Technologie ungleich strikter als in der Vergangenheit. Die Kontrollen zielen auf den Ostblock, aber sie haben Auswirkungen auch auf Westeuropa.

Ein Land wie die Bundesrepublik, das fast 62 Millionen Menschen auf kleiner Fläche ernährt, das Energie und Rohstoffe zu einem großen Teil einführen muß und das ein hohes Pro-Kopf-Einkommen und einen hohen Sozialstandard hat: ein solches Land »hat entweder eine technologische Zukunft oder gar keine« – so formuliert es eine Studie des Klöckner-Konzerns: »Standard- und Massenprodukte, die anderenorts kostengünstiger hergestellt werden können, garantieren entwickelten Volkswirtschaften keine ausreichende Existenzbasis, sondern bescheren ihnen Strukturkrisen.«
Nussbaum hat recht, wenn er den Blick nicht so sehr auf die Gegenwart richtet, sondern auf den in ihr erkennbaren Trend. Es geht um die *Zukunft*.

Ein Bewußtsein der Herausforderung entsteht

In *Japan* ist die hochtechnologische Zukunft eine Vision, auf deren Verwirklichung die Nation als Ganzes ihre Kräfte konzentriert.

Die Regierung lenkt in enger Abstimmung mit Industrie und Wissenschaft die wirtschaftlichen Aktivitäten auf die zukunftsentscheidenden Schlüsselbereiche, formuliert langfristige Ziele und Strategien, organisiert das Zusammenwirken.
Die Medien klären über diese Ziele und Strategien auf, die hochtechnologische Zukunft ist für sie ständiges Thema für Information und Diskussion. Man sieht sich in einem Wettlauf mit den USA, in dem man aufholen und, wenn möglich, überholen will. Ja man sieht sich in einem »Computerkrieg« und »Halbleiterkrieg«.
Die Menschen sind auf diese Weise auf Veränderungen vorbereitet, sie verstehen und bejahen das Ziel der hochtechnologischen Zukunft, und sie sind deshalb bereit, die Schwierigkeiten des Übergangs und die Umstellung auf neue Arbeitsbedingungen auf sich zu nehmen.

In den USA wird die Entwicklung einer hochtechnologischen Wirtschaft von den Unternehmern, Forschern und Ingenieuren vorangetrieben, ohne daß die Regierung eine dem japanischen MITI (Ministry of International Trade and Industry) vergleichbare industriepolitische Führungsrolle spielt. Hauptträger der technologischen Revolution sind hier Tausende von jungen Unternehmen, die erst in den sechziger und siebziger Jahren gegründet wurden und zu denen Jahr um Jahr neue hinzukommen. Sie gruppieren sich meist um Spitzenuniversitäten als ihren Mittelpunkt. Das »Silicon-Tal« mit der Stanford University als Zentrum oder Bostons Route 128 mit dem Massachusetts Institute of Technology (MIT) und Harvard als Mittelpunkt sind Namen, die heute in der ganzen Welt bekannt sind.
Aber auch in den USA läßt sich die technologische Revolution nicht ohne den Staat denken. So finanzierte 1982 die Regierung, vor allem über die militärischen Programme des Pentagons und die Raumfahrtprogramme der NASA, nicht weniger als 45 Prozent der Forschungs- und Entwicklungsausgaben der Elektronikindustrie. Für die Zukunft hat Präsident Reagan mit den beiden großen Zielen eines Raketenabwehrsystems und einer ständigen bemannten Weltraumstation Aufgaben gestellt, die der amerikanischen Forschung und Industrie stärkste Nachfrageimpulse geben und die neue technologische Durchbrüche und bedeutende Folgeeffekte für die zivile Wirtschaft erwarten lassen.
Auch die Amerikaner sehen sich in einem Wettlauf mit Japan. Das schon erwähnte Office of Technology Assessment (OTA) untersuchte 1983 in einer 550-Seiten-Analyse in allen Details die interna-

tionale Wettbewerbsfähigkeit der amerikanischen Elektronikindustrie. Praktisch lief dies auf eine Untersuchung der amerikanischen Wettbewerbsfähigkeit gegenüber Japan hinaus; denn, wie es schon in einem anderen Bericht an den amerikanischen Kongreß vom Februar 1982 nüchtern heißt: »Viele der hochtechnologischen Märkte sind schon heute japanisch-amerikanisch ohne eine wirkliche Präsenz Europas.«
In dem streng wissenschaftlichen Bericht der OTA, der gespickt ist mit Tabellen und Graphiken, trifft man zugleich auf Sätze, die in ihrer Dramatik von Nussbaum geschrieben sein könnten: »Ein Zurückfallen [der USA in der Elektronik] hätte unheilvolle Konsequenzen für die künftige Lebensfähigkeit der gesamten Volkswirtschaft. Würden die USA als Führer der technischen Innovation in der Elektronik von ihrem ersten Platz verdrängt, so wäre dies Symptom dafür, daß dieses Land dabei ist, Großbritannien auf dem Weg in den industriellen Verfall zu folgen.«

Wer von Japan und den USA in die *Bundesrepublik* kommt, gelangt in eine andere Welt:
Hochtechnologie war bei uns jahrelang kein Thema der öffentlichen Diskussion – es sei denn als Gefahr: Gefahr für den Arbeitsplatz, für die Umwelt, für die Würde und Freiheit des Menschen (Furcht vor Datenmißbrauch, vor Manipulation der menschlichen Erbanlagen).
Gerade auch junge Leute wandten den Blick nostalgisch in eine verklärte Vergangenheit zurück. Die Zukunft flößte Angst ein. Erst kürzlich erschien in der Bundesrepublik ein Buch, das über Elektronik informierte, unter dem verkaufswirksamen Titel *Die Elektronik-Angst*.
Merkwürdig bei alledem bleibt, wie es der Ökologiebewegung entgehen konnte, daß die neuen Technologien ja gerade einen Ausweg aus der Umweltkrise zeigen, daß sie den Widerspruch zwischen Ökonomie und Ökologie aufzulösen versprechen, indem sie das Wirtschaftswachstum abkoppeln von dem bisher damit verbundenen Wachstum des Rohstoffverbrauchs und der Umweltbelastung:
Die Mikroelektronik ersetzt Dutzende, ja Hunderte von mechanischen Teilen durch winzige Chips, die Geräte werden kleiner; zugleich werden die Produktionsprozesse exakter gesteuert. Beides spart Material und Energie in hohem Maße.
Noch größer ist die Verheißung der Biotechnik. Sie setzt an die Stelle

umweltbelastender chemischer Produktionsverfahren biologische, »natürliche« Verfahren. Wo jetzt in Stahltürmen unter hoher Temperatur und hohem Druck chemische Reaktionen auf harte Weise »erzwungen« werden, werden dereinst in »Biotürmen« die gewünschten Stoffe mit Hilfe von Mikroben und Enzymen auf sanfte Weise, bei natürlicher Temperatur und natürlichem Druck, produziert. Überdies werden maßgeschneiderte Bakterien beispielsweise Abfälle abbauen und die Ölverschmutzung beseitigen: Die zweite industrielle Revolution macht einige der Schäden der ersten wieder gut.

Angst vor der Zukunft, eine Haltung, die im technischen Fortschritt nur die Gefahren und nicht auch und vor allem die Chancen sieht: dies kennzeichnete die Stimmung in unserem Land, als Nussbaums Buch entstand.
Doch diese Stimmung beginnt sich jetzt zu wandeln. Die technologische Herausforderung rückt in das Bewußtsein, der Wille wächst, sie anzunehmen.
Die vielbeachtete Rede über »Die technologische Herausforderung«, die Bundesaußenminister und Vizekanzler Hans-Dietrich Genscher vor der Bundesvereinigung der Deutschen Arbeitgeberverbände im Dezember 1983 hielt, hat diesem Bewußtseinswandel ebenso Ausdruck gegeben, wie sie ihn vorantrieb.[4]
Die Dinge kommen in Bewegung:

- Allerorten entstehen in der Nähe von Universitäten und Forschungseinrichtungen Technologieparks als »Mini-Nachahmungen« des »Silicon-Tals«, in denen sich mit Hilfestellung von Länderregierungen und Bundesregierung neue Technologie-orientierte Unternehmen ansiedeln.
- Banken und Sparkassen gründen – zum Teil in Gemeinschaft mit Industrieunternehmen wie Siemens – Risikokapitalfonds für die Finanzierung der neuen Unternehmen.
- Die Fraktionen von CDU/CSU und F.D.P. haben soeben im Bundestag ein 14-Punkte-Programm zur Diskussion eingebracht, das die Bedingungen für das Angebot von Risikokapital und für Unternehmensneugründungen verbessern soll.
- In der Hochschulpolitik tritt nach dem quantitativen Ausbau der Universitäten in den letzten 20 Jahren nun die Aufgabe der Quali-

---

[4] Die Rede ist abgedruckt in der Zeitschrift »Außenpolitik«, Heft 1, 1984.

tätssteigerung in den Vordergrund – so schwierig auch diese Aufgabe angesichts der noch Jahre dauernden Überlastung unserer Hochschulen zu erfüllen ist. Der Ruf nach Spitzenuniversitäten wird laut. Eine Diskussion über Eliten – lange ein Tabuwort – ist in vollem Gang.
- Die Bundesregierung arbeitet an einer umfassenden Konzeption für die Förderung der Mikroelektronik, der Informations- und Kommunikationstechniken. Die Bundespost plant in einem Zehnjahresprogramm den Aufbau eines digitalen Fernmeldenetzes und die Einführung der optischen Nachrichtentechniken. Hierdurch wird ein Nachfragesog für hochtechnologische Produkte geschaffen. Die neuen Dienste der Post – Bildschirmtext und Teletext – geben unserem Lande zum Teil sogar einen Vorsprung in der informationstechnischen Infrastruktur.

Die Zeichen sind nicht mehr zu übersehen: Ein fundamentaler Stimmungswechsel und Themenwechsel hat in der Bundesrepublik begonnen.

Erforderlich ist eine nationale und europäische Strategie für die Zukunft

Auf dem erwachenden Bewußtsein der Herausforderung gilt es nun eine nationale Strategie für den Übergang unseres Landes in das Zeitalter der hochtechnologischen Informationsgesellschaft aufzubauen.
Die Entwicklung einer hochtechnologischen Wirtschaft ist zunächst Aufgabe der Unternehmer, Forscher und Ingenieure. Denn welche neuen Produkte herzustellen, welche neuen Produktionsverfahren einzuführen sind, das können nur sie herauszufinden suchen; und über den Erfolg kann nur der Markt entscheiden.
Aber in den Hochtechnologien ist Wettbewerb nicht mehr nur Konkurrenz zwischen Firmen, von der die Ökonomielehrbücher handeln, sondern Wettbewerb von Nationen und Regionen. Die Unternehmer und Forscher können die hochtechnologische Volkswirtschaft nicht isoliert in einem Vakuum aufbauen. Sie können sie vielmehr nur aufbauen innerhalb eines Gesamtprozesses, durch den die Gesellschaft als Ganzes den Übergang in das Informationszeitalter bewältigt.

Auf Staat und Politik kommt damit eine umfassende Führungsaufgabe zu:

– Sie müssen einen grundsätzlichen Konsens der großen gesellschaftlichen Gruppen über das Ziel der hochtechnologischen Informationsgesellschaft herbeiführen.
– Und sie müssen im einzelnen die Rahmenbedingungen schaffen, die für eine erfolgreiche Bewältigung der technologischen Revolution erforderlich sind.

Um diese Rahmenbedingungen zu schaffen, müssen alle Politikbereiche ineinandergreifend ihre Beiträge leisten:

1. Wirtschafts- und Steuerpolitik müssen Anreize geben, die die Bereitschaft zu Leistung, Eigenverantwortung, unternehmerischem Risiko stärken. Sie müssen ein Klima schaffen, in dem Forschung, Innovation und Investition gedeihen. Ganz besondere Bedeutung kommt der Förderung technologieorientierter Unternehmensneugründungen zu. Die mittelständischen Unternehmen müssen auch bei uns – wie in den USA – Hauptträger der technologischen Innovation und des Beschäftigungswachstums werden.
Eine innovationsfördernde öffentliche Beschaffungspolitik muß einen Nachfragesog nach hochtechnologischen Produkten erzeugen. Besonders wichtig ist der Aufbau einer modernen Kommunikationsinfrastruktur durch die Bundespost. Einen bedeutenden Beitrag kann auch die Rüstungspolitik des Verteidigungsministeriums leisten.
Die Forschungspolitik schließlich muß innerhalb eines kohärenten strategischen Konzepts die Forschungs- und Entwicklungsprogramme der Industrie finanziell da unterstützen, wo diese durch Aufwendigkeit und Langfristigkeit die Finanzkraft der Unternehmen und ihre Fähigkeit, Risiken zu tragen, übersteigen.

2. Arbeits- und Sozialpolitik müssen den Strukturwandel abfedern: Sie müssen es den Menschen erleichtern, sich umzustellen und sich neuen Arbeitsbedingungen anzupassen; und sie müssen vor allem jenen, die sich nicht mehr umstellen können, dieses Schicksal erträglich und menschenwürdig machen.
Dies wird eine über den Erfolg mitentscheidende Aufgabe sein. Automatisierung und Arbeitsplatzrevolution werden mehr Men-

schen aus ihrem gewohnten Leben reißen als zu irgendeiner Zeit seit der ersten Industrialisierung und der Abwanderung vom Land in die Städte. Ohne intensive Umschulungsprogramme und ohne soziale Absicherung des Wandels könnte die Dynamik des technischen Fortschritts zerbrechen am massiven Widerstand der von Veränderung und Arbeitsplatzverlust betroffenen Menschen.

3. Eine zentrale Rolle kommt der Bildungs- und Wissenschaftspolitik zu.
Die neue Informationsgesellschaft ist ihrem Wesen nach Wissensgesellschaft. Ohne ein leistungsfähiges Bildungs- und Ausbildungssystem, das für alle Lebensbereiche die notwendigen Spitzenkräfte ebenso wie eine breite Schicht guter Fachkräfte heranbildet, ist der Aufbau einer hochtechnologischen Wirtschaft und Gesellschaft nicht möglich.
Im Mittelpunkt einer zukunftsorientierten Bildung und Ausbildung steht dabei nicht so sehr die Vermittlung von Faktenwissen, das immer leichter mit Hilfe von Computern abrufbar wird, sondern die Vermittlung von Grundfähigkeiten und Grundhaltungen. Selbständigkeit und Selbstverantwortung, Leistungswille, die Fähigkeit und Gewohnheit zu autonomem, lebenslangen Lernen, der sichere Umgang mit gespeicherten Informationen – seien es nun Bücher oder Datenbanken –, Toleranz und soziales Engagement: darauf wird es mehr denn je zuvor ankommen.
Die neue Wirtschaft und Gesellschaft wird den einzelnen von vielen harten und unangenehmen körperlichen Arbeiten befreien und von vielen langweiligen Routinetätigkeiten. Der einzelne wird, wie nie zuvor in der Geschichte, persönliche Freiräume und Möglichkeiten zur Selbstentfaltung haben.
Aber Möglichkeit der Wahl heißt auch: Qual der Wahl.
Die Notwendigkeit, immer häufiger selbst zu entscheiden, wie und wozu man seine Zeit verwendet, kann zu einem Gefühl der Überforderung führen; die Informationsflut der neuen Medien kann Orientierungslosigkeit bewirken, die immer länger werdende Freizeit kann zu rein passivem Zeitvertreib vor dem Fernseher werden und Langeweile, innerliche Leere und Malaise erzeugen; ausgedehnte Beschäftigung mit Heimcomputern, Videorecordern, Stereoanlagen kann wachsende Kontaktlosigkeit und Vereinsamung zur Folge haben.
Für keine Gesellschaft also ist Persönlichkeitsbildung, ist die Fä-

higkeit des einzelnen, sein eigenes Leben gestalten und mit seiner Zeit umgehen zu können, so entscheidend wie für die heraufkommende Informationsgesellschaft. Menschen, die ohne vorbereitende Erziehung in die neuen Lebensumstände gestellt werden, können versagen. Der in allen industriellen Gesellschaften sich ausbreitende Alkoholismus, die Drogensucht, die Neurosen sind Warnzeichen.

Ein geistig unvorbereitetes Hineinschlittern in die technologische Revolution könnte zur Folge haben, daß der Übergang in die Informationsgesellschaft auf absehbare Zeit nicht gelingt, und das heißt: daß die technologische Revolution nicht auf eine höhere Kulturstufe führt, sondern in kulturellen Rückschritt, in ein Absinken der Lebensqualität, in eine Periode politischer und sozialer Instabilität.

Noch eine weitere Politik schließlich hat einen unentbehrlichen Beitrag zu leisten: die *Europapolitik*. Nur Westeuropa als Ganzes hat die Forschungs- und Industriekapazitäten, um mit den USA und Japan mithalten zu können.

Und vor allem: Nur Westeuropa als Ganzes bietet der hochtechnologischen Industrie einen ausreichend großen Binnenmarkt. Hochtechnologieprodukte sind Weltmarktprodukte. Am Weltmarkt aber kann nur der konkurrieren, der von der Basis eines genügend großen Binnenmarktes aus konkurriert.

Zu der nationalen Strategie für den Aufbau einer hochtechnologischen Volkswirtschaft muß deshalb ergänzend die hochtechnologische Zusammenarbeit mit unseren europäischen Partnern kommen.

Auch in diesem Bereich sind im letzten Jahr die Dinge in Bewegung gekommen:

- Die Regierungen der Europäischen Gemeinschaft haben sich auf ein gemeinsames strategisches Forschungsprogramm für die Informationstechnologien geeinigt.
- Ein gemeinsames Forschungsprogramm auch in der Biotechnik wird von der EG-Kommission vorbereitet.
- Noch wichtiger und schneller wirkend ist die beginnende Zusammenarbeit europäischer Regierungen bei der öffentlichen Beschaffung informationstechnischer Einrichtungen. So werden Unter-

nehmen der Bundesrepublik und Frankreichs gemeinsam ein mobiles Telefonsystem entwickeln, produzieren und verkaufen.
Ziel muß es sein, die Entwicklung der neuen nationalen Fernmeldenetze in Europa aufeinander abzustimmen und konzertiert voranzutreiben. In dem Maße, wie dies gelingt, entsteht ein riesiger gemeinsamer Markt für die neuen Kommunikationstechnologien: digitale Telefonvermittlungsanlagen, Glasfaserleitungen, Endgeräte mit gemeinsamen Normen, die überall in Westeuropa benutzbar und verkaufbar sind.

Um die technologische Zusammenarbeit in Europa zu beschleunigen, hat die französische Regierung im September 1983 in einem Memorandum an den Rat der Europäischen Gemeinschaften vorgeschlagen, Europa zu einem »gemeinsamen Raum für Industrie und Forschung« zu machen. Diese Initiative müssen Frankreichs Partner konstruktiv aufgreifen.

Noch besitzt die deutsche Forschung und Industrie die Ressourcen, um in Zusammenarbeit mit ihren europäischen Partnern in den neuen Technologien wieder zu den USA und Japan aufzuschließen. Gerade Japan hat ja gezeigt, daß Aufholen möglich ist. Japan aber zeigte auch die Bedingung für den Erfolg: Wir müssen die technologische Herausforderung als Herausforderung für die Nation als Ganzes und für Europa begreifen.
Tun wir dies und bringen wir den Willen auf, die notwendigen Anstrengungen auf uns zu nehmen, dann werden wir es schaffen, dann hat Nussbaum uns zu früh abgeschrieben. *Konrad Seitz*
Bonn, Ende Januar 1984

Einleitung

Der Ursprung dieses Buches geht zurück auf einen Rückflug aus Zürich im Jahr 1979. Als amerikanischer Journalist beschäftigte ich mich mit den internationalen Finanzen. Das war damals ein großes Thema. Der Geruch einer nahenden Katastrophe, sei es durch Krieg, Seuche oder eine Währungskrise, reizt jeden guten Journalisten. Und dieser Geruch hing tatsächlich in der Luft. Der Goldpreis ging steil nach oben, die Leute flüchteten aus dem Dollar, und die ehrenwerten Schweizer machten die üblichen Profite, indem sie dem gehorteten Bargeld der arabischen Scheichs, europäischen Barone und amerikanischen Gesichtschirurgen, die in Panik geraten waren, einen sicheren Hafen boten. Das ganze internationale System der Nachkriegszeit löste sich in jenen Jahren auf, und jeder, der viel Geld hatte, suchte irgendeine Art von Unterschlupf.
Es war ein Teil meiner Aufgabe, die Spur zu verfolgen, welche die Geldströme nahmen. Dabei erkannte ich, daß die Schweizer Geldmanager das meiste dieser »Kapitalflucht« in wertvollen Metallen, Staatspapieren, Grundstücken und Diamanten anlegten. Kurzum, ein enormer Batzen des Weltkapitals wurde in kleinen Dingen angelegt, die man buchstäblich in seine Tasche stecken konnte. Nicht viel wurde investiert in das, was wir normalerweise als produktive Unternehmungen bezeichnen, die Arbeitsplätze, Gewinne und wirtschaftliches Wachstum abwerfen. Die Welt befand sich kurz vor einem Kollaps, als sich die Menschen in die finanziellen Höhlen harter Werte und staatlicher Währungseinheiten flüchteten.
Es gab jedoch einige Schweizer, die das Geld ihrer Klienten in etwas

investierten, was jeder andere mied – in den Aktienmarkt. Nicht an der amerikanischen, sondern an der japanischen Börse. Von Dutzenden und aber Dutzenden Geldhaien in der Schweiz legten zwei oder drei ihr Geld in Unternehmen an, von denen sie annahmen, daß sie in Zukunft wachsen und prosperieren würden.
Ich war entsetzt über dieses abwegige Verhalten. Banker sind in ihrem Herzen wie Lemminge – sie handeln selten anders als andere Banker. Schweizer Banker sind sogar noch furchtsamer als die meisten anderen. Worauf wollten diese Leute hinaus? Auf meinem langen Flug zurück in die Heimat begann ich mich zu fragen, wie sie dazu kamen, in die Zukunft zu investieren, während jeder andere sich vor der Gegenwart zu schützen versuchte. Und auf welche Zukunft setzten sie? Welche Unternehmen würden künftig so rasch expandieren und für die Geldanleger so hübsche Gewinne abwerfen?
Ich habe mich mit dieser verzwickten Frage in den letzten vier Jahren herumgequält und dabei herausgefunden, daß die Schweizer in der Tat auf eine neue Schöpfung setzten – die vollständige Umwandlung unserer Lebensweise und die Schaffung einer Gesellschaft des 21. Jahrhunderts, die auf den Ruinen der alten Gesellschaft aufbaut. Während die Welt Ende der siebziger Jahre an den Rand des Zusammenbruches taumelte, investierten diese Leute in einen bestimmten Typ von Hochtechnologieunternehmen, der uns immer vertrauter wird – Fujitsu, Matsushita und Hitachi. Letztere ist jene japanische Elektronikfirma, die das FBI Mitte 1982 ertappte, als sie Computergeheimnisse von IBM ausspionierte. Diese Geldhaie waren hinter der größten Geschichte unseres Lebens her: Zum erstenmal seit dreihundert Jahren verlagert sich die politische und ökonomische Achse der Welt vom Atlantischen Ozean in das Becken des Pazifiks. Dabei wird sich nicht nur das Gleichgewicht der Macht zwischen einzelnen Nationen verändern, sondern auch die allen vertrauten Details unseres persönlichen Lebens.
Die Schweizer wußten freilich nicht, wie schmerzlich dieser Wandel für die Welt als Ganzes und für jeden von uns persönlich werden wird. Sie konnten nicht ahnen, daß ihre Investitionsstrategie den Tod ganzer Industrien, die Vernichtung von Millionen von Arbeitsplätzen und die Schaffung einer neuen Armee von unqualifizierten Ar-

beitslosen bedeuten wird. Noch konnten sie voraussehen, daß das Ende der industriellen Ära und das Heraufkommen eines Zeitalters der Hochtechnologie die Zerstörung der NATO, die Auflösung der Europäischen Gemeinschaft und vielleicht das Ableben des sowjetischen Imperiums zur Folge haben wird.

Dieses Buch beinhaltet eine persönliche Vision dessen, was geschieht, wenn wir die brodelnden Zonen der Zerstörung und neuer Schöpfung auf unserem Weg in die Zukunft passieren, eine Zukunft, die nicht Jahrzehnte entfernt ist, sondern um die nächste Ecke liegt. Es beinhaltet nicht das Gemälde einer hochtechnologischen Spielwiese, wie sie bei manchen Futurologen üblich ist. Dieses Buch handelt auch nicht von einem »Boom«. Es ist eine Untersuchung dessen, was tatsächlich geschieht, und nicht ein nebulöser Traum von dem, was passieren könnte. Es geht aus von der Prämisse, daß die Welt von morgen von dem bestimmt sein wird, was mächtige Leute schon heute tun – Leute, die Regierungen, multinationale Unternehmen, Banken und Gewerkschaften steuern.

Am meisten beeindruckte mich an den Schweizer Investitionen, daß keine von ihnen im Bereich der alten Schornsteinindustrien von Stahl, Automobilbau und Chemie getätigt wurde. Das ganze Geld ging in japanische Gesellschaften, die elektronische Dinge oder automatische Vorrichtungen produzieren. Als ich mich näher mit der Frage beschäftigte, was diese Roboter und Computer eigentlich mit unserer Lebensweise zu tun haben, erkannte ich, daß sie in der Tat eine völlig neue Gesellschaft des 21. Jahrhunderts ankündigen. Es wird eine Welt kolossaler Aussichten, phantastischen Reichtums, raschen sozialen Wandels und schneller persönlicher Fortschritte sein. Sie wird ebenso ein Platz der zerbrochenen Träume, der zerrütteten Gewerkschaften und der verlorengegangenen Fertigkeiten sein.

Schlimmer noch, sie kann leicht so etwas wie eine politische Müllverbrennungsanlage werden, wenn die Nationen in den achtziger Jahren um ihre technologische Spitzenstellung kämpfen werden. Nur einer Handvoll von Staaten wird es gelingen, den Übergang vom 20. zum 21. Jahrhundert reibungslos zu gestalten. Es wird viele Verlierer geben, und ihr Abstieg wird die Bündnisse und Institutionen sprengen, die auf den Ruinen des Zweiten Weltkrieges errichtet

wurden. In den Jahren, die unmittelbar vor uns liegen, wird die Frage von Frieden und Krieg ernster denn je diskutiert werden.
Für die USA hat das 21. Jahrhundert bereits begonnen. Es hält ein unglaubliches Versprechen bereit, es verspricht aber auch unglaubliche Schmerzen. Eine neue hochtechnologische Region am Pazifik zieht bereits wirtschaftliche und politische Macht aus dem traditionellen Herzstück der Nation ab, dem Mittleren Westen und dem Nordosten. Und während sich Washington mit einem heraufziehenden zweiten »Krieg zwischen den Bundesstaaten« herumschlägt, verändern sich Kultur und Lebensstil der Amerikaner total.
Für sie wird das Leben im 21. Jahrhundert so anders sein, wie es das Leben im 19. Jahrhundert war, ein Leben ohne Autos, Fernsehen und ohne Telefon. An den Arbeitsplätzen steht eine völlige Revolution bevor. Geisteskraft, die Fähigkeit zur Kreativität, wird schließlich höher bewertet werden als die körperliche Arbeit, das heißt die physische Fähigkeit, etwas zusammenzubauen. In der Tat, der ganze Begriff von »Arbeit« und »Arbeiter« wird sich verändern. Der Prototyp eines Arbeitsplatzes der achtziger Jahre wird bald aus einer Reihe von Individuen bestehen, die hinter Bildschirmgeräten sitzen und Worte sowie Daten analysieren, und nicht aus Belegschaften, die Gegenstände an einem Fließband oder einer Maschine zusammensetzen. Roboter, nicht Arbeiter, werden die Schlußbausteine zusammenfügen, die andere Roboter vorgefertigt haben. Und das wird 1985 der Fall sein – nicht erst im Jahr 2000.
Eine neue soziale Rangordnung wird sich daraus ergeben. Der Zugang zu den höheren Rängen der Datenbanken wird den sozialen Status des einzelnen in den Vereinigten Staaten bestimmen. »Sind Sie auf Rang zehn oder auf Rang sechs?« Diese Frage wird Fragen wie »Sind Sie Manager?« oder »Sind Sie Fließbandarbeiter?« ersetzen. Die Information wird an die Stelle des fertigen Produkts als das am höchsten bewertete Wirtschaftsgut treten. Mitte der achtziger Jahre wird die Datenverarbeitung den Automobilbau als größte Industrie des Landes überholen. Und die Gesellschaft wird von dieser Datensintflut so überschwemmt sein, daß Personen mit der Fähigkeit, die Flut für andere Leute zu interpretieren und zu kanalisieren, an die Spitze der Gesellschaft aufsteigen und sie vielleicht zur Geisel nehmen.

Die Schaffung einer amerikanischen Gesellschaft des 21. Jahrhunderts wird ohne Zweifel eine der turbulentesten Entwicklungen sein, die diese Nation in ihrer Geschichte jemals erlebt hat. Der Übergang zur unbemannten Fabrik, die von Robotern betrieben wird, könnte ein riesiges »Superlumpenproletariat« erzeugen, das aus arbeitslosen Arbeitern, Minderheiten und Einwanderern besteht. Und es wird nicht nur die Arbeiterklasse sein, die leidet. Viele Millionen Amerikaner werden es beschwerlich finden, den Übergang zu einer hochtechnologischen Gesellschaft zu vollziehen. Viele werden an »Kybernetikphobie« oder an Angst vor Computern leiden. Im Jahr 2000 könnte die Anzahl der Ausgestoßenen der neuen Hochtechnologieära gut und gern auf 30 Prozent der Beschäftigten steigen, wenn Washington nichts tut, um ihre Zahl einzuschränken.

Selbst diejenigen Leute, die in der amerikanischen Gesellschaft des 21. Jahrhunderts ihre Nische finden, werden herausfinden, daß die kolossalen Chancen, die ihnen die neuen Technologien eröffnen, gegen einen neuen Schrecken aufgewogen werden müssen – nämlich gegen den Verlust der Privatsphäre. Das Bild eines Amerika, bestehend aus Millionen von elektronischen Dörfern, die sich über die Landschaft verstreuen, mit Leuten, die in ihren Wohnzimmern fröhlich vor ihren Bildschirmgeräten vor der Arbeit sitzen, ist nichts weiter als eine kurzsichtige Phantasterei. Schon heute, wo die telekommunikative Revolution durch die Büros und Geschäfte fegt, lautet die erste Frage, die jeder stellt: »Wie sicher ist mein Computer?« – »Kann jemand in meine Akten Einblick nehmen?« – »Wer kennt mein geheimes Kennwort?« In den vor uns liegenden Jahren wird sich eine völlig neue Welle des Verbrechens ausbreiten. In der Tat werden die Verbrechen der neunziger Jahre ganz anders sein als die von heute. Insbesondere das Computerdelikt – das heißt das Einbrechen in die elektronischen Akten von Privatpersonen – wird sehr bald das beunruhigendste Verbrechen der Zukunft sein. Und es wird fremde Regierungen und einheimische Unternehmen ebenso bedrücken wie den einzelnen Haushaltsvorstand.

Die kalte Realität dessen zu verstehen, was die Zukunft bringt, ist aber nur der erste Schritt auf dem Wege zum Verständnis dessen, was mit uns heute geschieht. Die massive Verschiebung im internationalen Gleichgewicht der Mächte und der gewaltige Bruch in der regionalen Achse der amerikanischen Gesellschaft sind die direkten Auswirkungen eines seismischen Bebens der Geschichte. Die tödliche Agonie in Detroit, der Antiamerikanismus in Europa und der Diebstahl von Computergeheimnissen durch die Japaner sind Teile des Rennens durch die Zeit in Richtung Zukunft. Das ist meine Sicht dieser Geschichte.

1. KAPITEL
Die Leittechnologien

Jedes Zeitalter, jedes Jahrhundert hat seine zwei oder drei vorherrschenden Technologien, welche die Gesellschaft als Ganzes in die Zukunft schieben. Auf eine Art und Weise, die der vor sich hinlebenden Bevölkerung verborgen bleibt, entscheiden sie darüber, welche Arbeit die Menschen tun, wo sie diese Arbeit tun, wie viele Kinder sie haben, welche Kleidung sie tragen und in welchem Haus sie leben.

In den vergangenen 110 Jahren des industriellen Zeitalters – ungefähr von 1860 bis 1970 – stellten elektrische Maschinen, Chemie und Stahl den technologischen Kern unseres Lebens dar. Verbunden mit der Fließbandmethode in der Produktion, bescherten uns diese Technologien Autos, Plastik, Textilien, Panzer und Napalm. Dies war das Jahrhundert der Schwerindustrie.

Diese Technologien, erfunden im späten 19. Jahrhundert, bewährten sich bis in das 20. Jahrhundert hinein. Sie wurden in einer Zeit entwickelt, als Arbeit, Rohstoffe und – vor allem – Energie billig waren. Jetzt werden sie überflüssig. Um in der Weltwirtschaft mitzuhalten, um neue Industrien und neue Arbeitsplätze zu schaffen, benötigen wir einen Satz neuer Technologien.

Wie zu jeder anderen Zeit existieren auch heute Dutzende von »fortgeschrittenen« Technologien nebeneinander, und jede steckt voller Möglichkeiten. In den letzten Jahren wurden wir überflutet von Büchern über die Zukunft, von Büchern mit phantastischen neuen Wundern. Gigantische Spiegel im Kosmos, welche die Sonnenstrahlen sammeln und sie als Elektrizität zur Erde senden; die Verschmelzung von Atomkernen, bei der man Wasser als Treibstoff verwendet; tiefe Strömungen im Ozean, die elektrischen Strom erzeugen – das alles sind Teile dieser phantastischen Vorhersagen.

In Wirklichkeit beeinflußt immer nur eine winzige Anzahl neuer Technologien die Gesellschaft, die sie umgibt. Zur Zeit ist kein Traum der Futurologen realistisch. Ein nüchterner, pragmatischer Blick auf die Welt zeigt nämlich, daß jede Technologie mindestens drei Charakteristika aufweisen muß, um heute erfolgreich zu sein:

1. Sie muß ein Energieverbraucher sein, der nicht nur selbst wenig Energie verbraucht, sondern der dazu noch Dinge herstellt, die wenig Energie verbrauchen.
2. Sie muß einen unmittelbaren und überzeugenden Einfluß auf unser Leben haben, und sie muß auf unsere Arbeit einwirken.
3. Sie muß die Produktivität und Effektivität erhöhen, indem sie weniger Arbeitskräfte und weniger Rohstoffe verbraucht, die in der Welt der achtziger Jahre teuer geworden sind.

Zur Zeit gibt es nur drei Technologien, die diesen Ansprüchen genügen: die Roboter, die Biotechnik und die Telekommunikation. Jede von ihnen wird auf ihre Weise einen revolutionären Einfluß auf Amerika ausüben. Zwei der neuen Technologien – Roboter und Telekommunikation – sind die letzten Stufen einer Entwicklungsleiter, die zu den Computern führt. Während wir uns beeilen, die Geräte von Atari, Apple und IBM bei uns zu Hause aufzustellen, sind die Unternehmen bereits dabei, automatische Produktions- und Kommunikationssysteme einzurichten, die auf der Basis von Computern funktionieren. Die Abwendung von der arbeitsintensiven »Schornstein«-Schwerindustrie und die Hinwendung zur elektronischen und von Computern kontrollierten Arbeitswelt ist eine der bedeutendsten Entwicklungen unserer Zeit. Die andere Entwicklung betrifft natürlich den Übergang von der Chemie, die sich auf das Erdöl stützt, zur Biologie, die auf einer Veränderung der Gene beruht. Sie wird die Grundlagen unseres westlichen Lebensstils verändern. Indem sich die chemische, pharmazeutische, Textil- und Nahrungsmittelindustrie von Prozessen abwendet, die unwiederbringliche Vorräte verbrauchen, sich vielmehr Ressourcen zuwendet, die von lebenden Organismen immer und immer wieder ersetzt werden können, machen wir einen gewaltigen Schritt in die Zukunft.

Diese drei Technologien – Roboter, Biotechnik und Telekommunikation – sind nicht die Träume von morgen. Sie sind die Realitäten von heute, und sie verändern bereits unser Leben. Etwa 1990 werden sie die gesamte Welt verändert haben. Sie sind die wahren Leittechnologien der achtziger Jahre.

Aber um zu funktionieren, muß jede Technologie zu ihrer Zeit einen festen Platz in der Gesellschaft finden. Sie muß in die »heiße Mischung« aus ökonomischen und politischen Strömungen hineinpassen, wenn diese zu einem bestimmten Augenblick der Geschichte zusammenfließen. Für sich allein genommen bedeuten Technologien nichts. Im Deutschland des späten 19. Jahrhunderts wuchs alles zusammen, als Bismarck die deutsche Nation mit »Eisen und Blut« sammenschmiedete. In Amerika sicherte der Sieg des Nordens über den agrarischen Süden während des Bürgerkrieges die industrielle Expansion. Im zaristischen Rußland jedoch erstickte eine feudale Gesellschaft importierte Technologien mit abgestandenen Traditionen.

Heute brennen die Nationen rund um die Erde darauf, sich durch neue Technologien neu zu erschaffen. Sie liegen miteinander im Wettstreit, die neuesten Industrien auf die Beine zu stellen und die fortgeschrittensten Produkte auf dem Weltmarkt anzubieten. Nur diejenigen Länder, die in ihrer Gesellschaftspolitik die richtige Mischung finden, die sich als fähig erweisen, die neuen Technologien zu fördern, werden den Wettlauf um die Zukunft gewinnen. Nur sie werden im neuen Gleichgewicht der Mächte dominieren, das zu Beginn des 21. Jahrhunderts bestehen wird.

Roboter – Arbeiter mit dem Stahlkragen

In der Nähe des Fudschijama, in dem kleinen Dorf Oschino, erhebt sich das gigantische Gebäude der Fujitsu Fanuc, einer von Japans Hochtechnologiefirmen. Es brennen nur wenige Lampen in dieser Fabrik. Hier fehlt jener fluoreszierende Glanz, der andere Anlagen kennzeichnet. Das ganze Gelände, so groß wie zwei Fußballfelder, ist nur schwach beleuchtet. Und noch etwas ist hier anders. Die Klimaanlage hat man heruntergefahren, und die Luft ist verbraucht, voller metallischer Gerüche.

Licht und Luft werden an diesem Platz nicht benötigt. Es ist Nacht am Fuße des Fudschijama, und in der Fanuc-Fabrik arbeitet die »Geister-Schicht«. Es ist niemand hier. Keine Stimmen, kein Niesen, kein Husten, kein Lachen. Nur der Lärm der Maschinen.
Tagsüber sind hier 100 Menschen beschäftigt – 63, welche die fertigen Teile zusammenfügen, 19, die sich um die Maschinen kümmern, 4 Inspekteure, welche die Qualität überprüfen, sowie 14 Manager und Büroangestellte. Aber von fünf Uhr nachmittags an, die ganze Nacht hindurch bis zum nächsten Morgen, findet man hier keinen Menschen; nur Roboter und Maschinen, die neue Roboter und Maschinen erzeugen, die wiederum noch mehr Roboter produzieren. Die Fabrik arbeitet 24 Stunden pro Tag. Gegründet 1981, stellt diese Anlage monatlich 100 Roboter her. Bald werden es 400 sein.
Schon jetzt sind die 100 »Tages«-Leute, die hier arbeiten, nur ein Fünftel dessen, was konventionelle Fabriken normalerweise brauchen, um ebensoviel zu schaffen. Wenn Fujitsu Fanuc im Jahr 1986 den neuen Roboter herausbringen wird, der die Teile zusammenfügt, welche über Nacht hergestellt wurden, werden die 63 Arbeiter, die das bisher am Tage gemacht hatten, nicht mehr gebraucht werden. Dann wird man hier nur noch drei oder vier Manager oder Büroangestellte sowie das Wartungspersonal für die Roboter beschäftigen. Dutzende von Robotern, miteinander verbunden durch Computer, werden rund um die Uhr schaffen. Die unbemannte Fabrik kommt. Es gibt sie schon in Japan.
Während die Ausbreitung der unbemannten Fabrik noch ein paar Jahre auf sich warten lassen wird, ist der industrielle Roboter – das Herzstück der automatisierten Zukunftsfabrik – bereits unter uns. Just in diesem Augenblick entsteht bei Fujitsu Fanuc und ähnlichen Unternehmen rund um die Erde ein neuer Typ von Arbeitskraft. Diese Arbeiter mit dem Stahlkragen brauchen keine Kaffeepausen, fordern keine Lohnerhöhungen, kommen nicht montags übermüdet zur Arbeit und beklagen sich nicht über schlechte Arbeitsbedingungen. Sie kümmert es auch nicht, ob die Luft verbraucht, die Beleuchtung schwach ist.
Roboter werden auf der ganzen Welt mit einem unglaublichen Tempo eingeführt, und sie bewirken eine Revolution am Arbeitsplatz, die noch wichtiger ist als das Fließband, das Charly Chaplin in seinem

Film *Moderne Zeiten* karikierte. Wenn sich diese Revolution Ende der achtziger Jahre schließlich ereignet und die Roboter den Leuten in den Fabriken die Arbeit wegnehmen, wird sich mehr als nur das Produktionssystem ändern. Die internationale Machtbalance wird nicht mehr dieselbe sein. Diejenige Nation, die dann die größte Zahl an Robotern aufweist, wird sich an der Spitze der neuen globalen Machtpyramide befinden. Denn die Roboter werden nicht nur einen sprunghaften Anstieg der Produktivität bewirken, was eine bessere und billigere Güterproduktion bewirkt, die Roboterindustrie wird vielmehr selbst zu den größten, profitabelsten und wichtigsten Industriezweigen des Westens zählen. Herstellung und Export von Robotern werden etwa ab 1985 jene Handvoll von Hochtechnologieindustrien des 21. Jahrhunderts darstellen, die unsere Wirtschaft beherrschen – wie es das Auto, die Chemie und der Stahl in den sechziger und siebziger Jahren des 20. Jahrhundert getan haben.

In einer Zeit teurer Energie bedeuten Roboter höhere Produktivität, geringere Kosten und sogar mehr Qualität. Verglichen mit Menschen, erzeugen Roboter mehr Güter in einer Arbeitsstunde. Im vergangenen Jahrzehnt ist die Produktivität in Amerika – gemessen an der Anzahl der produzierten Güter und Dienstleistungen pro Stunde – so tief gesunken, daß immer weniger Güter »made in America« den Wettbewerb in der Welt bestehen können. In der gleichen Zeit ist die japanische Produktivität sprunghaft angestiegen. Die europäische hat sich etwas verbessert, aber nicht viel. Nur Roboter und die vollautomatische Fabrikation der Zukunft, die sich ankündigt, können die Vereinigten Staaten aus ihrem Produktivitätsmorast befreien – und sie vor einem ständigen Machtverlust bewahren.

Der erste moderne Roboter, der je hergestellt wurde, kam 1961 aus Amerika. Joseph F. Engleberger, der »Vater« der heutigen Roboter, nahm einen zusammengesetzten mechanischen Stab, modelliert nach einem menschlichen Arm, steckte ihn auf einen Computer und nannte das ganze »Unimate«.

Aber dann geschah nicht mehr viel. Um das Jahr 1970 herum gab es ein paar Dutzend experimenteller Roboter auf der ganzen Erde. Aber sie waren teure Spielzeuge, Spielmaterial für Wissenschaftler und die Autoren von Science-fiction-Romanen. Es bedurfte erst der Preisexplosion in den siebziger Jahren, um die Roboterrevolution möglich zu machen. Ein inflationärer Feuersturm drückte den Wert des Dollars um die Hälfte und hob die Preise für alle Waren an, auch die Arbeitskosten. Angeführt von einem enormen Anstieg der Energiepreise, schossen die Produktionskosten in ungeahnte Höhen. Die Preise für Stahl und Aluminium zogen sprunghaft an, und alle Waren, die auf Erdöl basierten – angefangen bei Plastikkugelschreibern bis zu Anzügen aus Polyester – stiegen in ihrem Wert. Die Arbeitskosten bildeten da keine Ausnahme. Während der siebziger Jahre verdoppelten sich in vielen Industriezweigen die Löhne. Bei solch riesigen neuen Produktionskosten hoben die Preise für alle Waren ab wie Raketen. Man denke nur an den alten VW-Käfer von 1969, als er noch 1800 Dollar kostete. Sein Nachfolger, der sehr viel größere »Rabbit«, ging nicht unter 10000 Dollar weg – ein Zuwachs von mehr als 450 Prozent. Dieser Preis gibt nicht nur die galoppierende Inflation wieder, sondern auch den sinkenden Wert des Dollar. Die einzige Möglichkeit, wie man diese gigantische inflationäre Aufweichung bekämpfen kann, besteht darin, daß man mehr Dinge in kürzerer Zeit produziert und dabei weniger und billigeres Material verwendet.

Das wurde in den späten siebziger Jahren klar – aber nicht überall. Niemand wußte es damals, aber der erste hochtechnologische Roboterkrieg im Weltmaßstab begann ungefähr vor einem Dutzend Jahren. Das Schlachtfeld bildete der Automarkt, den lange Zeit Amerika beherrscht hatte. Der unglaubliche Anstieg der Energiepreise machte dem Wahrzeichen des Männlichkeitswahns auf den Straßen Amerikas, den »Riesenschlitten« der fünfziger und sechziger Jahre, den Garaus. Natürlich begannen die Japaner, die begriffen, daß kleine Autos in einem Zeitalter hoher Energiekosten am meisten ökonomischen Sinn machen, diese in Millionen von Exemplaren zu produzieren und in die Vereinigten Staaten zu exportieren. Detroit kam nur sehr langsam hinterher und wurde durch diese Verspätung fast vernichtet. Nur massiver Druck, den Washington 1981 auf Tokio ausübte, verursachte eine drastische Senkung der Exporte und rettete Detroit; doch selbst jetzt noch ist Detroit gefährdet. AMC wurde ein bloßer Marktvertreter für den französischen Renault. Chrysler lebt dank der Politik des Kongresses, die großen Firmen zu subventionieren. Ford bleibt in Schwierigkeiten. Nur General Motors scheint zu überleben, wenn auch in geschrumpfter Form. Aber während Geschäftsleute und Politiker heute grollend zugeben, daß die Japaner in ihrer Marktstrategie brillant waren, indem sie Kompaktautos produzierten, verschließen sie nach wie vor die Augen vor dem verborgenen Teil des japanischen Autowunders, vor jenem Geheimnis, das sich heute auf anderen Produktfeldern wiederholt – den Robotern.

Roboterfieber

Der erste in Japan gebaute Roboter war die Kopie eines amerikanischen Modells. Kawasaki erwarb die Lizenz für die Technologie von Unimation, jener Gesellschaft also, die Engleberger gegründet hatte. Das geschah im Jahre 1968. Zu dieser Zeit war der Roboter noch ein großes Spielzeug. Er konnte phantastische Dinge machen, aber nur für einen phantastischen Preis. Menschen – das heißt: menschliche Arbeitskraft – waren in Japan weitaus billiger vor der Ölkrise. Tatsächlich kostete es 1970 zwölfmal soviel, einen komplizierten Roboter zu bauen und einzusetzen, als einen einzigen Arbeiter ein Jahr lang zu beschäftigen. In den Vereinigten Staaten und in Europa war das nicht viel anders. Aber mit dem von der Energie angeheizten Inflationsboom der siebziger Jahre begann der Preis für Roboter attraktiver zu werden. Beflügelt von der mikroelektronischen Revolution, die in den siebziger Jahren ihre Knospen trieb und die Computer jedes Jahr kleiner und billiger machte, begann der Preis für die Roboter tatsächlich zu fallen. Aber nur die Japaner merkten es. Im Jahre 1975 kostete ein Roboter statt 12mal nur mehr 4,8mal soviel wie ein Arbeiter. Im Jahr 1978 war das Verhältnis auf 3,7 gesunken, um 1982 begann es zu verschwinden. Mehr noch, diese Zahlen erfaßten nur Roboter, die lediglich eine Schicht arbeiteten. Wenn man eine zweite und dritte Schicht hinzufügt, wie es bei Fujitsu Fanuc der Fall ist, können sich Roboter innerhalb eines Jahres bezahlt machen. Alles, was danach kommt, ist Gewinn. Der Arbeiter mit dem Stahlkragen war plötzlich ausgewachsen. Die japanische Automobilindustrie bemerkte diesen unglaublichen technologischen Durchbruch als erste. Beginnend im Jahr 1970 begann sie alle Roboter zu kaufen, welche die Industrie herzustellen vermochte. Die japanischen Autohersteller wurden die größten Roboterverbraucher der Welt, und am Ende der siebziger Jahre hatten sie sechsmal soviel von diesen Maschinen wie ihre amerikanischen Konkurrenten. Tausende von Robotern begannen in jenen Jahren damit, Millionen von Autos ebenso präzise wie perfekt zusammenzuschweißen. Die Japaner fanden plötzlich heraus, daß sie nicht nur Geld sparten, es wurden auch erhebliche Qualitätsverbesserungen erzielt. Es gab keine Autos mehr aus der »Montagsserie«, die auseinanderfielen. Es gab keinen Arbeiter mehr mit einem schweren Hammer, der am Ende des Fließbandes Einzelteile, die nicht richtig saßen, zurechtklopfte.

Ende 1980 brauchten zwei Drittel der Japaner nur noch zwei Drittel der Stunden zu arbeiten, um dieselbe Anzahl von Autos herzustellen, die in Detroit vom Band liefen. Und Fiat, Renault und Volkswagen lagen noch weiter zurück. Das gab den Japanern einen unglaublichen Kostenvorsprung vor den amerikanischen Herstellern – 1000 bis 2000 Dollar pro Auto –, und dieser Vorsprung ist geblieben.

Die Auswirkungen liegen offen zutage. Mehr als 200 000 amerikanische Automobilarbeiter sind ohne Beschäftigung, und die meisten werden niemals wieder eine Autofabrik von innen sehen. Die amerikanische Autoindustrie produzierte 1978 13 Millionen Wagen. Zwei Jahre später waren es nur acht Millionen, und 1982 stellte sie fünf Millionen her. Die Japaner rissen 27 Prozent des amerikanischen Inlandsmarktes an sich, bevor Washington Tokio unter Druck setzte. Hätte Washington nicht gehandelt, wäre wahrscheinlich die Hälfte des Marktes von den Japanern erobert worden. In Europa wurde die japanische Herrschaft nur durch strikten Protektionismus abgewendet. Trotzdem haben die Japaner zehn Prozent des vielgerühmten deutschen Automobilmarktes, 30 Prozent des belgischen und 30 Prozent des britischen Marktes okkupieren können. Nur den Franzosen gelang es, indem sie ungesetzliche Barrieren errichteten, die Japaner aus ihrem einheimischen Automarkt herauszuhalten. Das geschah in Europa, dem Land der kleinen Autos! Roboter und der unglaubliche Zuwachs an Produktivität, den sie erzeugen, haben die japanische Automobilindustrie auf dem freien Markt unschlagbar gemacht.

Aber das ist schon Geschichte. Die Aussicht auf solch enorme Produktivitätsgewinne in der Nach-OPEC-Ära führt zu einer absoluten Explosion der Roboterindustrie. Die Vereinigten Staaten, Japan, Europa und Rußland schlagen sich darum, die fortgeschrittensten Roboter zu erfinden, in größtmöglichen Stückzahlen herzustellen, zu importieren oder zu stehlen. Der Kampf um die Führung auf dem Gebiet der Roboter nimmt die Formen eines Kampfes um das nationale Überleben an – und er ist es in der Tat. Es gibt keinen einzigen technologischen Fortschritt, der heute so wichtig ist wie Roboter. Diese werden nämlich darüber entscheiden, welche Nation den Kampf um die technologische Spitzenstellung in den achtziger Jahren gewinnen wird – und den Kampf um die Spitze der Machtpyramide in den Neunzigern.

Bis jetzt führen die Japaner. Japan ist so hypnotisiert von den Robotern, daß seine Presse die Obsession als »Roboterfieber« bezeichnet. Japan beeilt sich, die Lektionen umzusetzen, die es in den »Auto-Kriegen« gegen die Vereinigten Staaten gelernt hat, und roboterisiert seine ganze Gesellschaft. Das ganze Land wird in diesem Sinne mobilisiert. Die Zeitungen und Fernsehsendungen sind voller Geschichten über das Roboterwunder und betonen die Notwendigkeit, sich vor den Vereinigten Staaten und Europa zu behaupten, wenn Japan in den nächsten Jahrzehnten überleben und prosperieren will.

Schon jetzt, so sagt Paul Aron von der Daiwa Securities Company, ein Experte für japanische Roboter, hat Japan mehr Roboter aufgestellt als der Rest der Welt zusammengenommen. Es hat in seinen Fabriken etwa 13 000 Stück, verglichen mit nur 4000 in den Vereinigten Staaten und ungefähr 2500 in Europa. Aber wichtiger noch: Japan baut Roboter mit sehr viel größeren Zuwachsraten als Amerika. Aron schätzt, daß Japan 1980 mehr als 3000 Roboter herstellte – verglichen mit 1300 in Amerika. Und er sagt voraus, daß im Jahr 1985 japanische Unternehmen 32 000 Roboter produzieren werden, zehnmal soviel wie heute, während die amerikanischen Firmen 5200 bauen, und das sind nur viermal soviel wie heute. Wenn sich diese Entwicklung fortsetzt, wird Japan 1990 einen Ausstoß von jährlich nahezu 57 000 Robotern haben, während sich die Vereinigten Staaten damit abmühen, 22 000 Roboter im Jahr herzustellen. Aber selbst das ist noch extrem zurückhaltend geschätzt. Ebensogut könnte es sein, daß sich eine Roboterproduktion von Hunderttausenden pro Jahr ergibt. Niemand weiß das genau.

Die Nachfrage nach Robotern ist in Japan so unglaublich hoch, daß von ihnen nur zwei Prozent exportiert werden – und die Hälfte davon geht an die Sowjetunion. Aber immerfort werden neue Fabriken gegründet. Anfang 1982 kündigte Kawasaki an, außerhalb von Kobe werde die größte Roboterfabrik der Welt gebaut – ein 76-Millionen-Dollar-Gigant, der, nach Inbetriebnahme 1983, jährlich einige hundert Roboter ausstoßen werde, im Jahr 1987 bereits 3000. Die kommenden Jahre werden für Japan und die Weltwirtschaft entscheidend werden. Japan wird aber immer genug Kapazitäten haben, um nicht nur den eigenen Inlandsbedarf befriedigen, sondern auch Roboter in Mengen exportieren zu können. Exporte werden bis zu 20 oder 30 Prozent der Roboterproduktion ausmachen, und ehe die amerikanischen Unternehmen aufholen, um Amerikas eigene wachsende Nachfrage nach Robotern zu sättigen, kann der ganze Markt bereits an die Japaner gegangen sein, wie es schon bei Fernsehgeräten, Videorecordern, Halbleitern, Stahl, Schiffbau und, natürlich, Autos gewesen ist.

Dutzende von Firmen bauen in Japan Roboter. Bis jetzt wurden sie in Amerika nur von einer Handvoll von Unternehmen produziert. Cincinnati Milicron und Unimation stellen noch immer die Hälfte aller Roboter in diesem Lande her. Aber das beginnt sich zu ändern, da die Giganten der amerikanischen Industrie ihre eigenen Roboter herausbringen, die sie über die Jahre heimlich gebaut haben. Anfang 1982 kündigte IBM an, es werde einen komplizierten und sensiblen Roboter mit »Fingern« herausbringen, der in der Lage sei, Objekte zu führen und zu erfassen. IBM eröffnete 1983 seine eigene Roboterfabrik in Boca Raton, Florida, wo die Abteilung »Fortgeschrittene Produktionssysteme« mit 5000 Beschäftigten liegt. General Motors spricht mit Fujitsu Fanuc und anderen Roboterherstellern, wie es die eigene Version einer Spray- und Lackiermaschine vermarkten kann – einen Roboter, der so groß ist, daß er ein ganzes Auto auf einmal lackieren kann. Andere amerikanische Firmenriesen schalten sich im Augenblick in die Sache mit den Robotern ein. Westinghouse hat für acht Millionen Dollar ein Produktivitätszentrum eingerichtet, wo man die Anwendung von Robotern studieren kann, und wird demnächst mit dem Verkauf von Geräten für den aufstrebenden Markt der automatischen Fabrikation beginnen. Bendix führte 1982 zwei neue Roboter ein, und United Technologies wird bald ein automatisches Schweißgerät anbieten.

Roboter sind sparsam

Es ist unglaublich, aber die Roboter, die hinter den Erfolgen der japanischen Autohersteller stehen, sind wirklich ziemlich dumm, ganz blind, taub und gefühllos. Sie sind die erste Generation der Arbeiter mit dem Stahlkragen, die es in der Geschichte gibt, und sie gleichen mehr der Bohrapparatur eines Zahnarztes als »R2–D2« in dem Film *Krieg der Sterne*. Tatsächlich unterscheiden sie sich nicht von dem Design jenes ersten Roboters, der vor zwanzig Jahren gebaut wurde. Eine Struktur, die zwei armähnliche Gebilde miteinander verbindet, ein Motor und ein Computer, der als Gedächtnis dient, sind die Hauptbestandteile von 90 Prozent aller Roboter, die sich zur Zeit auf der Erde befinden.

Was diese primitiven Maschinen dennoch bieten, ist Präzision, Vorhersehbarkeit, Flexibilität und manchmal schiere Stärke. Auf eine unheimliche Weise ist die Tatsache, daß sie nicht lebendig sind, ebenfalls eine große Hilfe. Um das zu verstehen, braucht man nur daran zu denken, wieviel Licht, Luft und Wärme die Fujitsu-Fanuc-Fabrik spart.

Es ist kein Zufall, daß bis zu 60 Prozent aller Roboter, die gegenwärtig in den USA, Japan und Europa in Gebrauch sind, nur eines können – nämlich die stählernen Einzelteile eines Autos an bestimmten Punkten zusammenschweißen. Die Körper der meisten kleinen Autos bestehen aus 400 größeren, aus Stahlblech gestanzten Einzelteilen, die an 4000 Stellen zusammengeschweißt werden müssen. Bevor die Roboter in den siebziger Jahren eingeführt wurden, verbrachten die Arbeiter acht Stunden pro Tag damit, schwere Schweißgeräte wie Gewehre genau auf denselben Punkt eines Autorahmens nach dem anderen zu richten, indem sie ständig mit dem Fließband mitgingen, um ihre Schweißarbeiten auszuführen. Es war eine langweilige und manchmal gefährliche Arbeit, weil ständig Funken vom glühenden Metall wegsprühten. Zudem wurde deutlich sichtbar, daß nach ein paar Stunden die Schweißarbeiten um einiges schlechter

ausfielen als zu Beginn der Schicht. Die Autohersteller mußten hohe Löhne zahlen, um Leute für diese Arbeit zu bekommen. Im Amerika der sechziger Jahre, als die Automobilarbeiter die Aristokratie der gewerkschaftlich organisierten Arbeiterschaft bildeten, befanden sich die Punktschweißer an der Spitze der Lohnpyramide.
Die Roboter änderten dies alles. In den siebziger Jahren begannen die Unternehmen Roboter zu fertigen, die Punktschweißungen an Autorahmen genau an derselben Stelle in genau derselben Weise Stunde für Stunde, Tag für Tag, rund um die Uhr ausführten. Die Genauigkeit lag weit über dem, was ein Mensch erreichen kann, und die Ausdauer war unüberbietbar. Mechanische Arme, mit Schweißbrennern als Händen versehen, streckten sich aus, glühten die Metallteile zusammen und zogen sich wieder zurück. Diese Roboter erledigten ihre Schweißarbeiten schneller als die Menschen, die sie ersetzten, und zeigten die Wohltaten der Wiederholung, Präzision und Ausdauer in glänzendem Licht. Ein anderer Typ Roboter der ersten Generation, der Spray-Lackierer, zeigt, wie man die Produktivität in einer anderen bemerkenswerten Weise steigern kann: Roboter sind sparsam.
Zur Zeit ist es noch nicht nötig, nach Japan zu reisen, um diesen Vorgang zu verdeutlichen. General Electric zählt zu jenen wenigen amerikanischen Gesellschaften, die sich in ihrem weitgespannten Fertigungsbereich ganz und gar auf Roboter einstellen. Allein 1980 gab General Electric 5,1 Millionen Dollar für 47 neue Roboter aus, die ihr in nur zwölf Monaten an die drei Millionen Dollar an Löhnen und Materialkosten einsparen halfen. Ende der achtziger Jahre wird General Electric 1000 Roboter eingesetzt haben, die alle ihre Küchen- und WC-Artikel sowie Hunderte andere Produkte fertigen werden.
Eine der Maschinen, welche General Electric benutzt, ist ein norwegischer Roboter, »Trallfa« mit Namen. Trallfa lackiert alles per Spray, und dieser spezielle Roboter ist dazu da, adhäsives Material auf das Innere von Eisschränken aufzutragen. Ein Trallfa macht die Arbeit von zwei Menschen. Was er spart, ist natürlich riesig – aber damit nicht genug. Es ist ebenso bedeutsam, daß Trallfa zehn Prozent weniger von dem adhäsiven Material verbraucht. Doch selbst diese Ersparnis von zehn Prozent ist noch nicht alles. Der Roboter

versprüht das Material sehr viel gleichmäßiger als der Mensch. Menschen reden miteinander, wenn sie am Fließband stehen. Ihre Arme werden müde. Es juckt sie, und sie kratzen sich. Wenn die Arbeiter die großen Spray-Gewehre benutzen, setzt sich das Zeug meist in den Ecken fest. Dies alles geschieht mit Trallfa nicht. Robotersprayer, die lackieren, verbrauchen fast 20 Prozent weniger Material als Menschen – sie sparen Ressourcen in einer daran so knappen Welt.
General Electric spart 30 Prozent pro Eisschrank mit den Trallfa-Robotern – und die Qualität des Produkts ist sehr viel höher. Anfang der achtziger Jahre hatte es eine wachsende Furcht gegeben, die Japaner würden den amerikanischen Haushaltsgerätemarkt alsbald in derselben Weise erobern, wie sie es mit dem Markt für Konsumelektronik getan hatten. Diese Furcht legt sich jetzt rasch. Roboter – und die Zugewinne an Produktivität, die sie erzeugen – retten die Lage für General Electric und alle Unternehmen in diesem Industriezweig.
Die Robotertechnologie hat jetzt einen Punkt erreicht, wo diese Arbeiter mit dem Stahlkragen das Punktschweißen, das Lacksprayen, das Heben und Laden und sogar die Handhabung einzelner Teile in Maschinenfabriken wie der Anlage von Fujitsu Fanuc beherrschen. In raschem Tempo breiten sie sich über die industrielle Landschaft aus. Aber diese Roboter sind lediglich die erste Welle einer ganzen Armee von automatischen Arbeitern. Ihre Fähigkeiten sind extrem begrenzt.
Um das Reifealter zu erreichen, benötigen die Roboter eine entscheidende Eigenschaft – künstliche Sinne wie Sehen oder Fühlen. Die Welt befindet sich am Rande der nächsten Stufe in der Roboterentwicklung – es kommt die zweite Generation der Arbeiter mit dem stählernen Kragen. Das wird 1990 geschehen. Die geopolitischen und sozialen Konsequenzen dieses Ereignisses sind immens. Jene Nation, der es gelingt, als erste die zweite Generation, also sehende Roboter, zu haben, wird einen unglaublichen Vorsprung in der Produktion von Gütern auf der Basis niedrigster Preise und höchster Qualität gewinnen. Stumme Roboter verändern bereits den Arbeitsplatz und die ganze Welt. Sehende Roboter werden jedoch den Endsieg des Arbeiters mit dem Stahlkragen über den Arbeiter aus Fleisch und Blut bedeuten und die Gesellschaft des 21. Jahrhunderts einläuten.

Die gegenwärtig üblichen Roboter der ersten Generation müssen gehätschelt werden wie blinde Riesenbabies. Alles muß man ihnen in der richtigen Art eintrichtern, alles muß in der richtigen Reihenfolge auf dem Fließband oder im Werkzeugkasten liegen, damit es funktioniert. Blind wiederholt der Roboter dieselbe Aufgabe immer wieder. Wenn zum Beispiel die beiden dünnen Metallbleche, die er auf dem Boden einer Autokarosserie zusammenschweißen soll, nicht in der richtigen Reihenfolge auf dem Fließband ankommen, wird der Roboter seinen Arm ausstrecken und die Schweißung dort anbringen, wo das Blech eigentlich sein sollte. Das Fließband hat die Metallbleche an einem vorbezeichneten Platz in einer bestimmten Anordnung abzuliefern. Tut es das nicht, wird der Roboter seine Punktschweißung dennoch ausführen und nicht einmal merken, daß er vorbeigehauen hat.

Roboter mit Augen oder Fingern und einem besseren Computergehirn werden diese Beschränkungen überwinden – und sie werden in sehr viel stärkerem Umfang so arbeiten wie ein Mensch. Sie werden in der Lage sein, den Produktionsprozeß leicht zu verändern. Sie werden melden können, wenn irgendein Einzelteil das Fließband entlangkommt, das entweder aus der Reihe tanzt oder beschädigt ist. Sie werden fähig sein, ein Einzelteil zurechtzurücken, ein Segment der Karosserie in die richtige Reihe zu bringen oder sogar das ganze Fließband anzuhalten, sollte irgendeine Katastrophe drohen.

Der nächste Schritt in der Roboterentwicklung besteht darin, daß man die künstlichen Augen und Hirne auf einen Stand bringt, wo sie einzelne Teile auf dem Fließband zu montieren vermögen. IBM und Texas Instruments haben in ihren eigenen Fabriken bereits einige dieser Roboter eingesetzt, die Computer und Halbleiter zusammenbauen können. Aber keine dieser beiden Firmen ist bereit, diese Roboter auf den Markt zu bringen. Sie wollen den technologischen Vorsprung und die Zugewinne an Produktivität im Augenblick noch für sich behalten. Texas Instruments bedient sich 24 Roboter, um Rechner und Kontrollinstrumente zusammenzufügen. In Japan stehen die Elektronikproduzenten, die Roboter benutzen, nur noch an zweiter Stelle hinter der Automobilindustrie, und die meisten von ihnen benutzen genau diese fortgeschrittenen Roboter.

Die unbemannten Fabriken der Zukunft

Wer immer das Rennen um die nächste Generation der intelligenten Roboter gewinnt, er wird die Führung in der Entwicklung der unbemannten Zukunftsfabrik übernehmen. Denn der sehende Roboter kann sein Verhalten ändern und sich an eine wechselnde Umgebung anpassen, und das ist der Kern dessen, was in Japan als flexible Produktionseinheit bekannt ist. Mit eigenen Augen und einem komplizierten Computergehirn werden Roboter das Herz der vollautomatisierten Fabrik bilden, die nur noch von Computern gefahren wird. Das Zeitalter der computergestützten Produktion (»computer aided manufacturing« = CAM) wird beginnen und mit ihm der erste größere technologische Durchbruch des 21. Jahrhunderts. Diese Fabriken werden so große Zugewinne an Produktivität und Produktqualität abwerfen, daß keine von menschlichen Arbeitskräften betriebene Fabrik mehr mithalten kann.

Man weiß genau, wie die unbemannte Fabrik der Zukunft aussehen wird. Jede Anlage wird verbraucherorientiert arbeiten. Schließlich wird jede Fabrik Fließbänder und verschiedene Typen von Robotern und Maschinen einsetzen, die man über Minicomputer unmittelbar aus den Verkaufsräumen steuern kann. Diese vollautomatisierten Arbeitsplätze werden umgekehrt mit größeren Computern verbunden sein, die vom Aufsichtspersonal in einer ununterbrochenen Hierarchie bis hinauf zum Direktor betrieben werden. Die unbemannte Fabrik wird in Wahrheit eine Fertigungsanlage sein, in der die Chefetage direkt mit der Fabrikhalle verbunden ist, und zwar in einem integrierten Computersystem. Die höchsten Chargen des Unternehmens werden in der Lage sein, zu beaufsichtigen und zu kontrollieren, was sich an den Fließbändern in den Fabriken des Landes tut – ja selbst in denen der ganzen Welt.

Der Schlüssel zu dieser unbemannten Fabrik heißt Flexibilität. Vorbei sind die Tage von Henry Ford, als die Fließbänder Millionen von schwarzen Ford-T-Modellen ausstießen – eines ebenso wie das andere. Der Geschmack der Konsumenten hat sich so differenziert, und elektronische Erzeugnisse haben ein so kurzes Leben, daß eine große Produktvielfalt notwendig wird. Mit der Standardisierung der Produkte hat es ein Ende. Man denke nur an die vielen Dutzend Automodelle, die General Motors oder Toyota herstellen. Wenn es in der Vergangenheit einen Modellwechsel gab, hatte man jedesmal den ganzen Produktionsapparat stillegen müssen, um neue Maschinen einzubauen. Enorm viel Zeit und Geld wurden verschleudert und hochbezahlte Arbeitskräfte für Wochen oder Monate stillgelegt. Ähnlich war es bei allen anderen Produkten, gleich ob Fernsehgeräte oder Schreibmaschinen. Jedesmal, wenn etwas Neues begonnen wurde, hieß es »Stop«. Die Verschwendung war enorm. Denn bei fest installierten Fließbändern und galoppierenden Preisen für neue Ausrüstungen sind die Kosten gewaltig.

Roboterfabriken werden mit alledem aufräumen. Als kürzlich ein automatisches Fließband in einer Maschinenfabrik der Vereinigten Staaten installiert wurde, wurden 30 Prozent der Arbeitsplätze gekappt. Gleichzeitig erhöhte sich die Auslastung der Maschinen um 45 Prozent. CAM-Systeme können die Produktivität um 400 Prozent anheben und Arbeitsplätze und Materialkosten in unglaublichen Raten abbauen.

Die europäische Roboterherausforderung

Auf dem Gebiet der Roboter liegen die Vereinigten Staaten nicht nur mit Japan im Wettbewerb. Es gibt eine Reihe von europäischen Firmen, die jetzt Roboter herstellen, die fortgeschrittener sind als amerikanische oder japanische. Jahrelang sind die Japaner nach Europa gepilgert, um die Lizenzen für bestimmte Robotermodelle zu erwerben und sie später nachzubauen, die jetzt auch von amerikanischen Unternehmen wie General Electric zu Hunderten importiert und in Lizenz nachgebaut werden.

Überraschenderweise sind es die Schweden, Norweger und Italiener, die in Europa die kompliziertesten Roboter bauen – nicht die Deutschen. Als sich General Electric entschloß, sehr rasch in das Geschäft mit den Zukunftsfabriken einzusteigen, und Modellizenzen erwarb, statt selbst Roboter zu entwickeln, mußte sie sich im Ausland umsehen. Im Jahr 1981 begann General Electric damit, die Lizenz für einen Lichtbogenschweißroboter von Hitachi zu erwerben. Aber General Electric hätte ebensogut nach Schweden gehen können. Viele Kenner dieser Industrie beschwören, daß der Hitachi-Roboter lediglich der Nachbau eines schwedischen Modells sei. Die schwedische Asea Incorporation ist tatsächlich einer der führenden Roboterhersteller der Welt und darauf spezialisiert, die verrücktesten Lichtbogenschweißroboter zu bauen. Die Japaner bestehen zwar darauf, daß ihre Roboter ganz anders und sehr viel besser als die schwedische Maschine sind, räumen aber ein, daß Asea schon vor Jahren mit dem ersten Lichtbogengerät herauskam und daß Hitachi es benutzte, um sein eigenes Modell zu entwickeln. Der größte Kunde von Asea ist Westdeutschland, das mehr als die Hälfte jener 700 Roboter abnimmt, welche die Gesellschaft alljährlich produziert. Einige deutsche Unternehmen wie Kukamann, Volkswagen und Daimler-Benz stellen eigene Roboter her, überwiegend Punktschweißgeräte, an denen bisher aber nur die Russen Interesse gezeigt haben.

General Electric hält außerdem die Lizenz des »Allegro«-Roboters einer Turiner Gesellschaft namens DEA. Der Allegro verkörpert den sehr frühen Prototyp eines Roboters, der Einzelteile selbständig zusammensetzen kann. Westinghouse, General Electrics Rivale, hat sich wegen eines ähnlichen Roboters, des »Sigma«, an Olivetti gewandt. In den nächsten beiden Jahren wird Olivetti etwa 40 dieser Sigmas an Westinghouse liefern als Teil einer Verkaufsoffensive, die darauf abzielt, die Bestandteile für die unbemannte vollautomatische Fabrik der Zukunft zu liefern.

Aber die Fähigkeit gewisser europäischer Länder, technologisch fortgeschrittene Roboter herzustellen, verbürgt nicht ihre Verbreitung. Die Vereinigten Staaten stellen den am meisten fortgeschrittenen Roboter her, der zur Zeit auf der Erde für kommerzielle Zwecke benutzt wird – den T3 –, aber in den Fabriken kann man nur wenig Exemplare dieses Typs finden, weil er zu teuer und zu kompliziert ist. Die Europäer haben zwar das technische Know-how, die besten Roboter herzustellen, aber die wirtschaftliche Nutzung der Robotertechnik ist hier noch begrenzter als in den Vereinigten Staaten. Sicher, es gibt Ausnahmen: Renault, Volkswagen und Fiat haben einige nahezu vollautomatisierte Fertigungsanlagen mit vielen punktschweißenden Robotern, welche um die Fließbänder herumstehen. Aber Europa ist den wilden Eifer, sein ganzes Fertigungswesen auf Roboter und Automaten umzustellen, bisher schuldig geblieben, während er in Japan ein Teil des dortigen Strebens nach wirtschaftlicher Überlegenheit ist. Europa hat offensichtlich noch nicht begriffen – Frankreich bildet vielleicht die einzige Ausnahme –, daß es sich in einem Wettrennen um den Aufbau der Gesellschaft des 21. Jahrhunderts befindet. Noch ist Europa im Bereich der Roboter technologisch so weit fortgeschritten wie die USA und Japan, doch es setzt diese Technologie nicht ein, um seine ökonomische Basis ebenso radikal zu verändern. Deshalb und aus anderen Gründen fällt Europa im internationalen Gleichgewicht der Kräfte mehr und mehr hinter Japan und die Vereinigten Staaten zurück.

Roboter sind nie betrunken

Im Roboterrennen hält die Sowjetunion ein Blatt, das niemand kennt. Nach einigen Berechnungen nimmt die Sowjetunion bereits den Platz zwei – vor den Vereinigten Staaten und nach Japan – ein, an der Anzahl der eingesetzten Roboter gemessen. Aber die meisten dieser 6000 bis 7000 Maschinen sind sehr simpel. Nur ungefähr 2000 haben elektronische Kontrollmechanismen. Hinter Moskaus Streben nach Robotern steht dieselbe Kraft wie hinter dem Streben Japans oder Amerikas – der Bedarf an höherer Produktivität. »Roboter sind nie betrunken«, lautet der Kommentar, den man von russischen Automatisierungsexperten am häufigsten hört, und er drückt die tiefe Enttäuschung über die russische Arbeiterklasse aus, die das vielleicht niedrigste Produktivitätsniveau aller Industrieländer der Welt verschuldet. Mit Fehlzeiten, die drei- bis viermal höher liegen als im Westen, einer unmotivierten Arbeiterschaft und einem epidemisch auftretenden Alkoholismus schalten die sowjetischen Autoritäten immer mehr auf Roboter um, um ihre industriellen Probleme zu lösen. Niemand anders als Leonid Breschnew, der verstorbene Generalsekretär der KPdSU, erwähnte in seiner Rede auf dem 26. Kongreß seiner Partei im Jahre 1981 ausdrücklich die Mobilisierung von 22 Ministerien, die in den darauffolgenden fünf Jahren den Bau von 40 000 Robotern vorantreiben sollten.
Zur Zeit liegt Rußland in der Robotertechnologie fünf bis zehn Jahre hinter dem Westen zurück. Eines der grundlegenden Probleme be-

steht darin, daß die Sowjetunion auf dem Gebiet der Mikroelektronik und der Computer rückständig ist, dem Herz und Hirn des Roboters. Um diesen Rückstand auszugleichen, hat sich Moskau mit der Bitte um Roboter an Japan und Amerika gewandt. Unimation hat Dutzende seiner punktschweißenden Roboter vom Typ »Unimate« nach Rußland befördert, von denen viele in der berüchtigten Lastwagenfabrik am Kama-Fluß wiederauftauchten, die, mit starker amerikanischer Beteiligung gebaut, jene Fahrzeuge produzierte, die bei der Invasion Afghanistans eingesetzt wurden. Unimation unterzeichnete kürzlich eine Vereinbarung mit Nokia, dem größten Privatunternehmen Finnlands, die den Bau von Unimates bezweckt. Nokia wird sie in Skandinavien verkaufen, aber die meisten dieser Roboter werden wahrscheinlich auf dem Exportweg nach Rußland gehen. Und die Kawasaki-Werke, die Unimates in Lizenz bauen, exportieren diese Maschinen ebenfalls nach Rußland. Im Jahr 1981 verkauften sie 26 Roboter dieser Art dorthin. Wenn Kawasaki seine neueste Roboterfabrik vollendet haben wird – sie wird die größte der Welt sein –, werden 30 Prozent der Produktion in den Export gehen, und viele dieser Roboter werden dann in Rußland auftauchen. Die Sowjets sind so vernarrt in den Unimate, daß sie von ihm Kopien herstellen. Die Sowjets besitzen jetzt den K-690, einfach ein Unimate, den man auseinandergenommen, studiert und wieder zusammengesetzt hat. Er ist nicht gerade ein Luxusmodell, aber allemal besser als Arbeiter, die sich betrinken, zu Hause bleiben und sich nur wenig um das kümmern, was sie da am Fließband zusammenbauen.

In Japan, Amerika und Teilen Europas sind die Roboter bereits dabei, Autos, Fernsehgeräte, Computer und ganze Flugzeuge zu montieren, und sie tun es schneller, besser und billiger als der Mensch. Innerhalb weniger Jahre werden die Arbeiter mit dem stählernen Kragen nicht nur die Arbeiter im Overall ersetzen, sondern auch die Arbeiter mit dem weißen Kragen und die Angestellten in den Büros. Diese Revolution wird auf das Leben in den Vereinigten Staaten, Europa und Japan in den achtziger Jahren einen größeren Einfluß haben als jeder andere technologische Wandel. Roboter versprechen ein Zeitalter des Reichtums, unvergleichbar mit irgend etwas in den letzten fünfzig Jahren. Es droht aber ein Aufstand moderner Maschinenstürmer, die Revolution einer neuen Armee des Lumpenproletariats, das sich durch die auf dem Vormarsch befindlichen Maschinen gefährdet fühlt. Roboter eröffnen enorme Aussichten für die Zukunft, aber wie alle neuen Technologien werden sie auch große Schmerzen verursachen.

Im Gegensatz zu früheren Phasen der Automation, als Maschinen die menschliche Arbeitskraft in einem Sektor der Wirtschaft ersetzten, andere Sektoren aber verschonten, die diese Verluste wieder ausglichen, trifft die gegenwärtige Verbreitung der Arbeiter mit dem Stahlkragen alle Industrien zur gleichen Zeit. Es gibt keinen Ort, an dem man die arbeitslosen Arbeiter auffangen könnte, keine Fluchtburg. Selbst die Dienstleistungsindustrie, die in den siebziger Jahren so wirksam Millionen von neuen Beschäftigungsmöglichkeiten geschaffen hatte, wird betroffen sein. Die Japaner arbeiten an einem »McDonald's«-Roboter, der Hamburger zubereiten, Coca Cola servieren und Wechselgeld herausgeben kann. Und man wird von Neiman-Marcus einen »Butler«-Roboter für die Nacht kaufen können, der Cocktails mixt. Eine Armee von Technologieopfern wird diese Technologie hervorbringen – Männer und Frauen, die ohne Beschäftigung sind, ohne Fähigkeiten, ohne Fertigkeiten für die Zukunft. Wer übernimmt die Verantwortung, diese Enteigneten zurückzuhalten, wer unterstützt sie bei der Arbeitssuche, wer in der Tat schafft überhaupt neue Jobs – das werden die entscheidenden sozialen Fragen des 21. Jahrhunderts sein.

Biotechnik und Bakterienfabriken

Jahrzehntelang genoß Amerika den Ruf, das Zentrum der Welt für den Automobilbau zu sein. Deutschland, kein Versager, was das Auto anbelangt, war als das Zentrum für das projektbezogene Ingenieurswesen bekannt, indem es riesige Stahlwerke, Erdölraffinerien und Wasserkraftwerke entwarf und baute. Aber die Tage, in denen es jährlich einen Modellwechsel bei den Autos gab, sind vorüber. Die rauchenden Eisenhütten schließen. Die Zeiten der mechanischen Ingenieurskunst sind vorüber. Die Zeit der Biotechnik kommt.

Die Biotechnik ist eine mächtige und verbreitete Technologie, die

massive Veränderungen bis ins Herz der amerikanischen Gesellschaft hinein bewirken wird. Sie wird die pharmazeutische, die Nahrungsmittel- und die chemische Industrie verändern. Sie wird einen tiefgreifenden Wandel im Bergbau hervorrufen und könnte das Energiegeschäft, wie wir es kennen, beenden. Sie wird entscheiden, wie lange wir leben, wie wir leben und mit wem wir leben. Sie verspricht, unser Leben, das zur Zeit auf dem Verbrauch unersetzlicher Rohstoffe beruht, auf eine völlig veränderte Grundlage zu stellen, die von ersetzbaren, lebenden Ressourcen bestimmt wird. Indem sie neues Leben schafft, wird die Biotechnik unser ganzes Leben umwandeln. Jene Nation, welche die Kunst dieser neuen Technologie als erste erlernt, wird neue ökonomische und politische Kräfte besitzen, wie man sie seit Generationen nicht mehr erlebt hat.
In einem allgemeinen Sinne hat es die Biotechnik von Anfang an gegeben. Das Züchten von Tieren, die Entwicklung neuer Getreidesorten, der Anbau von Hefe für Brot und die Herstellung von Yoghurt – all das sind Wege, auf denen man die Gene manipulieren kann. Es hat Tausende von Jahren gedauert, ehe man Kühe, Pferde und unsere freundlichen Hunde und Katzen züchten konnte. Weizen, Mais, Gerste, Weintrauben, Reis wurden immer wieder verändert. Ohne sie zu manipulieren, gäbe es keine Pizza, kein Bier, keinen Wein, keinen Käse und keinen Sake.

Gene nach Maß

Aber diese traditionellen Methoden haben ihre extrem engen Grenzen. Sie sind außerordentlich zeitaufwendig, wobei die Veränderungen viele Generationen benötigen. Sie verlangen, daß sich der ganze lebende Organismus wandelt, selbst wenn das Ziel lediglich darin besteht, nur ein einziges Merkmal zu verändern. Sie sind ungenau, weil Tiere und Pflanzen zu vielschichtig sind. Letzten Endes sind sie viel zu teuer.
Die Biotechnik ist da anders. Sie ist präzise, man kann sie zielgenau einsetzen. Man braucht für die Prozeduren nur eine kurze Zeit, sehr wenig Energie, und was vielleicht das wichtigste ist, sie verspricht die Erzeugung völlig neuer biologischer Produkte, die sich an den

Bedürfnissen der Verbraucher orientiert. »Gene nach Maß« ist mehr als ein Scherz; schon bald könnte es sie wirklich geben.
Biotechnik bedeutet eigentlich, daß man Gene spleißt und ein einzelnes Gen aus einem Organismus herauslöst und auf einen anderen überträgt. Das Gen enthält den grundlegenden Bauplan jeder Zelle, es ist der Stoff des Lebens. Wie ein Softwareprogramm, das den Computern befiehlt, was sie zu tun haben, ist das Gen ein Kode, der einer Zelle befiehlt, wie sie sich zu verhalten und was sie zu erzeugen hat. Beim einfachsten Verfahren finden die Wissenschaftler einen Organismus, der etwas produziert, was sie brauchen – zum Beispiel Alkohol. Sie ziehen dann das Gen heraus, das für den Befehl an die Zelle verantwortlich ist, Alkohol zu produzieren, und fügen es mit einem anderen Organismus zusammen, der für sein schnelles Wachstum bekannt ist. Die zweite Bakterie folgt dann den Instruktionen des eben erst eingepflanzten Gens und wird zur Miniaturfabrik, die Alkohol erzeugt. Mit der richtigen Art groß angelegter, kontinuierlicher Fermentierung kann eine Bakterienfabrik errichtet werden, welche kommerziell lohnende Mengen an Alkohol herstellt, der als Treibstoff verwendet werden kann.
Eine solche Fabrik ist kein Phantasiegebilde aus dem Elfenbeinturm. Nein, sie geht bereits ihrer Vollendung entgegen, und verschiedene andere Fabriken sind schon im Entstehen. Die National Destillers and Chemical Corporation baut gerade eine Anlage für 100 Millionen Dollar, die für Treibstoffzwecke 40 Millionen Gallonen Ethanol jährlich erzeugen wird. Die Gesellschaft nutzt eine neue Form des Lebens, und zwar eine aus der Manipulation von Genen hervorgehende Hefe. Diese wird von der Cetus Company produziert, einer biotechnischen Firma an der amerikanischen Westküste, die, bereits ab 1984, damit Ethanol erzeugen wird.

Das Wunder der Genchirurgie

Noch vor kurzer Zeit wäre die Herstellung von Alkohol durch Superhefe etwas gewesen, was vielleicht die Phantasie von Biochemikern, nicht aber die von Geschäftsleuten beflügelt hätte. Ethanol, Methanol, Ethylen Glykol und Dutzende anderer »Baustein«-Elemente, aus denen unsere Plastikwelt der Einkaufstüten, Kunststoffanzüge und so weiter besteht, werden normalerweise aus Erdöl gewonnen.

Wir vergessen allzuoft, daß Erdöl nicht nur als Treibstoff benutzt wird, sondern ein bedeutender Rohstoff ist, eine Art »Vorratskammer«, die in Dutzende und aber Dutzende von einfacheren Teilen zerlegt wird. Diese werden dann wieder zusammengesetzt und dienen zur Produktion einer riesigen Anzahl von Plastikstoffen und Chemikalien, die wir jeden Tag benutzen.

Als der Ölpreis Anfang der siebziger Jahre noch niedrig war – er lag bei 2,10 Dollar für ein Barrel –, war es durchaus sinnvoll, massive Krack-Anlagen für viele Millionen Dollar zu bauen, um die zähe Flüssigkeit in ihre Einzelteile zu zerlegen. Der Preis entsprach sowohl dem Rohstoff als auch den riesigen Mengen an Energie, die man brauchte, um das Petroleum in seine einfacheren Komponenten aufzuspalten. Jetzt aber ist diese Kostenstruktur auf den Kopf gestellt. Der Preis für das Erdöl, das man braucht, um die riesigen Krack-Anlagen zu fahren, ist in die Höhe geschossen, und die Kosten, die man hat, wenn man dasselbe Erdöl als Rohstoff einkauft, sind ebenso hochgegangen. Jedes neue Verfahren, das verspricht, die »Poly«- und »Glycose«-Stoffe des Erdölspaltprozesses zu einem geringeren Preis zu erzeugen, hat einen klaren Vorteil.

Und genau das geschieht durch die Biotechnik. Indem man Gene spleißt, kann man die Energiekosten enorm senken. Man kann Dutzende von Stufen aus dem Prozeß eliminieren, an dessen Ende alle möglichen Sorten von Plastik und Chemikalien stehen. Diese Methode senkt den Preis für Erdöl als Treibstoff, kann aber auch dieselbe Menge an Alkohol oder den meisten anderen Stoffen produzieren, die bisher vom alten Spaltungsprozeß abfielen, und das zu niedrigeren Kosten. Wäre es nicht so, würde National Destillers nicht ihre neue, von Hefe betriebene Fabrik bauen.

Aber das Wunder der Biotechnik reicht weit über die chemische Industrie hinaus. Dieselbe Genmanipulation, die man bei Hefe anwendet, um Alkohol und andere Chemikalien zu erzeugen, kann man benutzen, um Insulin und das gegen Krebs wirksame Inferon, ja sogar sich selbst befruchtende Pflanzen herzustellen. Tatsächlich wird es Ende des nächsten Jahrzehnts aller Wahrscheinlichkeit nach möglich sein, eine Anlage für die Erzeugung brennbarer Substanzen zu erstellen, die man als Energie benutzen kann – als Rivalin des Erdöls.

Das patentierte Leben

Der Oberste Bundesgerichtshof der Vereinigten Staaten entschied 1980, daß man vom Menschen geschaffene Lebensformen patentieren lassen kann. Dieses wegweisende Urteil öffnete das ganze Feld kommerzieller Nutzung. Innerhalb weniger Monate war der Prozeß der Genmanipulation geschützt, und es begann eine neue Ära der Biotechnik. Ein Jahr später, im Juni 1981, verkündete Genentech – eine der neuen Firmen, die Wissenschaftler gegründet hatten, um Substanzen auf dem Wege der Biotechnik zu erzeugen –, sie habe erstmals einen Impfstoff produziert, indem sie Gene aufspliß: einen Impfstoff gegen die Maul- und Klauenseuche. Diese Tat markierte den Beginn der industriellen Nutzung der Biotechnik.

In den letzten beiden Jahren sind überall in den Vereinigten Staaten Dutzende von kleinen Firmen entstanden, die diese neue Technologie ausbeuten wollen. Genentech gehörte zu den ersten und bildete das Modell. Nur zwei Jahre nachdem Charles Boyer von der University of California in Berkeley und Stanley Cohen von der Stanford University die Technik der Genteilung entdeckt hatten – das war 1975 –, tat sich Boyer mit einem Risikokapitalgeber zusammen, um die neue Firma zu gründen. Von da an wechselten viele der besten Molekularbiologen und Biochemiker in Amerika von den Laboratorien der Universitäten in die Geschäftswelt über. Inzwischen wurden so viele Biotechnikfirmen in Kalifornien gegründet, daß die Küstengegend um San Francisco, die man wegen ihrer Halbleiterhersteller »Silicon-Tal« nennt, nun auch als »Siliclon-Tal« bekannt ist.

Wo immer es Spitzenuniversitäten mit leistungsfähigen Biologieabteilungen gibt, schießen die neuen Gesellschaften aus dem Boden. Von Stanford, Berkeley und dem California Institute of Technology (Cal Tech) kam ein Schwall von Wissenschaftlern, um Cetics, Eugenics und andere winzige biotechnische Firmen zu gründen. An der Ostküste, in Cambridge und in Bostons Route 128 mit ihren unzähligen Computerfirmen befindet sich das Treibhaus der neuen Aktivitäten auf dem Gebiet der Biotechnik. Von Harvard und dem Massachusetts Institute of Technology (MIT) kamen Nobelpreisträger, um die Millionen von Dollars zu verdienen, die das private Unternehmertum verheißt. Einige hundert neue Gesellschaften bildeten sich, um neue Arzneimittel, Chemikalien und Nährstoffe zu erzeugen.

Nobel-Unternehmer

Die vier führenden Gesellschaften auf dem Gebiet der Biotechnik sind Genentech, Cetus, Biogen und Genex. Sie alle wurden in den letzten Jahren von Wissenschaftlern aufgebaut, die sich in einem Bündnis mit Risikokapitalgebern befanden, und bilden die Spitze in jenem internationalen Wettrennen, das um die Nutzbarmachung der neuen Technologie angelaufen ist.
Die großen Firmen waren sehr langsam beim Begreifen des Potentials, das in dieser neuen Technologie steckt. Aber nun holen sie allmählich auf und geben Millionen von Dollars aus, um sich ihren Anteil zu sichern. Sie bauen riesige Laboratorien und kaufen Nobelpreisträger auf, um sie zu besetzen. Das braucht jedoch Zeit, und sie sind ungeduldig, auf den fahrenden Zug aufzuspringen. So benutzen die großen Firmen ihre Zahlungskraft, um Teile der kleinen Biotechnikfirmen aufzukaufen. National Destillers gehören elf Prozent von Cetus; Koppers Company besitzt 48 Prozent von Genex, Schering-Plough Corporation, der riesige Arzneimittelkonzern, 16 Prozent von Biogen; Monsanto hält Teile von Genentech, Genex und Biogen.
Die Großen machen auch Gemeinschaftsgeschäfte mit den neuen Firmen und finanzieren spezielle Projekte – dies alles, um ihre eigenen Wissenschaftler in den neuen Techniken unterweisen zu lassen und eine frühe Führung in der Herstellung jener neuen Produkte gewinnen, die aus den Laboratorien kommen. Zum Beispiel baut Eli Lilly, der Welt größter Hersteller von Insulin, gegenwärtig in England eine 40-Millionen-Dollar-Anlage, um Insulin aus einer kürzlich geschaffenen Bakterie zu gewinnen, die von Genentech »erfunden« wurde. Als Gegenleistung für das Geld, das Genentech von Eli Lilly erhielt,

vergab die Biotechnikgesellschaft die Exklusivrechte an ihren einzigartigen insulinproduzierenden Bakterien. Lilly erhält natürlich ein besser funktionierendes Verfahren für die Insulinherstellung und hält weiterhin den Weltinsulinmarkt unter Kontrolle. Ihr neues Insulin wird in Kürze in England vertrieben werden und nach einer Testphase auch in den Vereinigten Staaten erhältlich sein.

Ein Mittel gegen den Krebs?

Dasjenige Potential der Biotechnik, das die größte Aufmerksamkeit der Medien erregte, ist die Medizin. Die Aussicht auf eine Genspaltung, die große Mengen von Antibiotika, Hormonen und neuen Wundermitteln abwirft, erzeugt die Vision von einem Sieg noch in diesem Jahrzehnt über den Krebs und andere tödliche Krankheiten. Zur Zeit führt Genentech für drei Produkte Versuche am lebenden Menschen durch: Interferon, Insulin und menschliche Hormone. Interferon könnte der Schlüssel im Kampf gegen den Krebs sein ebenso wie gegen Grippe, Leberentzündung, die landläufige Erkältung und sogar Herpes. Menschliche Hormone kann man benutzen, um den Zwergwuchs zu verhindern. Und Insulin braucht man natürlich gegen Diabetes.
Aber die für Nahrungs- und Arzneimittel zuständigen Behörden der Vereinigten Staaten verlangen, daß neue Medikamente sechs bis acht Jahre lang erprobt werden, bevor sie in den Verkauf gehen. So mag es noch Jahre dauern, bis die Arzneimittel, welche die Ingenieure auf biologische Weise gewonnen haben, der Öffentlichkeit zur Verfügung stehen.
Bevor das geschieht, werden die chemische und die Landwirtschaftsindustrie, die keine Erlaubnis der Behörden benötigen, die Revolution der Biotechnik zu spüren bekommen. Der aus Hefe gewonnene Alkohol kam Ende 1983 auf den Markt. Ethylen Glykol, ein bedeutendes Mittel gegen Frost, wird in Kürze folgen. Cetus wird bald einen neuen Impfstoff gegen Rotlauf verkaufen, eine Krankheit, die jedes Jahr zehn Prozent der neugeborenen Rinder in den Vereinigten Staaten tötet. Und Genentech wird sein neues Heilmittel gegen die Maul- und Klauenseuche etwa 1984 in Übersee anbieten.

Aber schon jetzt geschieht enorm viel auf den Bauernhöfen. Dieselben wirtschaftlichen Zwänge, die die chemische Industrie aus dem Erdöl treiben, treffen auch die Giganten der Agrarwirtschaft. Fast alle Düngemittel, Herbizide und Insektizide stammen von Chemikalien, die letzten Endes aus Erdöl gewonnen wurden. Als die Ölpreise in den siebziger Jahren in die Höhe schossen, gingen auch die Preise für jene Produkte nach oben. In der Tat stellt sich die groß angekündigte »Grüne Revolution« der siebziger Jahre als Katastrophe für Asien und Afrika heraus, da die neuen Reis- und Weizensorten Chemie-intensiv und auf enorme Mengen von Düngemittel angewiesen sind, um die Erträge zu erhöhen. Mit steigendem Ölpreis stiegen auch die Chemiepreise und stürzten die Bauern ins Unglück.

Die Biotechnik verspricht, diesen Trend durch neue Anlagen umzukehren, die ihr eigenes Nitrogen und damit auch ihr eigenes Düngemittel herstellen. Letzten Endes verspricht es die Befreiung der Landwirtschaft von ihren chemischen Ketten – und von den Ketten der großen Öl- und Chemiefirmen.

Das Potential ist in der Tat so groß, daß die Biotechniker in hellen Scharen in die Landwirtschaft einfallen. Der mögliche Markt für landwirtschaftliche Gentechnik mag im Jahr 2000 ein Volumen von 100 Milliarden Dollar haben – verglichen mit zehn Milliarden auf dem medizinischen Sektor. Pfizer investiert Millionen, um auf biologische Weise neue Sorten von Sojabohnen und Mais herzustellen, die sich als resistent gegen Krankheiten und Schädlinge erweisen. Campbell ist hinter der perfekten Tomate her, und Frito-Lay, der Kartoffelchiphersteller, versucht, die vollkommene Kartoffel zu entwerfen.

Der japanische Reiswein-Vorsprung

Die amerikanische Führung auf dem Felde der Biotechnik ist gewaltig. Als die Farbwerke Hoechst, die größte deutsche Arzneimittelfirma, beschlossen, sich auf das Gebiet der Genspaltung zu begeben, machten sie mit der Harvard-Universität und dem Massachusetts General Hospital ein 50-Millionen-Dollar-Geschäft. Der Aufschrei in Deutschland war unglaublich. Es wurde als Makel an der nationalen Ehre verstanden. Aber die Leute von Hoechst bestanden darauf, daß die USA in dieser Technologie eine Spitzenstellung einnehmen, und die wollten sie ebenfalls erreichen.

Der Schachzug von Hoechst beleuchtet den mächtigen Vorstoß, den die Europäer in der Biotechnik unternehmen, besser als alles andere. Frankreich hat 1982 ca. eine Milliarde Franc allein für die neue Technologie ausgegeben, und die Summe wird sich bis 1985 vervierfachen. Paris möchte Ende des Jahrzehnts zehn Prozent des Weltmarktes halten. Rhône-Poulenc, eine der größten Chemiefirmen des Landes, arbeitet an hybriden Getreidesorten, die sich selbst befruchten werden. Und Frankreichs Lafarge Coppée, einer der größten Zementhersteller der Welt, begab sich auf das Feld der Biotechnik, indem es sich die Herrschaft über die belgische Compagnie Coppée de Développement sicherte, deren Tochtergesellschaften sich auf Aminosäuren spezialisieren. Lafarge hofft, die Fermentierungskenntnisse seiner neuen Gesellschaften zu kapitalisieren, indem es die neuen Produkte, die von den amerikanischen Pionieren entwickelt wurden, in Massen herstellt.

Großbritannien leistet zukunftweisende Arbeit in einem eigenen Zweig der Biotechnik und hat eine Gesellschaft namens Celltech gebildet, um die eigenen Durchbrüche kommerziell auszuwerten. Aber soweit man sieht, hat es hier nur wenige echte Ergebnisse gegeben. Eine Londoner Gruppe von Investoren, die sich ausschließlich deshalb zusammengefunden hatte, um Geld in neue Biotechnikfirmen zu pumpen, mußte sich im Ausland umsehen, um vielversprechende Adressen zu finden. Biotechnology Investments, von niemand anders als N. M. Rothschild ins Leben gerufen, kann fast 50 Millionen Dollar investieren. Zur Zeit hat sie ihr Geld in vier neue amerikanische Gesellschaften gesteckt. Für die biotechnischen Unternehmen Englands fiel nichts ab.

Hoffmann-La Roche aus der Schweiz, jenes riesige pharmazeutische Unternehmen, das unserem Zeitalter der Angst die Wunderdroge Valium schenkte, arbeitet an der Genspaltung und vergibt einiges davon in Lizenz an die Japaner. Und die dänische Novo, die 60 Prozent des europäischen Insulins verkauft, spezialisiert sich auf die Enzymproduktion, die wichtig ist für die kommerziellen Formen der Fermentierung und des Bakterienwachstums. Zusätzlich zu alledem verkauft die schwedische Fortia Dinge, die die Biotechniker für ihre

Arbeit brauchen. Aber trotz dieser Anstrengungen liegt Europa um viele Jahre hinter den Vereinigten Staaten zurück, und es wird ihm schwerfallen, schon bald aufzuholen.

Die einzig wirkliche Herausforderung an die amerikanische Führung auf dem Gebiet der Biotechnologie geht von den Japanern aus. Sie haben sich klar entschieden, daß die Genchirurgie eine ihrer Zukunftstechnologien sein soll, auf die sie gezielt zusteuern, und sie verfolgen dieses Ziel mit unglaublicher Intensität.

Für Japan ist die Biotechnik vollkommen sinnvoll. Sie verringert die Erdölimporte und verspricht den Aufbau einer Wirtschaft, die sich auf ersetzbare Ressourcen gründet. Für eine Inselbevölkerung, die ohne Ressourcen ist – außer ihren talentierten Leuten –, ist dies ein wundervoller Traum. Mehr noch, viele Produkte der Biotechnik haben einen ungeheuren Wert. Eine kleine Menge kostet viel – ideal für ein Land, dessen Reichtum daher rührt, daß es Rohstoffe importiert und diese in teure Fertigprodukte verwandelt.

Das biotechnische Fieber packte Japan erst spät. Als 1973 die Revolution mit der genspaltenden Methode von Boyer-Cohen erfolgte, war Japan überhaupt nicht dabei. Der Ausblick auf gewaltige Veränderungen in der Produktionsweise und auf neue Produkte ging vollkommen unbemerkt an ihnen vorbei. Aber nach Beratungen in Wirtschafts- und Regierungskreisen sprang Japan 1982 auf den fahrenden Zug der Biotechnik auf und begann die Verfolgungsjagd gegen die Vereinigten Staaten. Die Geschwindigkeit, mit der das geschieht, ist erstaunlich. 1980 hatte Amerika einen Fünfjahresvorsprung vor Japan. Daraus sind inzwischen nur noch drei Jahre geworden, und die Lücke schließt sich schnell.

Die Japaner kamen nicht mit leeren Händen. Um kommerziell lebensfähig zu sein, müssen die neu erschaffenen Bakterien in ungeheuren Mengen gezüchtet werden, damit sie große Mengen von Ethanol, Insulin oder was auch immer abwerfen. Der Schlüssel dafür ist die Fermentierung. Und hier haben die Japaner immer an der Spitze gelegen.

Jahrhundertelang haben die Japaner die Fermentierung benutzt, um Bier und Reiswein zu machen, und sie haben ihre Methoden auf andere Gebiete übertragen. Das Land ist zum Beispiel der weltgrößte Hersteller von Aminosäuren, den Bausteinen der Eiweiße, und von industriellen Enzymen, Schlüssel für den Fermentierungsprozeß. Indem sie die neue Technologie der Modifikation von lebenden Organismen mit ihrer traditionellen Führung in der Fermentierung verbinden, hoffen die Japaner, ihre früheren Erfolge auf dem Gebiet der Elektronik, der Halbleiter, der Autos und des Stahls zu wiederholen. Indem sie eine neue Technologie, die im Ausland geschaffen wurde, in ihre fortgeschrittene Fertigungstechnologie einpassen, glauben die Japaner fest daran, daß sie gegen Ende des Jahrzehnts den Markt beherrschen werden.

Tokio führt einen Zangenangriff. Das Ministry of International Trade and Industry (MITI) läßt ein auf zehn Jahre angelegtes Forschungsprogramm vom Stapel, das 110 Millionen Dollar kosten wird. Das Geld wird an vier große japanische Firmen gehen, wo es die Forschung auf drei Gebieten unterstützen soll: Methoden der Genspaltung, Aufzucht von Zellen in großen kommerziellen Dimensionen und der Bau neuer »Biohochöfen« oder »Bioreaktoren«, welche die Fermentierung enthalten.

Dieser Vorstoß kommt von der Regierung. Die Privatunternehmen ihrerseits haben damit begonnen, in den Vereinigten Staaten auf massive Weise Daten auszuheben. So wie in den sechziger und siebziger Jahren Tausende von Japanern durch das »Silicon-Tal« schweiften, um sich in der Halbleiter- und Computertechnologie umzusehen, besuchen jetzt Hunderte von ihnen die Laboratorien aller größeren amerikanischen biotechnischen Unternehmen und Universitäten. Ungefähr zweihundert japanische Firmen wenden sich der Biotechnik zu, und fast alle von ihnen entsenden Leute in die Vereinigten Staaten, um Informationen zu sammeln. In nur einem Monat des Jahres 1982 schleuste Cetus mehr als 100 Japaner durch seine Labors.

In ihrer Aufholjagd gegen die Amerikaner tun sich die Japaner mit amerikanischen Firmen zusammen, und zwar in einem unglaublichen Irrgarten von Geschäften. Green Cross, eine der aktivsten Arzneimittelfirmen Japans, hat ein Stück der Collaborative Research Inc. in Boston gekauft, wodurch die Gesellschaft ein Partner von Dow Chemical wurde. Green Cross führt außerdem gemeinsame Forschungsarbeiten mit Genex über das menschliche Serum Albumin durch, das man in Brand- und Schockfällen braucht, und die Gesellschaft zahlt Tantiemen an die Stanford University für das Cohen-Boyer-Patent auf die Genchirurgie. Eine geheime Gruppe japanischer Institutionen kaufte 1982 Genentech-Aktien im Wert von 4,5 Millionen Dollar auf, nur um den amerikanischen Wissenschaftlern über deren Schultern zu gucken. Toray Industries, der Textilgigant, hilft, die Genentech-Forschungen auf dem Gebiet des Inferons zu finanzieren – als Gegenleistung für die japanischen Exklusivrechte. Und Mitsubishi Chemical Industries unterstützt die Genentech-Forschung auf dem Gebiet des menschlichen Serums Albumin und wird dafür ebenfalls die japanischen Exklusivrechte erhalten.

Das Frankenstein-Monster

Die Revolution der Biotechnik läuft seit 30 Jahren. Fast ihre ganze Geschichte ist amerikanisch, was den Vereinigten Staaten gegenüber ihren ausländischen Mitbewerbern einen wichtigen technologischen Vorsprung verleiht.
Im Jahr 1953 entdeckten James Watson und Francis Crick die Doppelhelix, also die Struktur des DNS-Moleküls, jenes Moleküls, das den genetischen Kode birgt, mit dem die lebenden Organismen definiert werden. Sie entdeckten, genau genommen, den Schlüssel zum Leben. Ihre Arbeit zeigte, wie DNS die genetische Information über die Sprossen seiner Wendeltreppe – oder »Doppelhelix«-Struktur – transportiert. Einfach ausgedrückt: Die Gene sind Teile dieser Treppe.
In den nächsten 20 Jahren gingen die Wissenschaftler dazu über, die Doppelhelix zu erkunden, indem sie auf dem DNS-Molekül jene Gene identifizierten, die spezifische Wirkungen erzeugen. Zum Beispiel verspricht das Gen, das Interferon produziert, ein Mittel im Kampf gegen den Krebs zu werden.
Im Jahr 1973 entwickelte ein Gespann von Wissenschaftlern eine Technik, mit deren Hilfe man verschiedene Gene von einem größeren DNS-Molekül abtrennen und auf einen anderen Organismus übertragen kann. Boyer in Berkeley und Cohen in Stanford tüftelten die mikroskopischen Verfahren für die Schaffung neuer Formen des Lebens aus. Es verging ein weiteres Jahrzehnt, ehe diese Entdeckung

kommerzialisiert wurde. Inzwischen gab es sowohl unter den Wissenschaftlern als auch in religiösen Gruppen einen Aufruhr. Der Mensch hatte schließlich Gott gespielt, und seine Handlungen hatten die Grundlagen der modernen Kultur gefährdet.

Der Aufruhr in der wissenschaftlichen Arena dreht sich darum, daß die Wirtsbakterie, die man benutzte, um das aufgeplissene Gen aufzuziehen, ein E.coli war, eine ganz gewöhnliche Bakterie, die man in jedem Menschen findet. Man hatte Angst, es würde ein verändertes oder gar tödliches E.coli geschaffen, das dem Laboratorium entkommen und die Bevölkerung infizieren könnte. Kurzum, es wurde eine von des Menschen Hand gemachte Seuche befürchtet. Jedermann hatte plötzlich das Wort vom »Bio-Hasardspiel« auf den Lippen, und die Furcht vor Epidemien überschwemmte das Land. Die Schlagzeilen mancher Zeitungen verwiesen auf Frankenstein und sprachen davon, die Wissenschaftler seien drauf und dran, monströse Mörder zu schaffen.

Die National Academy of Sciences, eine gemeinnützige Gesellschaft, der die besten Wissenschaftler Amerikas angehören, rief 1974 nach einem freiwilligen Moratorium für Experimente, aus denen neue, gegen Arzneimittel resistente Bakterienstämme hervorgehen könnten. Es war das erstemal in' der modernen Geschichte, daß Wissenschaftler einen Bann gegen die wissenschaftliche Forschung verlangten. Die National Academy bat die National Institutes of Health (NIH) außerdem um Richtlinien für die Forschung.

Diese Richtlinien sind seit 1976 in Kraft. Sie schreiben vor, daß im Labor nur geschwächte E.coli verwendet werden, das heißt Bakterien, die außerhalb der Laboratorien nicht lebensfähig sind, und setzen strenge Sicherheitsvorkehrungen für Laboratorien fest, in denen Biotechnik betrieben wird. Überall im Lande wurden daraufhin Hochsicherheitslabors gebaut mit doppelt zu sichernden Türen, negativ wirkenden Ventilatoren und speziellen Quarantäne-Zonen.

Es gab einen wahnsinnigen Druck auf den Kongreß, strengste Richtlinien für das ganze Gebiet zu erlassen. Zu guter Letzt wurde die Forschung ohne jeden Zwischenfall fortgesetzt, und allmählich legte sich der Lärm. Der Kongreß hat niemals irgendein Gesetz erlassen. Die NIH lockerten ihre Richtlinien sogar wieder.

Aber während sich die Sicherheitsbestimmungen lockern, erreicht die Biotechnik ihre zweite, ihre kommerzielle Phase. Schon jetzt gibt es einen intensiven Wettbewerb zwischen den miteinander rivalisierenden Gesellschaften, und einige Wissenschaftler fragen sich, ob nicht Kostengrenzen und ein zu hohes Tempo eines Tages dazu führen könnten, daß schädliche Bakterien freigesetzt werden. Mehr noch, während sich die Labortechniken als sicher erwiesen haben, sind Biohochöfen, die bedeutend größere Mengen an biologisch veränderten Organismen herstellen, neu und unerprobt.

Da Biotechnikfirmen sich in immer größerer Anzahl in allen Teilen des Landes niederlassen, ergreifen jetzt die Kommunen die Initiative und stellen Sicherheitsfragen, von denen man einst gehofft hatte, daß sie bereits beantwortet wären. Ein Wirrwarr einander widersprechender Bestimmungen wird in den verschiedenen Städten rund um Boston erlassen, die bereits einige Firmen in die frischere Luft Kaliforniens vertrieben haben. Ebenso wie Arbeitslosigkeit auf die neue Technik der Roboter und Automaten folgen wird, wird die Frage der öffentlichen Sicherheit die revolutionäre Biotechnik begleiten.

»C and C« – »Computers and Communications«

Es gab eine Zeit, in der man nur folgendes zu tun hatte, um eine Hausmitteilung zu schreiben: Man nahm ein Stück Papier, spannte es in die Maschine ein, hämmerte auf die Tasten, zog es wieder heraus, steckte es in einen Umschlag und legte es in den Ausgangskorb. Wenn man nicht gut maschineschreiben konnte, gab man das Papier der Sekretärin, damit sie es sauber abschrieb, bevor man es auf den Postweg gab. Ein Hausbote kam vorbei und brachte es zur Poststelle, wo es eingeordnet und dann demjenigen überbracht wurde, für den das Memo gedacht war. Die Übermittlung dieser Hausmitteilung dauerte ungefähr einen Tag und beschäftigte vier bis fünf Leute mit leichter körperlicher Arbeit.

Wenn man heute in einem Büro beschäftigt ist, das ein modernes Computersystem hat, macht man folgendes, um seine Hausmitteilung an den Mann zu bringen: Man setzt sich vor seinen Terminal und tippt die Notiz in das Gerät ein, das mit seinem Bildschirm einem Fernsehgerät gleicht. Man »gibt es ein«, wie man heute sagt.

Man setzt die Namen jener Leute ein, die das Memo empfangen sollen, und drückt den Knopf »Absenden« – das ist alles. Wenn man, wie die meisten von uns, ein schlechter Maschinenschreiber ist, kann man am Bildschirm noch Korrekturen vornehmen, bevor man den Sendeknopf drückt. Die Übermittlung einer Hausmitteilung beansprucht überhaupt keine Zeit, weil die Nachricht zeitgleich zum Absenden ankommt, und sie beschäftigt niemanden als den Absender selbst. Die einzige Arbeit, die in ihr steckt, ist das Eintippen.

Der Computer hat die Kommunikation in diesem Büro vollkommen verändert. In der Tat kann man nur schwer erkennen, wo der Computer endet und die Kommunikation beginnt. Die Grenze zwischen diesen beiden Dingen ist verwischt; sie verbinden sich miteinander, um eine neue Form der Kommunikation zu schaffen: die elektronische Information. Wo einst das Telefon, der Telegraf und das Radio, jedes für sich genommen, dafür sorgten, daß menschliche Stimme, Wörter und Bilder übertragen wurden, kombiniert die elektronische Information zunehmend alles miteinander zu einem einzigen, computerisierten Strom.

Gerade jetzt dringen Personalcomputer in Millionen von amerikanischen Häusern ein und eröffnen ungeheure Möglichkeiten für das Schreiben, Rechnen oder einfach nur für das Spielen. Aber diese kleinen Geräte von Apple oder Atari können auch als elektronische Postsysteme dienen, wenn sie an ein größeres Netz angeschlossen werden. Schon sind elektronische »Schwarze Bretter« in Gebrauch, und bald wird der Mensch in der Lage sein, einen Brief an seine Verwandten am anderen Ende des Landes zu schreiben, ihn abzusenden und innerhalb von Minuten die Antwort zu erhalten. Leute, die in New York und Los Angeles wohnen und zusammen ein Buch schreiben, ein Thema recherchieren oder einen Film machen, werden zu ein und derselben Zeit miteinander arbeiten.

Vom Fernseh- zum Kommunikationsgerät

Aber das ist nur der Anfang. Am Ende des Jahrzehnts werden Personalcomputer und Fernsehgerät zu einem neuen elektronischen Kommunikationsgerät zusammenwachsen. Dies wird das zur Zeit übliche

Fernsehgerät, das eigentlich nur ein Vehikel für passive Unterhaltung ist, in einen elektronischen Terminal verwandeln, mit dessen Hilfe der Zuschauer Befehle geben kann. So wird das Fernsehen interaktiv werden. Die Menschen werden in der Lage sein, damit bestimmte Dinge zu tun, Rechnungen zu bezahlen, Lebensmittel einzukaufen, Geld auf der Bank einzuzahlen und einen alten Film zu sehen, vielleicht sogar einen pornographischen Film, den es gerade nicht in den kommerziellen Programmen gibt. Sie werden nicht nur in der Lage sein, die Kurse an den Aktien- und Warenbörsen zu erfahren, sie werden auch Geschäfte ohne Makler tätigen können. Man wird Gold im Wohnzimmer kaufen oder verkaufen. Und seine Verluste kann man ebenfalls mit Hilfe dieses kleinen Kastens abschreiben.
Die ökonomische Logik dieser neuen Technologie ist überwältigend. Nach der Explosion der Energiepreise und der sich daraus ergebenden Inflation der siebziger Jahre ist es jetzt billiger, elektronische Kommunikationsmittel zu benutzen, als Menschen oder Dinge durch die Luft oder über die Straßen zu schicken. Die Firmen haben längst die Ersparnis erkannt, die sie erreichen, indem sie auf die Elektronik umsteigen. Citicorp, die Holding der Citibank, verfügt ebenso über ein privates Kommunikationsnetz wie IBM und Texas Instruments. Sie haben alles, vom Telefon bis zum Computer. Texas Instruments schätzt, daß es eine Nachricht an jeden ihrer Terminals in aller Welt für weniger als fünf Cents senden kann. Und sie kann sicher sein, daß sie beim richtigen Adressaten ankommt. Bei Postgebühren bis zu 20 Cents (die Arbeit und das Papier nicht gerechnet, die die Kosten für die meisten Briefe auf über einen Dollar treiben) ist es ökonomisch sinnvoll, sich auf die Elektronik umzustellen.
Doch damit nicht genug. Da die Flugpreise steigen, benutzen immer mehr Geschäftsleute und Berufstätige das »C and C« statt eines Flugzeuges. Mit Hilfe von Computern kann man in jedem Konferenzzimmer ein System installieren, das audiovisuelle und EDV-Kommunikationsmedien miteinander verbindet – und das für einen Bruchteil der Kosten, die entstehen, wenn man Leute mit einem Flugzeug über weite Entfernungen fliegen läßt. Überall im Land schießen Konferenzzentren aus dem Boden, die über Satelliten miteinander verbunden und mit einem großen Bildschirm oder mehreren kleinen Mattscheiben ausgestattet sind. Zur Zeit werden sie von

Bell Telephone System im Fernsehen angepriesen. Fragen Sie nach einer Empfangsanlage für Satellitensignale, wenn Sie das nächste Mal in Marriot- oder Holiday-Inn-Hotels absteigen. Die Häuser beider Hotelketten haben Zentren für Telekonferenzen. Ende des Jahrzehnts werden viele von uns an Konferenzen dank der Kommunikationsgeräte zu Hause teilnehmen.

Der technologische Zwang, »C and C« miteinander zu kombinieren – »Computer and Communications«, wie die Amerikaner sagen –, wird die abgeschlossene, kontrollierte Welt der Kommunikationsindustrie übel zurichten. Nach Jahrzehnten eines halb regierungsamtlichen Monopols, geschützt gegen den Wettbewerb und die Kräfte des Marktes im Austausch für gute Dienste, sieht sich die Firma Bell Telephone System mit einem Mal in einen Kampf gegen die Interessen der mächtigen IBM verstrickt. Darüber hinaus erkennen die Zeitungsverlage plötzlich, daß ihre Anzeigenerlöse durch die elektronischen »Zeitungen« gefährdet sind, und die großen Fernsehprogramme sehen sich vom Kabelfernsehen und dem heraufkommenden direkten Satellitenfernsehen bedrängt, das die Programme auf die tellergroßen Antennen der Privathäuser abstrahlen wird.

Die Invasion der Chips

Als die American Telephone and Telegraph Company (AT&T) vor Jahren darauf kam, kleine Halbleiterchips in ihr neues Telefonmodell, »princess-phone« genannt, einzubauen, erkannte sie, daß sich etwas sehr Bedeutsames in ihrem Geschäft tat. Als ihre mechanischen Schalttafeln durch Digitalsysteme ersetzt wurden, die wiederum Mengen von Chips enthielten, wußte sie, daß der Computer von nun an ein wichtiger Bestandteil ihres Lebens sein würde.

Die Regierung kam ebenfalls dahinter. Die Federal Communications Commission (FCC) entschied 1980, AT&T dürfe in den neuen elektronischen Markt einsteigen, wenn sie bereit sei, ihre lokalen Tochtergesellschaften abzustoßen und eine neue Tochtergesellschaft zu gründen. Die Mutter stimmte zu, nahm die legendären Bell-Laboratorien und ihre ausgezeichneten Western-Electric-Fertigungsanlagen plus ihr landesweites Telefonnetz und trat, verschlankt, als Mitbewerberin um die neuen »C and C«-Märkte an. Die Tochter wurde Mitte 1982 geboren, und ein völlig neues Kommunikationsspiel begann.

Dieses Spiel wird viele Mitspieler haben, aber der größte Gegenspieler für die AT&T-Mutter wird niemand anderes als IBM sein, der Computerriese. IBM wechselt von den Computern zur Kommunikation gerade in dem Augenblick über, da AT&T von der Kommunikation zu den Computern überwechselt. Nichts illustriert den neuen Wettbewerb der beiden Riesengesellschaften in der Tat besser als die Konzernzentralen, welche die beiden einander gegenüber in Manhattan errichten. AT&Ts Hauptquartier ist ein massiver, monumentaler Bau, der Macht und Autorität ausstrahlt. Dieses Gebäude ist 13 Geschosse höher als das IBM-Gebäude, und man hofft bei AT&T, daß man nicht nur in diesem Sinne auf den neuen Rivalen »herabblicken« kann. IBM seinerseits beeilt sich, in das Territorium seines neuen Gegners einzudringen. Sie hat sich mit einer kanadischen Gesellschaft zusammengeschlossen, um die Arbeiten an einer neuen Familie computerisierter Telefonanlagen zu beginnen. Mitel, die kanadische Firma, ist auf dem Gebiet der computerisierten Telefonanlagen ein erfolgreicher Konkurrent von AT&Ts Abteilung Western Electric gewesen und hat 15 Prozent des amerikanischen Marktes an sich gerissen. IBM ist sogar so weit gegangen, MCI Communications Corp. anzuheuern, eine Rivalin von AT&T im Bereich des Selbstwählferndienstes, um ihre eigenen Computerverkäufer in das neue Telefontelekommunikationsgeschäft einzuführen.

Am schärfsten wird der Wettbewerb zwischen den beiden Giganten nicht in der Geschäftswelt, sondern in den Millionen von Haushalten überall in Amerika entbrennen. Beide klotzen mächtig bei diesen revolutionären privaten elektronischen Informationssystemen. Das Jahr 1990 wird die Hochzeit zwischen dem Personalcomputer und dem Fernsehen erleben; aber niemand wartet so lange ab, bis diese fortgeschrittene Technologie perfekt ist. Der Druck in Richtung auf die computerisierte Kommunikation ist so groß, daß die Gesellschaften darangehen, die normalen Fernsehgeräte mit Zusatzgeräten zu versehen, um sie in neue Apparate zu verwandeln. Die »verkabelte Stadt« ist im Entstehen, in der die Heimstätten der ganzen Nation an ein einziges Kommunikationsnetz angeschlossen sind, das Einkäufe,

Unterhaltung, Bankgeschäfte und Dienstleistungen anbietet. Entweder durch Kabel oder durch die kleinen Teller auf dem Dach werden die Haushalte Amerikas in einem immer schnelleren Tempo in das Zeitalter einer neuen elektronischen Information hineingezogen werden. Am Ende des Jahrzehnts werden an die acht Millionen Heime mit den computerisierten Informationsdiensten verbunden sein – sieben Prozent aller amerikanischen Haushalte. Im Jahr 2000 wird die Hälfte verdrahtet sein.

Elektronische Piraten

Während die Presse den größten Teil ihrer Aufmerksamkeit der sich ausbreitenden Verkabelung der Vereinigten Staaten widmet, kann es sehr wohl möglich sein, daß der Satellitenfunk schließlich die Phantasie der amerikanischen Nation beschäftigen wird. Gerade jetzt drängen Comsat und andere Gesellschaften die Regierung in Washington, den Start von Satelliten zu erlauben, die Programme und Informationen über einen kleinen tellerähnlichen Empfänger, der sich auf dem Dach befindet, direkt in unsere Häuser senden. Diese Antennen können, zu einem Stückpreis von nur 100 Dollar, ungeheure Mengen an elektronischer Kommunikation – von Filmen über Kreuzworträtsel bis hin zu Sprachkursen – aufnehmen, ohne daß man die Kosten der Verkabelung hat, geschweige denn das Telefon benutzen muß.
Schon sind private Radio-»Piraten« damit beschäftigt, mit riesigen Antennen die Fernsehprogramme der ganzen Welt abzufangen. Home Box Office, Cable News Network, das *Wall Street Journal* und die Mormonenkirche – sie alle benutzen für ihre Übertragungen Satelliten. Ein Pirat kann mit seinem Teller Sport, Nachrichten, Filme, Opern und Pornographie vom Himmel holen. Er könnte ebensogut eine vertrauliche Telekonferenz aufpicken, in der die führenden Leute einer Gesellschaft gerade die unfreundliche Übernahme eines Konkurrenten planen. Videotex (in Amerika die übliche Bezeichnung für jenes System, das die Leute über ihr Fernsehgerät mit Informationstexten versieht) verspricht ebenfalls, ein Multi-Milliarden-Dollar-Geschäft zu werden. Einzelhändler wie Sears, Roebuck and Compa-

ny und J. C. Penney testen elektronische Kataloge, weil sie hoffen, sie könnten Amerika in jene Zeit zurückversetzen, als man alles von Kleidung bis zu Kanus per Katalog bestellen konnte. Mit Hilfe der Zweiwegekommunikation können die Leute ihre Bestellungen und ihre Bankkonten einfach in ihre »geschäftstüchtigen« Fernsehgeräte eingeben, und schon sind ihre Einkäufe innerhalb von Sekunden bezahlt. Das würde nicht nur für die Leute bequem sein, weil sie nicht mehr mit dem Auto zum Einkaufen zu fahren brauchen, die großen Einzelhändler müßten auch nicht mehr für viel Geld das erste Haus am Platze bauen.

Hauptsächlich die Banken sind daran interessiert, die Sache mit dem Videotex voranzutreiben, weil er ihnen Tonnen von bedrucktem Papier und Scharen von Arbeitnehmern ersparen würde. Bei ihrem Versuch, die Fehler aus ihrem privaten elektronischen Bankendienst auszumerzen, hat Citicorp die Tests mit einhundert Kunden bereits abgeschlossen. Und Chemical Bank macht dasselbe.

Auch die Zeitungs- und Zeitschriftenverleger stürzen sich auf die neue Technologie. Times Mirror Company hat ihre eigene Times-Mirror-Videotex-Dienstleistungsabteilung gegründet. CBS erprobt ein elektronisches Nachrichtenmagazin in Los Angeles. Und Dow Jones, Verleger des *Wall Street Journal* und des *Barron's,* hoffen, daß sie große neue landesweite Märkte für ihre Wirtschaftsnachrichten und -analysen eröffnen können. Auch die Buchverleger haben nur ziemlich langsam begriffen, was die neue Technologie für sie bedeuten könnte – was hält sie eigentlich davon ab, ihre Bestseller über das Fernsehen zu einem Bruchteil der Kosten anzubieten, die ein Buch mit seinem harten Einband verursacht? Mit Videotex kann der einzelne einfach zu Hause einen bestimmten Titel anfordern und ihn in aller Gemütlichkeit durchlesen. Wenn er neben seinem Fernsehgerät auch noch einen Drucker stehen hat, könnte er das Ganze – eventuell kapitelweise – ausdrucken, wobei er nur für das bezahlt, was er im Moment sieht. Das Potential ist ungeheuer.

Natürlich hoffen die Filmmoguln an der Westküste, daß das neue elektronische Informationssystem ihren Produkten neue Möglichkeiten eröffnen wird. Das Kabelfernsehen hat den Leuten bereits den Mund wäßrig gemacht für ausgewählte Filme, von den Klassikern bis hin zu pikanten Streifen, und das könnte noch ungeheuer ausgeweitet werden, wenn man alle Arten von Spielen, Bildungs- und Kunstprogrammen einbeziehen würde.

Aber gerade weil das Potential so erregend ist, fürchten viele Menschen den möglichen Wandel des Verbraucherverhaltens wie der Teufel das Weihwasser. Wenn die Firmen erst einmal damit beginnen, ihre Waren und Dienstleistungen über Videotex anzubieten, werden sie wahrscheinlich ihre Anzeigen in den Zeitungen zusammenstreichen. Mehr noch, AT&T, die in der Vergangenheit immer die Branchenseiten in den Telefonbüchern veröffentlichte, plant jetzt, über das Fernsehen elektronische Branchenseiten anzubieten. Da die Elektronik die ständige Aktualisierung dieser Branchenseiten erlaubt, könnten diese zu einem bevorzugten Platz für die neuesten Filme, Geschäfte und vielleicht sogar für sensationelle Nachrichtengeschichten werden. Das würde die Zeitungen extrem hart treffen. Bis heute ist es den Zeitungen über ihre Freunde in Washington gelungen, AT&T davon abzuhalten.

Freilich, Zeitungen, wie wir sie kennen, wird es 1990 sicher nicht mehr geben. Wenn man erst einmal die Aktien- und Warenpreise sofort durch Knopfdruck erhalten kann, werden diese aus den Zeitungen verschwinden. Jede unmittelbare, atemberaubende Nachricht wird, Stunden bevor sie gedruckt vorliegen kann, auf den Bildschirmen erscheinen. Die Zeitungen werden dazu übergehen, dem Leser magazinähnliche, die Hintergründe ausleuchtende Analysen anzubieten, die ein umfassendes Verständnis der Ereignisse erlauben. Features werden sich ausbreiten, längere Geschichten werden erscheinen, und die Grafiken, Karten und Fotos werden vermutlich sehr viel besser werden.

Videotex zu Hause oder die private elektronische Information wird nicht das einzige sein, was sich durch den Zusammenschluß von »C and C« ändern wird. Mitte 1982 erhielt Washington die Anträge von Dutzenden von Firmen, die in das neue mobile Telefongeschäft einzusteigen versuchten. Man nennt es »Zellen«-Radio, ein Name, der von der Tatsache herrührt, daß man eine Stadt in lauter »Zellen« einteilt, kleine Distrikte. Jeder von ihnen wird von einem bestimmten Radiosender mit niedrigen Frequenzen bedient. Mit Hilfe eines Computers, der Anrufe mit unglaublicher Geschwindigkeit von der einen zur anderen Zelle schaltet, kann man, ohne Unterbrechung des

Gesprächs, ein mobiles Telefon im Auto benutzen. Dieselbe Technologie erlaubt es den Leuten, mit Telefonen herumzuspazieren und sie zu benutzen, wann immer sie wollen. Das einzige, was man braucht, ist eine Kleinausgabe des sperrigen Telefons – die es in den nächsten Jahren wahrscheinlich geben wird.

Gesammelte Pfennige sind jetzt wertlos

Die neue »C and C«-elektronische Kommunikation stützt sich auf drei verschiedene Technologien: fortgeschrittene Computer, Halbleiterchips und Glasfaser. Während die Computer und die Chips die Informationsrevolution möglich machten, schafft die Glasfaser die Voraussetzung für eine gewaltige Ausbreitung. Tatsächlich ist die Verschmelzung von Computern und Kommunikation nirgendwo so evident wie im Wachstum der Glasfaser.
Glasfaser sind Glaskabel, durch die Informationen mittels Laserimpulsen übertragen werden. Bislang haben die Kupferkabel fast alle telefonischen Informationen durch elektrischen Strom transportiert. Aber die Informationsmenge, die jedes Jahr entsteht und vermittelt werden muß, ist so groß geworden, daß das Kupferkabel die Last nicht mehr tragen kann. Es gibt unter unseren Straßen keinen Platz mehr für die weitere Verlegung voluminöser Kupferdrähte. Tatsächlich hatte AT&T schon vor 20 Jahren auf Mikrowelle ausweichen müssen, um ihr unterirdisches Kupfernetzwerk teilweise zu entlasten. Aber auch dieses System hat seine Grenzen erreicht.
Die Glasfaser- und Lichtwellennetze werden schließlich die Kupferkabel ersetzen. Der Vorteil der Glasfaser besteht darin, daß ein einziges Kabel – mit dem Durchmesser eines Daumens –, das sich aus 144 haarfeinen Glasfäden zusammensetzt, gleichzeitig 50 000 Telefongespräche in beiden Richtungen zuläßt. Man würde fünf Kupferkabel mit dem Durchmesser eines Armes benötigen, um dieselbe Leistung zu erreichen.
Und das ist erst der Anfang. Wenn man Laser statt Elektrizität benutzt, um Informationen zu übertragen, vermag die Glasfaser eine digitale Wiedergabe der menschlichen Stimme zu erzeugen und kann in Verbindung mit Computern direkt genutzt werden. So könnte es

bald möglich sein, seinem Computer Befehle zu erteilen, ohne ihm eigens Instruktionen einzugeben. Erinnern Sie sich an »Hal«, den Computer in dem Film *2001*?

Glasfaserkabel sind so viel effektiver als Kupferkabel, daß jeder, der in diesen Jahren Pfennige gehortet hat in der Hoffnung, die Kupferpreise würden eines Tages nach oben gehen, sehr enttäuscht sein wird. Die Glasfaser ist drauf und dran, das Kupfer in den Computern und in den Kommunikationsmitteln zu ersetzen – und auf den Straßen Amerikas. Sie wird die Daten, die Stimme und die visuellen Zeichen der neuen elektronischen Informationssysteme in die Wohnhäuser und Büros der Leute hineintragen. Sie wird auch alle neuen Waffensysteme durchdringen, für die die Elektronik wichtig und das Gewicht entscheidend ist.

AT&T verlegt bereits ein größeres Glasfaserkabelsystem in dem geschäftigen Nordostkorridor zwischen Cambridge/Massachusetts und Moseley/Virginia. Eine 40-Meilen-Strecke verbindet bereits Pittsburgh mit Greenburg in Pennsylvania, und weitere 28 Meilen sind in New Jersey Ende des Jahres 1983 fertiggestellt worden. In der Mitte dieses Jahrzehnts wird man ein Glasfaserkabel quer durch den Atlantik verlegen, das die Vereinigten Staaten mit Europa verbinden wird. Danach wird man ein zweites im Pazifik verlegen, um eine Verbindung zwischen Kalifornien und Hawaii herzustellen.

Der fremde Angriff

Die Vermittlung der Datenflut über die neuen Informationssysteme wird sowohl im Ausland als auch in den Vereinigten Staaten das große Geschäft. Tatsächlich hat ein internationaler Wettbewerb begonnen, bei dem europäische und japanische Firmen in den amerikanischen Markt einfallen, während US-Firmen nach Übersee gehen.

Nur in der Glasfasertechnologie sind die Vereinigten Staaten in der Lage, den intensiven Herausforderungen zu begegnen. Während Corning Glass alle wichtigen frühen Patente im Bereich der Glasfaser hält, springen andere Gesellschaften auf den fahrenden Zug auf. Die deutsche Siemens, die holländische Philips, die japanische Fujitsu und NEC – sie alle stellen Glasfaser her. Besonders Japan macht große Fortschritte in der neuen Technologie. Die Nippon Telegraph and Telephone Company, die das Monopol im öffentlichen Kommunikationswesen des Landes hat, kümmert sich seit Jahren um Glasfaser. NTT verwendet seine Erlöse in Höhe von drei Milliarden Dollar jährlich, um bestimmte Erzeugnisse zu fördern; die Glasfaser gehört dazu. Japan veranstaltet gerade einen großen Glasfasertest in den Vororten von Osaka. Und technologisch liegen die Japaner in der Glasfaserproduktion gleichauf mit den Vereinigten Staaten.

Japan ist schon seit Jahren bemüht, in den amerikanischen Markt einzudringen. 1982 unterbot Fujitsu alle anderen Angebote, um den Vertrag über die Versorgung der letzten Strecke im Nordostkorridorprojekt über 776 Meilen von AT&T zu ergattern. Trotzdem kam Fujitsu nicht zum Zug, weil AT&T unter dem Druck aus Washington stand. Die nationale Sicherheit geht vor, lautete das Argument. Das unterirdische Kommunikationsnetz wird als Bestandteil des nationalen Verteidigungssystems betrachtet, und deshalb sollten die Vereinigten Staaten nicht von fremden Bezugsquellen abhängig werden, wie einige Kongreßleute meinten. AT&T wandte sich an die firmeneigene Western-Electric-Abteilung. MCI, auf lange Sicht der Rivale von AT&T, war jedoch mit dieser Wahl nicht einverstanden und schloß einen eigenen Vertrag mit Fujitsu über Glasfaser ab. So bekamen die Japaner ihren Brückenkopf, und nun ist die Schlacht im Gange.

Aber der Kampf um die Glasfaser ist nur einer der internationalen Wettbewerbe, die sich um die neue elektronische Informationstechnologie drehen. Natürlich sind die Japaner bedeutende Konkurrenten in bezug auf die beiden Grundbausteine des neuen Informationssystems, Computer und Chips. Darüber hinaus sind die Japaner in der Herstellung von Bodenstationen für Satelliten führend. Besonders NEC hat eine starke Position, seit es in den letzten Jahren ungefähr 50 Prozent aller Satellitenempfangsgeräte baute. Außerdem ist diese Gesellschaft ein bedeutender Exporteur von elektronischen Telefonen. Sie wird sowohl zu AT&T als auch zu IBM in Konkurrenz treten.

Aber die größte Durchdringung des amerikanischen Marktes durch das Ausland könnte sich doch im Bereich der privaten elektronischen

Information ergeben. Keine US-Firma hat sich bisher eine eigene Technologie für Videotex zugelegt. Hier kommt alles aus dem Ausland. In dem Maße, wie sich die Vereinigten Staaten in Richtung auf die elektronische Information voranbewegen, in dem Maße werden auch die einheimischen zu den ausländischen Firmen aufschließen.

IBM hat auf das englische »Prestel« gesetzt, eines der ältesten Videotexsysteme, das den Benutzern die Möglichkeit bietet, Informationen von ihren Fernsehgeräten abzurufen. In England gibt es etwa 190000 solche Benutzer.

Die Franzosen haben ihre eigene, dem Bildschirmsystem vergleichbare Technologie »Antiope«-System genannt und den ehrgeizigen Plan gefaßt, bis 1992 30 Millionen Haushalte mit billigen Sichtgeräten oder Terminals zu versorgen, die in Wirklichkeit elektronische Telefonbücher oder »heiße« Branchenseiten sind. An die 200 französische Firmen und Regierungsstellen haben miteinander vereinbart, das Antiope-System für Dienstleistungen und Information anzubieten, Banken, Einzelhandelsgeschäfte und Zeitungsredaktionen eingeschlossen.

Weitere größere Wettbewerber sind die Kanadier mit ihrem »Telidon«-System. Am Ende werden sie es vielleicht sein, die den Videotexmarkt der Vereinigten Staaten erobern, denn AT&T hat angekündigt, sie würde Telidon für ihr eigenes elektronisches Branchentelefonbuch nutzen, wenn etwas daraus wird, weil es »benutzerfreundlicher« als das »Prestel« sei und die bessere grafische Gestaltung aufweise. Mit der gigantischen AT&T im Rücken hat Telidon gute Aussichten, den amerikanischen Markt zu beherrschen.

CBS und andere Rundfunkstationen bevorzugen jedoch das französische Antiope-System. CBS nutzte es bei einem Probelauf in Los Angeles, während es von Dow Jones in Danbury/Connecticut ausprobiert wurde.

Der Zusammenschluß von Computern und Kommunikation wird unser Leben dramatisch verändern. Am Ende dieses Jahrzehnts werden Telekonferenzen und elektronische Kommunikationsgeräte unsere Lebens- und Arbeitsbedingungen in einer Art verändern, die wir heute nur ahnen können.

Doch haben die neuen Technologien auch Schattenseiten. In einem kürzlich vor Gericht verhandelten Fall zog ein Richter für sein Urteil die Akten einer Fernsehkabelgesellschaft heran. Plötzlich erschien jedermann, der in der Stadt heimlich und spät in der Nacht pornographische Filme sah, auf einer Liste, die in einem Prozeß jederzeit der Öffentlichkeit zugänglich gemacht werden könnte.

Man stelle sich ein elektronisches Kommunikationsgerät vor, mit dessen Hilfe man seine Bankgeschäfte, Post, Einkäufe, Flüge, Hotelbuchungen, Blumengrüße und Fernsehvergnügungen bestreitet. Alle diese im höchsten Maße privaten Transaktionen werden sich von nun an in ein und demselben elektronischen System befinden, das zentralisiert und für viele leicht zugänglich ist. Die neue Telekommunikation wird in bezug auf die Sicherheit der Privatsphäre neue wichtige gesellschaftspolitische Fragen aufwerfen. Letzten Endes wird man die Gesetze ändern müssen. Und vielleicht einige sehr persönliche Angewohnheiten.

2. KAPITEL
Die OPEC im Zwielicht

In der amerikanischen Geschichte hat das Jahr 1973 einen besonderen Platz. Damals zog sich die US-Armee aus Vietnam zurück, der Dollar löste sich vom Goldstandard, und eine kleine Clique aus der Dritten Welt, die sich Organization of Petroleum Exporting Countries (OPEC) (deutsch: Organisation der Erdöl exportierenden Länder) nannte, vervielfachte den Ölpreis. Damit stürzte sie die USA und den Rest der Welt in eine tiefe Rezession. Nach jeder Preiserhöhung, welche die OPEC vornahm, sah Amerika seine Währung noch stärker zerrüttet, seine Wirtschaft noch mehr verfallen, seine Exporte noch weniger konkurrenzfähig auf den Auslandsmärkten und sein internationales Prestige weiter herabgesetzt.

Gleichzeitig brachte jeder Preissprung der OPEC den arabischen Kassen Milliarden Dollar ein. Die größte Besteuerung des Reichtums, die es in der Geschichte gegeben hat – die beiden Ölpreiserhöhungen von 1973/74 und 1979/80 –, zog enorme Mengen an Kapital aus dem industrialisierten Westen ab, und die Beute begründete die Renaissance der arabischen Welt. 1300 Jahre nachdem die Araber aus den Wüsten aufgebrochen waren, um das Mittelmeer zu beherrschen, Spanien zu erobern und das Herz Europas zu bedrohen, war der Islam wieder einmal dabei loszubrechen.

Das letzte Mal, als die muslimische Kultur aus ihrer Wüstenheimat ausbrach, unterwarf sie einige Mittelmeerländer für Jahrhunderte. Der Islam wich nicht zurück, bevor nicht die christlichen Armeen von Ferdinand und Isabella die Araber 1492 in Granada besiegten und sie schließlich vom europäischen Kontinent vertrieben.

Diesmal jedoch konnte sich die arabische Flut nicht Hunderte von Jahren halten. Sie hielt sich nicht einmal zehn Jahre. 1982 war alles vorbei. Zu diesem Zeitpunkt konnte man deutlich erkennen, daß die arabische Renaissance eine chaotische Bewegung war, ein vorübergehender Ruck, unterstützt von einer Ölblase, die innerhalb weniger Jahre zerplatzen würde. Im Jahre 1982 gab es in Kuwait das erste Haushaltsdefizit seit dem Ölembargo von 1973; zum ersten Mal seit 20 Jahren verlor die OPEC den Rang des größten Ölproduzenten der Welt; der jährliche Überschuß, der im Vorjahr 110 Milliarden Dollar betragen hatte, verschwand – tatsächlich liehen sich OPEC-Länder mehr Geld von den internationalen Banken, als sie dort einzahlten. Für die ölproduzierenden Länder, die der OPEC nicht angehörten, war 1982 sogar ein noch schlechteres Jahr. Mexiko machte eigentlich bankrott und hatte 81 Milliarden Dollar umzuschichten, die es so soliden Instituten wie der Bank of America, der Citi- und der Chase Bank schuldete, die sich in der unglücklichen Lage befanden, Mexikos Kreditschulden stunden zu müssen. Der Peso wurde zweimal abgewertet, und die Kapitalflucht nahm epidemische Ausmaße an.
Plötzlich lag die Zukunft sehr klar zutage. Die Lateinamerikaner bemerkten es als erste – vor den Arabern –, vielleicht, weil ihnen die tragische Geschichte Spaniens noch so lebhaft in Erinnerung ist. Monate bevor Mexiko in ein wirtschaftliches Chaos stürzte, schrieb der Kommentator einer mexikanischen Zeitung: »Mir träumte, Mexiko würde dasselbe passieren wie Spanien nach dem Gold. Eines Tages war es dasselbe alte Spanien, dasselbe wie vor dem Gold.«

Die OPEC löst die Hochtechnologierevolution aus

Es steckt kein Geheimnis im Niedergang der OPEC. Es ist eine einfache Geschichte über die Gier. 1971 betrug der Ölpreis 2.10 Dollar pro Barrel. 1981, nach zwei größeren Preissprüngen, die dem arabisch-israelischen Krieg von 1973 und dem Sturz des Schahs von 1979 folgten, kostete es 34 Dollar. Dieser Preis war einfach zu hoch, um die Weltwirtschaft in der Form aufrechtzuerhalten, in der sie damals bestand.
Es ist eine Menge darüber geschrieben worden, wie der Aufstieg der

OPEC das Machtgleichgewicht der Welt in den siebziger Jahren veränderte. Der Mittlere Osten, stets eine Gegend intensiver Rivalität zwischen den Großmächten, rückte abermals in den Mittelpunkt, weil sie alle das Öl haben wollten. Die palästinensische Frage, die Existenz Israels wurden vermengt mit der Ölpolitik. Washington verband sich erst mit dem Iran, dann mit Saudi-Arabien, um einen gewissen Einfluß auf diese Krisenregion zu behalten.

Aber nichts wurde über das bedeutendere Ereignis gesagt, ein Ereignis, welches das Leben unserer Kinder und Kindeskinder in einer Weise beeinflussen wird, die man noch nicht vorhersehen kann. Indem sie den Preis für Energie so abrupt erhöhte, veränderte die OPEC nämlich die ganze Grundlage der Weltwirtschaft. Indem sie den Ölpreis innerhalb eines Jahrzehnts um das Fünfzehnfache erhöhte – nach annähernd einem Jahrhundert der stabilen und billigen Energie –, veränderte die OPEC die technologischen Grundlagen der westlichen Gesellschaft und setzte einen weitreichenden politischen und sozialen Wandel in Gang, der erst allmählich in unser Blickfeld rückt.

Hätte es die OPEC nicht gegeben, wäre die Welt selbstverständlich nach und nach in die technologische Evolution hineingewachsen. Die Veränderungen hätten dann Jahrzehnte gedauert. Indem sie das Tempo der Energiekostenerhöhungen beschleunigte und indem sie die Preise so drastisch heraufsetzte, trieb die OPEC den ganzen Veränderungsprozeß jedoch in einem nicht mehr erkennbaren Ausmaß an. Dekaden größerer wirtschaftlicher und sozialer Wandlungen wurden auf Monate zusammengedrängt. Der schrittweise Aufstieg und Fall von Nationen, der normale Gang der Beziehungen in der Welt, der Veränderungsprozeß selbst überhitzten sich. All dies war ein Unfall, ein nicht beabsichtigtes Geschehen. Die Geschichte steckt immer voller Ironien, aber sicherlich ist dies eine ihrer erlesensten: Indem sie den Ölpreis so schnell und brutal heraufsetzte, initiierte die OPEC die technologischen und wirtschaftlichen Veränderungen und schaufelte sich gleichzeitig das eigene Grab.

35 Millionen ohne Arbeit

Die Araber wußten es damals nicht besser. Aber mit mehr als zehn oder 15 Dollar pro Barrel ist Öl zu teuer, um eine Schwerindustrie zu tragen, die auf den traditionellen Technologien des 19. Jahrhunderts beruht. Von dem Augenblick an, da der Ölpreis seinen Höhenflug antrat, waren es ungefähr sieben Jahre, bis sich die ökonomische Basis der Welt zu verändern begann.

Die erste Reaktion auf die Preiserhöhungen der OPEC bestand aus einer Beinahe-Depression. Gewaltige Rezessionen drohten wirtschaftlichen und politischen Aufruhr nach sich zu ziehen. Ende 1982, nach dem zweiten massiven Preisschub, waren in den Vereinigten Staaten und Europa 35 Millionen Menschen ohne Arbeit, das heißt fast elf Prozent der Beschäftigten. Mancherorts war es noch viel schlimmer. In England, Belgien und der Bundesrepublik war einer von acht Beschäftigten ohne Arbeit. Noch nie seit den dreißiger Jahren war die wirtschaftliche Lage so schwierig gewesen. Das Wachstum verschwand praktisch von der Bildfläche. Die Auto-, Stahl- und Textilindustrien kamen quietschend zum Stehen. Die Exporte aus den Ländern der Dritten Welt, aus Südamerika und Afrika, verrotteten auf den Kais, als die westliche Nachfrage nach diesen Gütern ausblieb. Der Welthandel fiel von einer zehnprozentigen Zuwachsrate pro Jahr in den sechziger auf erbärmliche fünf Prozent in den späten siebziger Jahren zurück. Der internationale Handel ging 1981 tatsächlich zum erstenmal seit Jahrzehnten zurück und blieb 1982 nahe Null.

Da immer mehr Firmen pleite gingen, schrumpfte die Nachfrage nach Energie, und die Ölimporte sanken drastisch. Aber sogar noch bevor das geschah, gingen die Ölimporte zurück, weil größere Anstrengungen zur Einsparung von Energie gemacht wurden. Zwischen 1978 und 1981 sank der Energieverbrauch pro Kopf in den Vereinigten Staaten um etwa 20 Prozent. Er fiel um weitere zehn Prozent im Jahre 1982. Der Einfluß, den die Ölpreisschübe der OPEC auf Amerika hatten, war erstaunlich. Seit ihrem Höhepunkt von 1977 blieben die US-Ölimporte weit unten. Damals hingen die Vereinigten Staaten, mit 70 Prozent ihres importierten Öls, von der OPEC in einem bedenklichen Maße ab, 1982 lag die Abhängigkeit bei weniger als 40 Prozent. Nichts illustriert das besser als der dramatische Wandel, der sich im Verhältnis vom Öl zum Bruttosozialprodukt vollzog, das heißt in bezug auf das Ausmaß an Energie, die man für wirtschaftliches Wachstum benötigt. In den sechziger Jahren gab es eine klare 1:1-Verbindung zwischen Energie und Wachstum. Man brauchte ein Prozent des Ölverbrauchs, um ein einprozentiges Wachstum zu erzeugen. Heute aber, nach dem Abschied von der Schwerindustrie und dank der Energieeinsparungen, genügt ein 0,4-Prozent-Zuwachs im Ölverbrauch, um ein Prozent wirtschaftliches Wachstum zu erzeugen. Halb soviel Energie braucht man jetzt, um die Geschäfte anzukurbeln und neue Jobs zu schaffen. Und diese Proportion sinkt weiter. Die Entwicklung hat eben erst begonnen.

Energie auf hochtechnologischer Sparflamme

In dem Moment, da die Ölimporte in den USA, Europa und Japan zu fallen begannen, beglückwünschten sich die Politiker zu diesem unerwarteten und dramatischen Tempo, mit dem der Westen, besonders die verschwenderischen Vereinigten Staaten, sich einschränkte. Wer hätte gedacht, daß die Amerikaner, »Könige der Landstraße«, Erbauer von hermetisch verschlossenen Wolkenkratzerglaskästen, Erfinder des Autos mit Klimaanlage, in einem solchen Umfang zum Sparen übergehen würden?
In Wirklichkeit taten sie es nicht. Natürlich begannen die Leute, ihre Thermostate herunterzudrehen, Pullover überzuziehen und kleinere Autos zu fahren. Das half eine ganze Menge. Aber über diesen Sparkurs hinaus kam es in der Wirtschaft zu einer wichtigen Veränderung. Was nämlich wirklich geschah – zuerst in Japan und dann in den Vereinigten Staaten – war weitaus bemerkenswerter. Was in Wirklichkeit passierte, ist die unerzählte Geschichte von dem, was die OPEC der Welt antat, indem sie die Ölpreise so drastisch erhöhte. Der Übergang von billiger zu teurer Energie löste eine Revolution aus, die eben erst begonnen hat, eine Revolution, welche die Welt auf ein neues technologisches Niveau heben wird, auf eine neue ökonomische Basis und auf eine neue Machtbalance zwischen den Nationen dieser Erde.

Die wichtigste Veränderung in der Nachfrage nach importiertem Öl resultiert aus dem Schrumpfungsprozeß jener Schwerindustrien, die so lange von ihm abhängig waren. Der Westen lernte nicht nur, wie man weniger Öl verbraucht, um Stahl zu erzeugen – er begann auch, sehr viel weniger Stahl zu verbrauchen. Die Anzahl der jährlich hergestellten Autos fiel ganz beträchtlich in den letzten sechs Jahren, und die Autos, die jetzt vom Band rollen, sind winzig im Vergleich zu den benzinfressenden Ungetümen der fünfziger und sechziger Jahre. Im Jahr 1970 waren 37 Prozent aller Neuwagen in den Vereinigten Staaten große »Standard«-Autos. Die Anzahl der Kompaktwagen der unteren Mittelklasse machte dagegen nur zwei Prozent des Marktes aus. Im Jahre 1982 hatte sich die Anzahl der »Standard«-Wagen auf nur zehn Prozent aller Neuverkäufe verringert, während sich die Kompaktwagen einen fetten Anteil von 17 Prozent am Markt geholt hatten. Darüber hinaus stiegen die Importe von 15 auf 27 Prozent während dieses Jahrzehnts – hauptsächlich wegen kleiner Autos. Das Auto als Ganzes hat sich verändert und mit ihm der Stahl, das Aluminium, das Gummi, die Plastikstoffe, die beim Autobau Verwendung finden.
Der hohe Ölpreis dezimierte die Auto-, Chemie-, Schwermaschinen- und Textilindustrie. Und mit ihrem Niedergang verringert sich auch die enorme Nachfrage nach Energie. Aufgebaut auf dem billigen Öl, gediehen sie wirtschaftlich fast ein Jahrhundert lang. Als das Öl teurer wurde, begann ihr Tod.
Die neuen Industrien des 21. Jahrhunderts – Computer, Biotechnik, Elektronik – verbrauchen nur einen Bruchteil jener Energie, welche die alten Industrien konsumiert haben. Automatische Raffinerien mit Roboterfließbändern benötigen, verglichen mit den alten, arbeitsintensiven Anlagen in Detroit, nur einen kleinen Prozentsatz der Energie. Da die Welt sich in die neuen Zukunftsindustrien hineinbegibt, wird die Nachfrage nach Energie und importiertem Öl weiter abnehmen. Es ist ein massiver langfristiger Trend, der sich erst umkehren wird, wenn das Öl nur noch um die zehn Dollar pro Barrel kostet. Wahrscheinlich wird es sich für 25 bis 35 Dollar pro Barrel verkaufen lassen. Die Preise könnten in den nächsten Jahren noch deutlicher anziehen, wenn auch nur kurzfristig. Aber höhere Ölpreise werden nur den grundlegenden Wechsel zu den hochtechnologischen Indu-

strien beschleunigen, die nur wenig Energie verbrauchen und die im Gegenzug die Nachfrage noch weiter drücken werden. Die OPEC kann nicht gewinnen.

Washingtons veraltete Außenpolitik

Wie Washington und die Medien die unbeabsichtigte Rolle der OPEC bei der Auslösung der historischen Technologierevolution übersehen konnten, so vernachlässigen sie auch die Auswirkungen der OPEC-Aktivitäten auf die Außenpolitik. Jahr für Jahr verringert sich die Abhängigkeit Amerikas und des Westens vom Mittleren Osten. Jedes Jahr, das verstreicht, drückt diese Region weiter aus der Mitte amerikanischer Entscheidungen. Washington hat das bisher nicht begriffen. Es versucht noch immer, die Saudis mit Hilfe von AWACS-Frühwarnsystemen und Waffen zu gewinnen. Aber der Übergang von der Schwerindustrie zur Hochtechnologie verändert das Weltgleichgewicht, und einer der größten Verlierer ist die OPEC.

Wie dies geschieht, ist eine Geschichte, die aus vielen Teilen besteht. Der letzte Grund liegt in der Transformation der industriellen Basis, auf der die Welt bisher bestand. Aber es gibt auch noch andere Faktoren, die am Werke sind. Gerade wenn die Nachfrage nach OPEC-Öl sinkt, steigt das Angebot aus Nicht-OPEC-Quellen. Man braucht nur 50 Cents, um ein Barrel Öl aus dem riesigen unterirdischen Reservoir der arabischen Wüste herauszuholen. Man braucht ungefähr zehn Dollar, um dasselbe in den wilden Gewässern der Nordsee oder im vereisten Ozean vor der Nordspitze Alaskas zu tun. Wenn der Ölpreis erst einmal über den Stand von zehn Dollar steigt, wird die Off-shore-Ölproduktion auch in Gebieten mit hohen Risiken profitabel. Neue Vorräte tauchten plötzlich nicht nur in der Nordsee oder vor Alaska, sondern auch in Mexiko, Westafrika und in Australien auf.

Ebenso wichtig ist es, daß die hohen Preise, die aus der Preisfreigabe Washingtons für einheimisches Öl und Gas resultierten, Öl fördernde Firmen anzog. Ungefähr 80 000 Löcher wurden 1981 gebohrt – so viele wie noch nie. Und obwohl sie keine riesigen Energiemengen zutage förderten, verhinderten sie ein Sinken der amerikanischen Ölreserven, und sie verringerten die Importe.

Mit dem Rückgang der Nachfrage nach dem eigenen Öl und dem steigenden Angebot an Nicht-OPEC-Öl verliert die OPEC ihren Trumpf sehr schnell – die Kontrolle über den Weltenergiepreis. Während der offizielle Preis 1982 mit 34 Dollar pro Barrel angesetzt wurde, begann der Markt das Preisniveau immer tiefer und tiefer zu senken. Im März ging dasselbe Barrel, das von Saudi-Arabien für 34 Dollar verkauft wurde, auf dem Amsterdamer Spot-Markt für 26 Dollar weg. Die schlimmsten Preistreiber der vergangenen Jahre – Libyen, Iran und Mexiko – begannen damit, alle Spielregeln zu durchbrechen, indem sie den Verbraucherländern ungeheure Preisabschläge einräumten. Billiges Öl überflutete den Markt. Um den Preis anzuheben, fuhr die OPEC ihre Produktion herunter. Verzweifelte Maßnahmen wurden ergriffen, und als alles vorüber war, lag der Spot-Preis bei 32 Dollar pro Barrel. Der Preis, der gezahlt wurde, war hoch, aber letzten Endes war die OPEC nicht mehr der größte Ölproduzent der Welt. Tatsächlich mußte die OPEC ihre Produktion auf das Niveau von 1969 herunterschrauben, um zu verhindern, daß der Preis auf 25 Dollar fiel. Im Mai 1982 produzierte die OPEC 20,3 Millionen Barrel am Tag, während die Nicht-OPEC-Quellen 21,6 Millionen Barrel pro Tag auf den Markt schütteten. Die schärfsten Rückgänge gab es in Venezuela und Kuwait, wo tatsächlich die Hälfte der Produktion gekappt wurde. Saudi-Arabien, der größte Produzent, hatte die größte Einbuße zu tragen – einen Rückgang von 10,5 auf sechs Millionen pro Tag. Der Überfluß war ruinös. Um den Preis zeitweilig zu stützen, hatte die OPEC ihre Herrschaft über die Weltölproduktion zu opfern. Anfang 1983 fielen die Ölpreise erneut, als Länder von Libyen bis zur Sowjetunion heimlich Nachlässe gewährten, welche die Kosten auf 28 bis 30 Dollar pro Barrel drückten.

Niemand weiß wirklich, wo der Ölpreis einmal landen wird. Aber es sieht so aus, als würde er nicht steigen. Kriege und Revolutionen mögen den Spot-Preis in den nächsten Jahren über die 34-Dollar-Marke hinaustreiben, aber der Aufwärtstrend wird nur vorübergehend und kurzfristig sein. Eine Expansion des weltwirtschaftlichen Wachstums wird die Nachfrage nach Öl irgendwie erhöhen, aber auch dies wird die Preise nicht dauerhaft nach oben treiben, denn die Wirtschaft Japans und der Vereinigten Staaten wandelt sich zum Verbraucher der hochtechnologischen Energie, und das wird für die nächsten Jahrzehnte die Nachfrage nach importiertem Öl dauerhaft zurückschrauben. Höhere Ölpreise werden lediglich zu noch schnelleren Bewegungen weg von der Schwerindustrie und hin zur Hochtechnologie führen – und zu einem geringeren Ölverbrauch.

Während das stattfindet, haben die Verbraucherländer noch eine große Überraschung zu erwarten. Die riesig angewachsenen neuen Ölvorräte aus Nicht-OPEC-Quellen, die den Markt heute überschwemmen, wurden durch den Preisschub von 1973 aus dem Boden gesogen – nach dem allerersten OPEC-Schock. Der zweite OPEC-Schock wird erst noch kommen. Binnen Jahresfrist wird der zweite Preisschub von 1979 in einer ganz neuen Gruppe von Ländern Öl hervorbringen. China zum Beispiel wird für eines der großen Erdölzentren des Jahrzehnts gehalten. Das ganze südchinesische Meer enthält soviel Öl wie die arabische Wüste. Neue Funde vor Yukatan zeigen, daß Mexiko so große Reserven wie Saudi-Arabien haben könnte – und jede Menge wirtschaftlicher und politischer Gründe, soviel wie möglich davon zu exportieren. Zusätzlich gibt es die südostasiatischen Gewässer bei Thailand, Malaysia und Burma. Geologen wissen nur, daß es hier viel Öl gibt. Sie wissen nicht, wie viel. Die Falklandinseln, die von England und Argentinien so bitter umkämpft waren, könnten ebenfalls ein großes Erdölbassin enthalten. Die Seereviere von Westafrika nahe Angola und Gabun halten große Mengen Öl bereit wie auch die erstarrten Regionen der Arktis und Antarktis rund um die Pole. Und schließlich gibt es einen großen neuen Fund vor der Küste Kaliforniens, der denen vor Alaska gleichkommen könnte.

Dem Rückgang der Nachfrage von importiertem Öl wird auch dadurch nachgeholfen werden, daß die Industrie vom kostbaren Öl zur billigeren Kohle überwechselt. Als das Öl 1979 erstmals die 13-Dollar-Marke pro Barrel passierte, wurde es für die Ölkocher und Schiffsbetreiber zu teuer, das zähe Petroleum mit den niedrigen Oktanwerten zu verbrennen. Zusammen machen diese beiden Sparten die Hälfte des Weltölverbrauchs aus. Diese Veränderung löst von sich aus einen gigantischen Wandel in der Energienutzung aus, indem Hochöfen von Öl auf Kohle umgerüstet werden. In Japan ist schon die ganze Zementindustrie von Öl auf Kohle umgestiegen. In Amerika spart der Übergang zur Kohle und zum heimischen Gas fast 800000 Barrel Öl pro Tag. Und in Frankreich, das gegen Kernenergie nie besonders allergisch war, werden schon bald an die 70 Prozent des Energiebedarfs von Kernkraftwerken gedeckt werden.

Die OPEC verarmt

Noch etwas anderes wird geschehen, was riesige Mengen Öl auf den Markt werfen und die zentrale Stellung der OPEC in der Weltpolitik unterminieren wird. Nichts schreckte Mexiko oder Nigeria oder Libyen 1982 mehr als der plötzliche Preisverfall des Öls. Als diese Länder versuchten, den hohen, aber offiziellen Preis von 34 Dollar aufrechtzuerhalten, wurden sie einfach von den großen Ölgesellschaften und von Dutzenden unabhängiger Ölkäufer im Stich gelassen. Großbritannien bot gleichwertiges Öl für acht Dollar weniger pro Barrel an, und andere hielten es ebenso. Als die Verbraucher davonliefen, sank die Produktion, und die Erlöse trockneten aus.
Der Liquiditätsengpaß kam für fast alle ölproduzierenden Länder zu einem schrecklichen Zeitpunkt. Mit der Aussicht auf einen nie endenden Reichtum, der aus dem Ölexport kam, hatten sie sich in den siebziger Jahren auf gewaltige Entwicklungsprojekte geworfen, die Hunderte von Milliarden Dollar kosteten. Die Politiker Mexikos, Venezuelas, Indonesiens, Algeriens, Libyens – das sind die bevölkerungsreichsten Ölländer – versprachen ihren Völkern, das Land zu industrialisieren, neue Jobs zu schaffen und die Armut innerhalb von Jahren, nicht Jahrzehnten, zu beenden. Die Armen und die Mittelklasse sahen, wie die Scheichs, Bürokraten und Magnaten ihr Petrodollarerbe mit Hilfe von Rolls-Royce-Limousinen, Privatjets, Luxuswohnungen, Diamanten, Gold und Auslandsreisen verschleuderten.
Sie beobachteten das nur deshalb geduldig, weil ihnen versprochen worden war, daß sie alsbald an diesem märchenhaften Reichtum teilhaben würden. Es wurde für die Führer der ölproduzierenden Länder notwendig, die industrielle Infrastruktur eines modernen

Landes auf die Beine zu stellen. Und das taten sie auch – in der Annahme, daß die Ölpreise für den Rest des Jahrzehnts, wenn nicht des Jahrhunderts weiter ansteigen würden. Sie wußten nichts vom technologischen Wandel, von Energieeinsparung, von Nicht-OPEC-Öl oder von alternativen Energien. So kauften und kauften sie: Von Europa, von Japan, von den Vereinigten Staaten kamen Fabriken, Flughäfen, Staudämme, Autos, Flugzeuge. Reis, Weizen und andere Grundnahrungsmittel wurden in riesigen Mengen importiert und für niedrige, subventionierte Preise an die widerspenstige und wachsende Stadtbevölkerung verkauft. Ganze Städte wurden in der saudiarabischen Wüste errichtet. Mammutartige Ölanlagen erhoben sich aus den Dünen. Die Wirtschaft der ölproduzierenden Länder wuchs in phantastischen Sprüngen – drei-, vier-, fünfmal so schnell wie im Westen. Ebenso wie die industrialisierten Länder einst vollkommen abhängig von der Energie der OPEC gewesen waren, wurden die OPEC-Länder bald total abhängig von den industriellen Importen aus dem Westen. Sie konnten nicht mehr aufhören zu kaufen. Es wäre für sie politischer Selbstmord gewesen.

Aber dann wurden die Rechnungen präsentiert – die unglaublichen Rechnungen, die sich auf Hunderte von Millionen Dollar pro Jahr beliefen. Eine Weile kam noch genug Geld ins Land, um die Flut der Importe zu bezahlen. Als aber 1981 und 1982 die Preise nachgaben, verlor das Faß seinen Boden. Gerade als einige der höchsten Rechnungen für die größten Stahlwerke und Ölanlagen präsentiert wurden, die man je gebaut hatte, begannen die Erlöse zu sinken. Saudi-Arabien war gezwungen, eine glatte Milliarde Dollar an Nigeria zu geben, um es flüssig zu halten und daran zu hindern, die Preise zu senken, um dadurch mehr Öl zu verkaufen. Libyen hörte auf, seine Rechnungen an Italien zu bezahlen, die sich auf mehr als eine Milliarde Dollar beliefen. Venezuela sah sich solchen Einnahmeverlusten gegenüber, daß es seine riesigen Entwicklungspläne zusammenstreichen mußte. Zur selben Zeit begann man, die politische Zukunft von Präsident Herrera Campins und Ölminister Humberto Calderon Berti in Zweifel zu ziehen.

Mexiko wurde von der Krise am härtesten getroffen. Bei einer großen und schnell wachsenden Bevölkerung hat es weitgespannte Entwicklungspläne, doch das ganze Programm mußte nun gestoppt werden. Die fallenden Ölpreise zwangen Mexiko, seinen Peso nicht einmal, sondern zweimal in sechs Monaten abzuwerten. Beim zweiten Mal ging alles drunter und drüber. Eine massive Kapitalflucht setzte ein, als sich die Mittelklasse und die Reichen beeilten, ihre Zahlungsmittel in Dollars umzutauschen und so schnell wie möglich aus dem Land zu verschwinden. Milliarden überquerten die Grenze, bevor die Regierung ein Dollar-Moratorium erklären und lokale Guthaben von zwölf Milliarden Dollar einfrieren konnte. Zu diesem Zeitpunkt wurde der Peso im Verhältnis zum Dollar mit über 100 gehandelt im Gegensatz zu 25 ein Jahr zuvor.

Die Mexikaner gingen unterwürfig nach Washington und flehten die internationalen Banken um Hilfe an. Die Vereinigten Staaten schoben den verzweifelten Mexikanern zwei Milliarden zu, damit sie die Importe an Weizen und Öl für ihre Notstandsreserven bezahlen konnten. Aber die Mexikaner waren auch gezwungen, den Internationalen Währungsfonds um Darlehen anzugehen, um ein Austerity-Programm einführen zu können, das aber in den nächsten Jahren nur noch mehr Arbeitslosigkeit, noch höhere Preise und weitere Abstriche vom Lebensstandard der Mittelklasse brachte. Und dennoch gibt es nur eine Lösung – den Export von noch mehr Öl in die Vereinigten Staaten, selbst wenn die Preise weiter fallen sollten.

Aber dem Ölproduzenten Mexiko geht es nicht alleine so. Der Bedarf an Milliarden in bar zur Begleichung kostspieliger Entwicklungspläne wird in den nächsten Jahrzehnten einen permanenten Druck in Richtung auf eine höhere Ölproduktion erzeugen. Nation auf Nation wird gezwungen sein, die Segnungen der »modernen« Zivilisation zu importieren, um die widerspenstigen Völker politisch zu beschwichtigen. England setzt auf das Nordseeöl, um die Modernisierung seiner veralteten Industrien zu bezahlen. Es wird außerdem mindestens fünf Milliarden Dollar benötigen, um nach den Kämpfen bei den Falklandinseln seine Flotte zu restaurieren. Iran und Irak benötigen ihre Öleinkünfte, um ihre Wirtschaft nach dem verheerenden Krieg wiederaufzubauen. Nigeria und Indonesien sind verzweifelt hinter größeren Einnahmen her, um ihre stürmisch wachsende Bevölkerung zu ernähren. Algerien, dessen Erdöl- und Erdgasvorräte nur noch etwa zehn Jahre reichen dürften, unternimmt einen Wettlauf gegen die Zeit, um sich bis dahin eine industrielle Basis zu verschaffen.

Der Alptraum des Scheichs Jamani

Scheich Achmed Zaki Jamani, Ölminister von Saudi-Arabien und mächtigster Mann der OPEC, weiß, daß sein Kartell in den mächtigen Hauptstädten der Welt an politischem Einfluß verliert. Er war nicht glücklich über den sprunghaften Preisanstieg beim Öl gewesen, der dem Sturz des Schahs folgte, und in den Monaten danach stellte er sicher, daß sein Land soviel wie möglich produzierte, damit die Preise nicht noch höher gingen. Wären Jamani und Saudi-Arabien nicht gewesen, dann wäre der offizielle OPEC-Preis bestimmt auf 40 Dollar pro Barrel gestiegen. Er war Mitte der achtziger Jahre auf dem Markt auf 41 Dollar pro Barrel geklettert und wollte noch immer höher hinaus, bevor die Saudis ihre Hähne aufdrehten und elf Millionen anstelle der normalen acht bis neun Millionen Barrel täglich produzierten. Dieses Überangebot auf dem Markt führte den Preis auf 34 Dollar zurück, aber selbst dies betrübte Jamani.
Jamani befürchtet, daß sich die OPEC durch ihre Preispolitik bereits um ihre Existenz gebracht hat. Bei 34 Dollar pro Barrel ist es, so glaubt er, für die Industrienationen sinnvoll, zur Kohle, zum Gas, zur Kernenergie überzuwechseln. Er weiß, daß deshalb Saudi-Arabien und der Mittlere Osten binnen kurzem für die USA, Europa und Japan weniger wichtig sein wird – und das wird die Dynastie der Sauds, seine Wohltäter, um so unsicherer und gefährdeter machen. Anfang Mai 1981 warnte Jamani, daß »der Westen seine Abhängigkeit von der OPEC abschüttelt. Dieser Schritt bedroht die Sicherheit dieser Region endgültig.«
Jamani neigt nicht zur Hysterie. Wenn er ins Ausland reist, nimmt er seine eigene Leibgarde mit, die aus ehemaligen englischen SAS besteht, die auch auf den Falklandinseln eingesetzt wurden. Wenn er den Raum betritt, um eine Pressekonferenz zu geben, bahnen ihm diese Wachen den Weg. In seiner traditionellen Kleidung fegt Jamani herein, setzt sich hin und läßt bewußt einen Augenblick verstreichen, um sein Gewand zu ordnen. Wenn er bequem sitzt, blickt Jamani auf

unnachahmliche Weise leicht überrascht auf den versammelten Mob von Fernseh- und Zeitungsjournalisten, so als wollte er sagen: »Wie, dies alles meinetwegen?« Trotz des Chaos der Schreie und Rufe, das auf diesen Pressekonferenzen üblich ist, behandelt Jamani die Frager mit Gelassenheit und Würde. Niemals erhebt er seine Stimme. Wie viele mächtige Ölmänner spricht er sehr weich, wodurch er alle anderen dazu zwingt, sich zu beruhigen. Wenn er einen Punkt hervorheben will, benutzt er das Wort »bestimmt«. Er sagt: »Wir werden die Produktion bestimmt erhöhen« oder: »Der Ölpreis steigt bestimmt.« Im Vorzimmer seines Büros im Petromin-Gebäude zu Riad streichen unaufhörlich Stewards um diejenigen Leute herum, die auf eine Audienz bei ihm warten. Nichtalkoholische Getränke werden den Ölmanagern ständig gereicht, die hier nervös auf ihren Stühlen herumrutschen. Wenn man den Geschichten von Amerikanern glauben schenkt, die diese Erfahrung hinter sich haben, belauern sich diese mächtigen Öltypen unablässig, um herauszufinden, wer der andere ist und was er hier sucht und wie sie sich gegenseitig übers Ohr hauen könnten.

Natürlich hat Jamani völlig recht, wenn er sich über die schwindende Abhängigkeit des Westens vom Öl des Mittleren Ostens sorgt. Ohne Öl könnte sich Washington weniger um die arabische Halbinsel kümmern. Ohne Öl würde die PLO ihre finanzielle Basis verlieren, ihren Schrecken und ihre Macht. In der Tat war das Schweigen, mit dem die Araber der Invasion Israels im Libanon im Jahr 1982 begegneten, auch Ausdruck ihres Machtverlustes. Ein etwaiges Ölembargo wurde mit keinem Wort erwähnt. Nichts wurde davon gesagt, daß man beabsichtige, seine Milliarden von den westlichen Banken abzuziehen. Es herrschte nichts als tödliche Stille.

Das Samson-Syndrom

Nur wenige im Westen werden den Niedergang der OPEC als Weltmacht bedauern. Zu einem bestimmten Zeitpunkt, nämlich in ihrem Zenit 1980, drohte sie nicht nur die Energievorräte der Welt zu beherrschen, sondern auch ihr Finanzsystem. Indem sie Hunderte von Milliarden überschüssiger Petrodollars anhäuften – liquide Geldmit-

tel, die auch nach der Verwendung ganzer Vermögen für Entwicklung und Aufrüstung noch übriggeblieben waren –, schienen die OPEC-Länder kurz davor, sowohl den internationalen Kapitalmarkt als auch den des Öls zu übernehmen. Ende der siebziger Jahre fühlten sich neue arabische Banken ebenso stark wie die Citibank und die Chase Bank in den Vereinigten Staaten beziehungsweise die Deutsche Bank und die Dresdner Bank in der Bundesrepublik Deutschland. Ohne die arabischen Banken und deren Kontrolle der Petrodollars in der Welt war es fast unmöglich, Geschäfte abzuschließen, die Kapitalströme in Gang zu halten und Handel zu treiben.
Aber das ist nun Geschichte. Der Anteil der OPEC am Ölmarkt geht zurück, und ihr Überschuß an Petrodollars ist einfach zerronnen. Aus diesem Grunde nimmt die politische Bedeutung des Mittleren Ostens ab, und wenn Washington eines Tages diesen Wandel registriert haben sollte, wird jene Region aufhören, im Zentrum der amerikanischen Außenpolitik zu liegen. Die Welt wendet sich einer Nach-OPEC-Ära der Hochtechnologie zu, die mit sehr viel weniger Energie auskommt. Je schneller sie sich in Richtung auf diese Gesellschaft des 21. Jahrhunderts bewegt, desto schneller wird die OPEC aus den Schlagzeilen der Presse verschwinden und der Geschichte angehören.
Als Erbe hinterläßt die OPEC eine technologische Revolution, die gerade dabei ist, das Mächtegleichgewicht der Welt zu verändern. Einige Nationen werden den neuen Herausforderungen gerecht werden, andere im Sumpf der Vergangenheit steckenbleiben. Einige Länder werden einen Zugewinn an Macht verbuchen, andere werden sie verlieren. Wie Samson reißen die Araber das internationale politische System ein, das nach dem Zweiten Weltkrieg entstanden ist. Wir befinden uns jetzt mitten in einem Prozeß, der ein neues hervorbringt.

3. KAPITEL

Der Niedergang der Bundesrepublik und die Auflösung Europas

Die Bundesrepublik zählt gewiß zu den Ländern, denen man einen leichten Übergang in das Zeitalter der Hochtechnologie zutrauen würde. Die Begriffe »deutsch« und »Technologie« sind auf vielfache Art austauschbar, und zwar nicht nur in Amerika, sondern auch in Hamburg, München und Bonn. Wo sonst wird die fehlerlos konstruierte Maschine so verehrt? Wo sonst ist der Meister, der ausgebildete Handwerker, ein Held? Wo sonst wird das Ingenieurwesen als hohe Kunst verstanden?
Es gibt zwei Stars in dem deutschen Film *Das Boot:* den Kommandanten und das U-Boot selbst. Als einer der populärsten Kinofilme des Jahres 1982 beleuchtete er den deutschen Glauben, daß überlegene Menschen, die eine überlegene Technologie handhaben, jeden Feind besiegen und jedes Ziel erreichen können.
Der Film hatte aber noch ein zweites Thema. Er zelebrierte offen den deutschen Nationalismus. Der Film war antinationalsozialistisch und zugleich prodeutsch. In den Jahrzehnten nach dem Krieg war der deutsche Nationalismus eingesperrt, und die Menschen auf beiden Seiten des Atlantik zogen es vor, Gefühle dieser Art zu ignorieren. Tatsächlich nahmen die meisten Deutschen davon Abstand, sie zu erwähnen. Aber der Nationalismus ist heute in der Bundesrepublik wieder auf dem Vormarsch, und er ist erneut mit der Idee der Technologie verquickt. Diesmal ist es jedoch eine absteigende Technologie, die in dem Land eine nationalistische Welle auslöst.

Kissingers Einfluß

Die gegenwärtige Welle des Nationalismus, die durch Deutschland läuft, hat ihre Ursprünge in den frühen siebziger Jahren, in jener Politik der Entspannung nämlich, die von Henry Kissinger verfochten wurde. In der Tat könnte es eine der größten Ironien der Geschichte werden, daß ausgerechnet Henry Kissinger es war, der die teutonische Büchse der Pandora öffnete, welche die Bundesrepublik Deutschland schließlich aus den westlichen Verankerungen des späten 20. Jahrhunderts reißen wird. Als Wissenschaftler hat sich der deutsche Emigrant mit der Politik Klemens Metternichs beschäftigt, der das vom Krieg zerrissene Europa in der Mitte des 19. Jahrhunderts zu vereinigen suchte, indem er ein empfindliches Gleichgewicht der Kräfte schuf. Es war denn auch unter Kissinger, dem internationalen Praktiker, daß sich das empfindliche Machtgleichgewicht, das sich während der Nachkriegszeit in der atlantischen Allianz herausgebildet hatte, aufzulösen begann. Dank Kissingers Entspannung konnte Willy Brandt seine Ostpolitik verwirklichen – die Öffnung nach Osten. Während aber Washington die Entspannungspolitik wieder aufgab, wuchs die Bindung der Bundesregierung an den Osten. Der Traum von einer vereinten Nation hat Deutschland jahrhundertelang beherrscht und erwacht nun zu neuem Leben. Der Pangermanismus, der seit dem Ende des Krieges geschlafen hatte, erlebt eine Wiederauferstehung.

Es ist aber nicht nur die Politik, welche die Bundesrepublik aus dem Gravitationsfeld des Westens entschweben läßt. Kissinger wurde kritisiert, er habe es versäumt, die lebenswichtige Rolle der Wirtschaft für die Weltpolitik zu erkennen, aber niemand konnte die Ölschocks von 1973 und 1979 und die technologische Revolution voraussehen, die sie auslösen würden. Denn während Kissinger und Brandt einem wiedererstarkten deutschen Nationalismus eine politische Bühne boten, wird es der wachsende Rückstand der Bundesrepublik im Wettrennen um die technologische Spitzenstellung der achtziger Jahre sein, der ihren Austritt aus der EG und dem Atlantischen Bündnis einleitet.

Das vergehende Wirtschaftswunder

Man kann nicht verstehen, warum Millionen Deutsche gegen die Stationierung der neuen amerikanischen Cruise Missiles und Pershing-Raketen in ihrem Land demonstrierten – Raketen, die Bundeskanzler Schmidt 1978 angefordert hatte, um mit der sowjetischen Aufrüstung gleichzuziehen –, wenn man nichts von dem sich immer deutlicher abzeichnenden Niedergang Deutschlands auf technologischem und wirtschaftlichen Gebiet weiß. Man kann die Versuche Bonns, eher den »Makler« zwischen Washington und Moskau als den loyalen Verbündeten zu spielen, nicht wirklich begreifen, wenn man nicht weiß, daß die Bundesrepublik ihren Handel mit dem kommunistischen Ostdeutschland zu ihrer Binnenwirtschaft zählt. Man kann nicht die eigensinnige Weigerung Deutschlands verstehen, die Finanzierung und den Bau der sibirischen Gaspipeline nach Europa aufzugeben, ein Projekt, das Moskau Zigmilliarden Dollar einbringen wird, wenn man nicht weiß, daß die Stahl- und Schwermaschinenindustrie des Landes in tiefen Schwierigkeiten steckt. Und man vermag nicht die Faszination zu begreifen, die von politischen Randgruppen auf Deutschlands Jugend ausgeht, wenn man nicht weiß, daß die deutsche Arbeitslosigkeit den höchsten Stand der letzten 30 Jahre erreicht hat. Denn das einzige, was der westliche Teil Deutschlands nach dem Zweiten Weltkrieg besaß, war sein großes Wirtschaftswunder. Trotz der Demütigung, den Krieg verloren, und der Schande, Millionen Unschuldiger ermordet zu haben, war die Bundesrepublik fähig, den Weg zu einer neuen Weltwirtschaft der Nachkriegszeit zu weisen. Die deutsche Rolle in dieser Weltgesellschaft war äußerst begrenzt und rein ökonomisch. Aber sie war zumindest für den Westen bedeutsam. Die wirtschaftliche Dynamik des Landes zog ganz Europa hinter sich her. Die Deutschen führten ökonomisch, und sie waren stolz darauf.
Nun ist das Wirtschaftswunder vorbei. Die Deutschen stehen, ohne Vision und Ziel, auf der Weltbühne abseits und kehren zum alten romantischen Begriff des »Volkes« zurück. Zunehmend redet man nicht mehr nur über ein Deutschland der Geschäftsleute, sondern der starken Führer, die ihre Leute über den Konsumerismus und Individualismus des westlichen Lebensstils hinausführen. Mehr und mehr

träumen die Deutschen davon, die Bundesrepublik von der Atlantischen Allianz abzukoppeln, sie näher an den Osten heranzuführen und schließlich sämtliche Deutsche, die jetzt noch auf Ost und West aufgeteilt sind, in einem neutralistischen Staat zu vereinigen.

Wie das deutsche Wirtschaftswunder in den frühen achtziger Jahren zu Ende geht, und die ungeheuren Veränderungen, die daraus für das internationale Gleichgewicht der Mächte resultieren, ist eine der großen Geschichten unserer Zeit. Von 1955, als Frankreich, Großbritannien und die Vereinigten Staaten offiziell ihr Besatzungsregime beendeten, bis 1980 war die Bundesrepublik eines der ökonomischen Wunder der Welt. Sie hatte eine der höchsten Wachstumsraten und eine der niedrigsten Inflationsraten des Westens. Millionen von Türken, Italienern und Griechen mußten ins Land geholt werden, um die Verknappung der Arbeitskräfte auszugleichen. Sie fegten nicht nur die Straßen, sondern füllten auch die Werkhallen des Volkswagenwerks.

Das Ansehen der Bundesrepublik als Hersteller hervorragender Konsum- und Industriegüter wuchs. Das Publikum in Amerika, Europa und Asien beeilte sich, Kameras von Leica und Rollei, Hi-Fi-Geräte von Grundig, BMWs, Schwermaschinen und chemische Erzeugnisse im Wert von Milliarden Dollars zu kaufen. Die besten Scheren, die besten Linsen, die besten Werkzeugmaschinen kamen aus Deutschland. Es gab einen Exportboom, Gold und Geld flossen in das Land hinein, und aus der Deutschen Mark wurde eine der drei wichtigsten Währungen, die von den Zentralbanken wie den Reichen geschätzt wurden.

Die Technologie des 19. Jahrhunderts

Paradoxerweise beruhte der phänomenale Erfolg der Bundesrepublik nach dem Krieg zum großen Teil auf der Tatsache, daß die technologische Basis seiner Wirtschaft sich seit hundert Jahren nicht verändert hatte. Schwermaschinenbau, Stahl und Chemie ergaben den harten Kern der deutschen Wirtschaft in den Jahrzehnten nach 1945 – genau dieselben Industrien, die das Herz der industriellen Revolution in Deutschland zur Mitte des vorigen Jahrhunderts gebildet hatten.

Deutschlands Wirtschaft blieb ein Teil der technologischen Revolution des 19. Jahrhunderts.

Vielleicht mehr als die industrielle Macht jedes anderen Landes wurde die deutsche auf der Schwerindustrie und auf billiger Energie aufgebaut. Die Ölpreise lagen nach dem Krieg so niedrig wie in den zwanziger Jahren, und obwohl die alliierten Bomber die deutschen Fabriken zerstört hatten, besaß das Volk die Fähigkeiten, die für den Betrieb einer modernen Wirtschaft nötig waren. Als der Koreakrieg ausbrach, schoß die Nachfrage nach den traditionellen Gütern des Landes steil nach oben. Die Anlagen wurden mit noch moderneren Maschinenparks wiederaufgebaut, die Menschen gingen wieder an die Arbeit, und dieselben Produkte, die Deutschland vor 1945 berühmt und mächtig gemacht hatten, wurden wieder von den Fabriken ausgestoßen – schwere Turbinen für elektrische Generatoren, Präzisionswerkzeuge, Stahl, elektrische Haushaltsgeräte, VW-»Käfer«, Lastwagen und Erzeugnisse aller Art einer riesigen petrochemischen Industrie.

Mit seinem ökonomischen Erfolg überrundete die Bundesrepublik ganz Europa. Ihr Volk war bald das reichste des Kontinents mit einem Pro-Kopf-Einkommen, das Ende der siebziger Jahre über dem der Vereinigten Staaten lag. Es wurde die Lokomotive in der 1957 gegründeten Europäischen Wirtschaftsgemeinschaft und stieg bald, nach den USA und Japan, zur drittgrößten Wirtschaftsmacht auf.

Deutschland erreichte seinen wirtschaftlichen Zenit in den späten siebziger Jahren, als der amerikanische Dollar außer Kontrolle zu geraten begann, weil die Inflation die amerikanische Wirtschaft auseinanderriß. Anderthalb Jahrzehnte einer inflationären Ausgabenpolitik für die Finanzierung des Vietnamkrieges und für den Aufbau der »Great Society« hatten die Vereinigten Staaten so geschwächt, daß sie durch die Ölschocks der OPEC ins Trudeln gerieten. Deutsche Finanzminister gingen dazu über, die Amerikaner auf den jährlichen Konferenzen des Internationalen Währungsfonds darüber zu belehren, wie sie die Wirtschaft ihres Landes ordentlich zu führen hätten. Der wirtschaftliche Erfolg gab Deutschland einen neuen Stolz, und die Wolken des Zweiten Weltkrieges verzogen sich. Am Ende des Jahrzehnts hielten es deutsche Regierungsmitglieder nicht mehr für angebracht, sich für den Zweiten Weltkrieg oder den Holocaust zu entschuldigen. Wie es ein hoher Bonner Vertreter damals ausdrückte: »Wir haben unsere Auschwitz-Diplomatie hinter uns.«

Den wirtschaftlichen Erfolg hatten Konrad Adenauer und Ludwig Erhard in den fünfziger Jahren angestrebt, als sie darangingen, die Bundesrepublik fest im Westen zu verankern. Adenauer, der erste deutsche Kanzler nach dem Krieg, und Erhard, seine rechte Hand als Wirtschaftspolitiker, waren davon überzeugt, daß die Zukunft ihres Landes innerhalb des Atlantischen Bündnisses in einem integrierten Westeuropa liegen werde. Adenauer glaubte, Deutschlands zersetzenden und oftmals tödlichen Nationalismus nur in einer Weise begraben zu können: durch die Mitgliedschaft in einem geeinten Europa. Erhard, der Architekt des deutschen Wirtschaftswunders, drängte zum Beitritt in die EWG. Selbst damals aber, nur wenige Jahre nach dem Krieg, hatten Adenauer und Erhard ungeheure Kämpfe auszufechten, um ihre Strategie der Verankerung Westdeutschlands im Westen durchzusetzen. Ihre Anstrengungen wurden von den Deutschen, die die Wiedervereinigung mit Ostdeutschland als Ziel der Bonner Außenpolitik wollten, als Verrat angesehen. Sie forderten nur lockere Verbindungen zum Westen und sehr viel engere Beziehungen zur Sowjetunion als den einzigen Weg, auf dem sich die beiden Teile Deutschlands wieder treffen könnten. Nur durch eine Distanzierung vom Westen, so argumentierten sie, könne Westdeutschland hoffen, Moskau zur Aufgabe Ostdeutschlands zu überreden.

Aber Adenauer und Erhard siegten, und das Wirtschaftswunder wurde für die Bundesrepublik das wichtigste Ereignis nach dem Krieg. In den nächsten 25 Jahren ließ das Land die traditionelle Sorge um seinen politischen »Platz in Europa« hinter sich und wandte sich seinen Geschäften zu. Es neigte dazu, das Warenhaus des Gemeinsamen Marktes zu werden, das Milliarden ausgab, um die Franzosen oder die Italiener von Zeit zu Zeit über die Runden zu bringen, und erhielt als Gegenleistung freie Bahn für seine Exporte. Es schimpfte auf die Vereinigten Staaten während des Vietnamkrieges, es grummelte über de Gaulle, aber im Endeffekt wurde es völlig in den Westen integriert. Es wurde sogar dazu überredet, seine Armee wiederaufzubauen, um dem Westen zu helfen, sich den sowjetischen Bären vom Leibe zu halten.

Der wirtschaftliche Reichtum der Bundesrepublik erlaubte es einem großen Teil der Bevölkerung, die Tatsache zu ignorieren, daß Deutschland fast ein Jahrhundert nach Bismarck immer noch keine vereinte Nation war. Der Bau der Berliner Mauer erinnerte sie brutal an diese Teilung; zum anderen deuteten sie die mangelnde Entschlußkraft des Westens, die Mauer wieder einzureißen, dahingehend, daß es dort keinen großen Enthusiasmus für die Wiedervereinigung gab. Die meisten Amerikaner und Europäer werteten die Teilung Deutschlands als weltpolitische Festlegung auf Dauer, als gerechtes Ergebnis des Krieges, den Deutschland begonnen und verloren hatte. Obwohl es kein Regierungsvertreter heute öffentlich zugeben würde, wird die Teilung Deutschlands heimlich als möglicher Weg angesehen, einen neuen Krieg in Zukunft zu verhindern. Wenn die Sowjets flüstern: »Achtet ihr auf eure Deutschen, und wir werden auf unsere Deutschen achten«, seufzen die Leute in Washington, Paris, London und sonstwo in Europa noch immer erleichtert auf.

Die technologische Lücke

Dennoch wirkt dies alles heute so, als wäre es nie geschehen. Die technologische Basis für das deutsche Wirtschaftswunder veraltet unmerklich. Wie ein rasendes Auto, das über eine Pier hinausschießt und einen Augenblick quasi stillhält, bevor es ins Meer stürzt, ist die Bundesrepublik heute eine Nation, die sich selbstgefällig durch das 20. Jahrhundert bewegt, die aber blind ist für die ökonomische Katastrophe, von der sie bereits erfaßt ist. Nur wenige in Bonn – sehr viel weniger als in Washington oder Paris – realisieren, daß die Millionen, die für einseitige Abrüstung und Neutralität durch die Straßen marschieren, oder die Hunderttausende, die antiamerikanische Slogans rufen, politische Erklärungen abgeben, die ökonomisch motiviert sind.
Der zentrale Grund für die Abwendung vom Westen liegt in dem wirtschaftlichen Verfall, der gerade eben erst an die Oberfläche zu steigen beginnt. Von allen bedeutenden Ländern der westlichen Allianz wird keines in der heraufziehenden Nach-OPEC-Ära so tief

und so hart fallen wie die Bundesrepublik. Deutschland verliert nämlich das Hochtechnologiewettrennen mit Japan, den Vereinigten Staaten und wahrscheinlich sogar Frankreich. Es könnte sich schon bald als zweitrangige Wirtschaftsmacht wiederfinden – der neue »kranke Mann« Europas.

Bis heute haben sich die Politiker in Bonn, die Geschäftsleute in Düsseldorf, die Gewerkschaftsführer in München und das Publikum im allgemeinen eingeredet, daß die hohe Arbeitslosigkeit, das geringe wirtschaftliche Wachstum und die anschwellenden Haushaltsdefizite einfach die Folgen irgendeiner in gewissen Abständen wiederkehrenden Rezession sind, die auch wieder vorübergehen wird. Sie geben zu, daß die Probleme während dieses ökonomischen Abschwunges etwas ernster sind als bei früheren Rezessionen, aber sie versichern, daß sich in den nächsten Monaten alles wieder wenden wird. Sie befinden sich in einem tödlichen Irrtum.

Die Deutschen mögen es noch nicht wissen, aber die ganze industrielle Basis ihres Landes unterliegt einem Erosionsprozeß. Ausgerechnet diejenige Nation, welche im letzten Jahrhundert die fortgeschrittensten Chemie-, Elektrizitäts-, Automobil- und Maschinenbauunternehmen der Welt aufgebaut hat, ist nicht in der Lage einzusehen, daß sich ihre vergangenen Erfolge auf billige Energie gründeten, die es nicht länger gibt. Das Deutschland von heute ist eine Nation, die den Übergang von der mechanischen zur biologischen Ingenieurskunst nicht zu bewältigen vermag. Sie schafft nicht den Sprung von den Präzisionsmaschinen der Vergangenheit mit Tausenden von beweglichen Teilen und Motoren zu den vollelektronischen Geräten von heute und morgen. Sie kann den Schritt von den auf Erdöl beruhenden Chemikalien zu den biologisch erzeugten Pharmazeutika nicht tun.

Deutschland stellt nach wie vor die besten Produkte des 19. Jahrhunderts her: schwere Turbinen, wundervolle Autos und Präzisionswerkzeuge. Aber es kann nicht mithalten, wenn es zur Hochtechnologie kommt – Roboter, Telekommunikation, Bakterienfabriken, Computer, Halbleiter, elektronische Geräte für den Massenverbrauch. Seine Versuche, die Produkte des 21. Jahrhunderts herzustellen, sind schwach, und seine Versuche, sie auf den Weltmärkten zu verkaufen, werden von den japanischen und amerikanischen Mitbe-

werbern mit leichter Hand abgewehrt. IBM hält 60 Prozent des deutschen Massengeschäfts mit Computern, und sie würde noch viel mehr halten, wenn die deutsche Regierung nicht einheimische Produzenten wie Siemens mit eigenen Aufträgen fördern würde.
In der Tat illustriert nichts besser den Fall Deutschlands von der technologischen Spitze als seine traurige Beziehung zu den Japanern. Siemens, der größte Elektrogigant in der Bundesrepublik, war gezwungen, sich an Fujitsu zu wenden, um besonders große Computer zu beziehen. Siemens kauft japanische Computer und Laserdrucker und verkauft sie in Deutschland unter dem Markenzeichen Siemens. Aber es war Siemens, dem Fujitsu vor einem Jahrhundert seine Entstehung verdankte. Einst der Schüler – jetzt der Lehrer. »Fujitsu ist Siemens überlegen«, sagt Takanamori Mizuni, einst Chef-Ökonom der Fuji Bank in New York. »Vor fünf Jahren war Siemens noch überlegen.«
Die Japaner sind nicht die einzigen, die Siemens überlegen sind. Mitte 1982 entschloß sich Italien, sein ganzes Telefonnetz zu modernisieren, ein Milliardenprojekt. Anstatt sich an den Siemens-Konzern zu wenden, der das Telefonnetz nach dem Krieg wiederaufgebaut hatte, schlossen die Italiener den Vertrag mit einer amerikanischen Firma, General Telephone and Electronics. Die anderen Firmen, die mit im Rennen gewesen waren, hießen L. M. Ericsson/Schweden, CIT-Alcatel/Frankreich und ITT/Amerika. Siemens spielte nicht einmal im Bereich der Telekommunikation eine Rolle.
Selbst auf den Gebieten, auf denen die industriellen Produkte des Landes wettbewerbsfähig sind, gehen die einheimischen Märkte an Ausländer verloren. Japanische Werkzeugmaschinen, jetzt computerisiert, ersetzen deutsche Modelle. Toyota und Honda haben zehn Prozent des einheimischen Automarktes fast über Nacht erobert und würden 20 oder 30 Prozent einnehmen, wenn sich die Japaner nicht eine gewisse Zurückhaltung auferlegen würden. Noch vor wenigen Jahren erzählten deutsche Industrielle ihren amerikanischen Geschäftsfreunden stolz, japanische Autos seien zu billig und zu schäbig für deutsche Konsumenten und kämen gegen das überlegene deutsche Design nicht an. Heute überbieten sich die deutschen Autohersteller gegenseitig beim Kauf ausländischer Punktschweiß-

roboter, um die Kosten ihrer Autos zu verringern und deren Qualität zu verbessern.
Was daraus folgt, ist ein langfristiger, strukturell bedingter Abstieg der Bundesrepublik in der Nach-OPEC-Ära. Es gibt nur eine einzige Lösung für dieses Problem, eine Lösung, der sich Japan bereits zugewandt hat und um deren Annahme Amerika jetzt kämpft – die Schaffung neuer Industrien, die auf energiesparenden Technologien aufbauen, in der Hoffnung, daß sie mehr Jobs abwerfen, als durch den Zerfall der alten »Dinosaurier«-Schwerindustrien verlorengehen. Hier aber versagt die Bundesrepublik. Die Politiker versuchen den Nachkriegsrekord in der Arbeitslosigkeit mit beschwichtigenden Worten über wirtschaftliche Zyklen zu verharmlosen und versprechen bessere Zeiten, aber ihr Gerede wird sich als falsch erweisen. Arbeitsplätze, die heute im Bereich der Stahl-, Auto- oder chemischen Industrie verlorengehen, wird es auch morgen nicht wieder geben.

Wie die Bundesrepublik den Anschluß verlor

Wie die Bundesrepublik ihre technologische Spitzenstellung verlor, könnte sich als eine der interessantesten – und wichtigsten – Geschichten unserer Zeit erweisen. Es ist eine Geschichte, die aus vielen Teilen besteht – aus kulturellen Bedingungen, historischen Zwängen, Arroganz und bestimmten politischen Maßnahmen der Regierung.
Die grundlegende Wahrheit besteht darin, daß es sich für die Bundesrepublik als nahezu unmöglich erweist, den Wechsel von der mechanischen zur elektronischen Technologie zu vollziehen, jener entscheidenden Veränderung, die sich am Beginn der hochtechnologischen achtziger Jahre ergibt. Für Deutschland ist dieser Wechsel überaus wichtig, weil es in höchstem Maße von der Mechanik abhängig ist. Dennoch benutzt die Bundesrepublik mit einer Wirtschaft, die nur um 25 Prozent kleiner als die Japans ist, weniger als die Hälfte der Mikroelektronik seines pazifischen Rivalen. Selbst mit Amerika verglichen ist der Bedarf an Chips in Deutschland winzig. Aus vielen Gründen können die Deutschen die neue Mikroelektronik nicht auf

ihre alten Industrien anwenden. Und während die Produktionsweise im internationalen Maßstab von der Mechanik auf die Elektronik übergeht, fallen die Deutschen weiter und weiter zurück.

Deutschland erlebte die industrielle Revolution ebenso spät wie seine Identität als Nation. Als sich seine Wirtschaft im 19. Jahrhundert endlich aufwärtsbewegte, geschah dies mit Hilfe des wirtschaftlich rentablen Mittels der motorisierten Maschine. Tatsächlich wurden viele der Schlüsselerfindungen des Maschinenzeitalters von Deutschen gemacht. Niemand anderem als Werner Siemens, dem Gründer von Siemens, verdanken wir den modernen Elektromotor, und sein Bruder Wilhelm machte die moderne Stahlerzeugung möglich. Derselbe Genius im Maschinenbau hielt die Prosperität des Landes 100 Jahre lang aufrecht. Zu Beginn dieser Dekade beschäftigte Deutschland im Bereich des Maschinenbaus mehr Arbeiter – im ganzen eine Million – als in jeder anderen Industrie, und es exportierte Güter und Dienstleistungen im Wert von etwa 30 Milliarden Mark jährlich. Auf den Gebieten der Beschäftigung wie des Exports lagen Energieerzeugung und elektrische Geräte an zweiter, Kraftfahrzeuge an dritter und chemische Produkte an vierter Stelle. Dies bedeutete einen großen Vorteil, solange das Öl noch billig war; jetzt ist es umgekehrt.

Einer der maßgebenden Gründe für die Unfähigkeit der Bundesrepublik, in der Entwicklung voranzuschreiten, mag darin liegen, daß die deutsche Neigung zur Perfektion und Ordnung, die sich im mechanischen Zeitalter so hervorragend bewährte, im Zeitalter der Elektronik eine Belastung ist. Als man während der letzten Jahrzehnte Maschinen baute, war der deutsche Drang, Tausende von Einzelteilen zu entwerfen und noch einmal zu entwerfen, bis sie perfekt funktionierten, in kommerzieller Hinsicht löblich. Der Ordnungssinn war nicht nur eine generelle Einstellung zur Gesellschaft, er wirkte auch beim Bau komplizierter Maschinen und riesiger Fabriken Wunder.

Aber in der sich schnell wandelnden Welt der Elektronik werden solche Charakterzüge archaisch. Während es Jahre dauert, einen Generator mit einem Gewicht von 20 Tonnen zu bauen, dessen Lebensdauer nach Jahrzehnten zählt, beträgt die Lebensdauer eines Computers höchstens zwei bis drei Jahre. Speicherchips bewegten sich innerhalb eines Jahrzehnts von 2k nach 8k, 16k, 64k zu 256k. Jeder dieser Mikrochips hatte eine komplexere Architektur und war leistungsfähiger als sein Vorgänger.

Die Geschwindigkeit ist entscheidend im Bereich der Elektronik, und die Deutschen sind gewöhnt, sich sehr langsam und vorsichtig zu bewegen. Das gilt für deutsche Angestellte ebenso wie für Arbeiter und Wissenschaftler. Die Geschäftsgepflogenheiten haben in Deutschland mehr gemein mit einer Regierungsbürokratie als mit einer jungen amerikanischen Firma für Computersoftware. Zurückhaltung gegenüber Risiken ist in der deutschen Geschäftswelt weit verbreitet. Unter den sich nur langsam verändernden Marktbedingungen der mechanischen und elektrischen Schwerindustrie entstand eine Generation schwerfälliger deutscher »Technokraten«, die keinen Geschmack am Eilschritt des hochtechnologischen Zeitalters finden.

Es ist deshalb keine Überraschung, daß jedes Mal, wenn Siemens nach Jahren der Forschung einen neuen Speicherchip herausbringt, die amerikanischen und japanischen Wettbewerber bereits zu größeren und besseren Dingen gelangt sind. Ein perfekter, feinabgestimmter 8k-Halbleiterchip, der das Zeichen »Made in Germany« trägt und von Siemens herausgebracht wurde, mag die Herzen jener Elektroingenieure erfreuen, die ihn entworfen haben, aber er hat keinen Nutzen für die deutsche Industrie, wenn er bereits von einem 16k-Chip überholt wurde, der in Osaka oder im »Silicon-Tal« hergestellt wurde. Eine mechanische Schreibmaschine, die besser ist als jedes andere Modell der Konkurrenz, mag für AEG-Telefunken oder Triumph-Adler, die ehemals führenden Unternehmen der Bürokommunikation, ein noch so großes Vergnügen bedeuten – sie ist veraltet angesichts der elektronischen Schreibmaschinen, die von Olivetti in Italien, Brother in Japan oder IBM hergestellt werden.

Fast ebenso bedeutsam ist es, daß Perfektion im Maschinenzeitalter wahre Wunder wirken kann, in der Gesellschaft des 21. Jahrhunderts aber schädlich ist. Im Bereich der Mikroelektronik muß es ein gewisses Maß an Unvollkommenheit geben, damit die Dinge funktionieren. Ein jedes Mikrochip enthält redundante Einzelteile, damit, sollten einige Drähte durchbrennen oder ausfallen, andere da sind, welche die elektrischen Ströme aufnehmen können. Jeder Versuch, den perfekten Chip zu bauen, führt zur Verzögerung, die ihn zurückwerfen können hinter die nächste Generation, die gerade von den Fließbändern läuft.

Hitler und der Verlust der Spitzenstellung

Der Ballast eines vergangenen Zeitalters, den die westdeutsche Wirtschaft mit sich herumträgt, wird durch das Erbe Adolf Hitlers und der Nazis noch schwerer. Es wird jetzt deutlich, daß die deutsche Forschung und Entwicklung in vielen Gebieten nicht mit Amerika und Japan Schritt gehalten hat. Die Elektronik hat Schaden gelitten, aber auf dem wichtigen Gebiet der Gentechnik – der wohl vielversprechendsten Industrie der Zukunft – ist die Rückständigkeit besonders deutlich. Hier leidet die Bundesrepublik unter dem Erbe Hitlers und der Kurzsichtigkeit seiner Führer nach dem Krieg. In den dreißiger Jahren vertrieb Hitler die Juden und Antifaschisten von den Universitäten, und während so berühmte Wissenschaftler wie Albert Einstein nach Amerika gingen, verließen Tausende weniger bekannter Leute das Land ebenfalls – oder wurden getötet. Hauptsächlich wurden die biochemischen Abteilungen von den Nazis zerstört.
Sie wurden auch nicht voll wiederaufgebaut. Zunächst schien das nicht viel auszumachen. Nach dem Krieg wurde die chemische Industrie, eine der Grundlagen für das erste deutsche Wirtschaftswunder im späten 19. Jahrhundert, wieder neu aufgebaut. Die Bundesrepublik stieg rasch zum größten Chemieexporteur der Welt auf. Einige der größten chemischen Firmen des Westens sind nach wie vor Bayer, BASF und Hoechst.
Unglücklicherweise ist die chemische Industrie sehr anfällig. Nicht nur, daß sie Öl oder Gas für ihre Energieversorgung benötigt wie jede andere Industrie, sie braucht auch Öl und Gas als Rohstoffe. Kunststoffe und Düngemittel, Plastikfolien und Einkaufstüten – für alle ist die Basis das Erdöl. Die chemische Industrie ist deshalb doppelt so verwundbar gegenüber den Ölpreiserhöhungen wie andere Industriezweige. Und wenn die OPEC sowohl die Preise für Energie als auch die für ölabhängige Rohmaterialien im letzten Jahrzehnt um ein Fünfzehnfaches ansteigen ließ, so höhlte sie diese Industrie aus.

Chemiefirmen in den Vereinigten Staaten von DuPont bis Dow schalteten schnell und beeilten sich, Zigmilliarden Dollar für die Veränderung ihrer Produktionsbasis auszugeben. Sie versuchen, die Herstellung von Massenchemikalien wie etwa Naphtha oder Polyvinylchlorid zu vermeiden, die große Mengen von Öl und Gas erfordert. Statt dessen wollen sie sehr feine und spezielle Chemikalien herstellen, für die man hohe Preise erlösen kann. Mehr noch, sie versuchen mit den großen pharmazeutischen Gesellschaften gleichzuziehen, indem sie sich den »Humanwissenschaften« zuwenden – den Medikamenten. Diese Gesellschaften könnten bei so hohen Ölpreisen zum Beispiel für ein Pfund Massenchemikalien nur einen Pfennig, für eine Unze Interferon aber 1000 Dollar erlösen. Überall in der Welt verkaufen die chemischen Firmen Amerikas und Japans ihre Raffinerien und kaufen sich in die kleinen biotechnischen Gesellschaften ein. Selbst Nahrungsmittelfirmen wie Ajinomoto, die uns den Nahrungsmittelzusatz (und Kopfschmerzverursacher) MSG bescherte, steigen in die Pharmazie ein.

Erst an diesem Punkt der Entwicklung beginnen die Deutschen aufzuwachen. Aber ihre Anstrengungen werden durch das Erbe Hitlers stark beeinträchtigt. Tatsächlich liegen die Deutschen nicht nur weit hinter den Amerikanern und Japanern in der Genforschung zurück, sie liegen auch hinter den Engländern, den Franzosen und den Schweizern. Das Abkommen zwischen Hoechst und dem Massachusetts General Hospital über ein molekularbiologisches Programm spiegelt die Rückständigkeit der deutschen Forschung wider. Für 50 Millionen Dollar in bar erhält Hoechst das Vorkaufsrecht für alle Patente, die bei dieser Forschung herauskommen. Bedeutsamer aber ist es, daß Hoechst auch die Ausbildung eigener Wissenschaftler auf dem Gebiet der Biotechnik an der Harvard University zugestanden bekommt.

Die deutschen Wissenschaftler waren natürlich wütend, daß das Chemieunternehmen seine eigenen Forschungseinrichtungen auf dem Gebiet der Gentechnik nicht in einer der großen Universitäten oder einem der Max-Planck-Institute einrichtete. In der Vergangenheit hatte sich Hoechst als einer der größten privaten Mäzene der Nation für die Finanzierung der Universitätsforschung erwiesen, und der Handel mit Harvard und dem Massachusetts General Hospital wurde als nationaler Verrat angesehen. In der Tat war es auch einer. Professor Hansgeorg Gareis, Chef der pharmazeutischen Abteilung von Hoechst, sagte seinen Kritikern, daß Deutschland bei der genetischen Forschung einfach nicht an der Spitze marschiere und daß es in den kommenden Jahren nicht einmal aufschließen werde. Er fuhr fort, die deutschen Universitäten seien zu bürokratisch und unflexibel geworden, und sie hätten sich als unfähig erwiesen, sich schnell mit den neuen Technologien vertraut zu machen. Der kürzeste Weg für Hoechst, die Kenntnisse und Fertigkeiten im Bereich der Biotechnik zu erhalten, bestehe darin, sich in die Vereinigten Staaten zu begeben, und genau das habe seine Firma getan. Und als wollte er noch ein bißchen mehr Salz in deutsche Wunden streuen, sagte er, daß Hoechst auch in Japan ein kleines genetisches Laboratorium eröffnen werde. Das machte die deutschen Akademiker ganz wild.

Hitler und die Risikokapitalgeber

Die Nazis schwächten nicht nur Deutschlands Universitäten, sie vernichteten auch eine ganze Generation von risikobereiten Bankiers. Vor dem Krieg hatte es ein blühendes Risikokapitalgeschäft mit Bankiers gegeben, von denen die meisten Juden waren, die wachsende deutsche Unternehmen mit Kapital versorgten. Von alledem gibt es heute nichts mehr in Deutschland, und die Banken sind schwerfällige Verwalter industrieller Kolosse geworden.
Ein Symptom für diese finanzielle Krankheit ist die totale Abwesenheit eines blühenden Aktienmarktes. Gewiß, es gibt einige Börsen in der Bundesrepublik, und Dutzende von Unternehmen werden täglich gehandelt. Aber es ist fast unmöglich für eine neue Firma, Kapital zu erhalten, indem sie Aktien an Investoren verkauft. Das wird ganz einfach nicht gemacht. Ein Wissenschaftler oder ein Ingenieur kann eine originelle Idee nicht in Geschäfte umsetzen, er kann nicht versuchen, sich selbst zum Millionär zu machen. Mehr aus diesem als aus jedem anderen Grunde können sich neue Unternehmen in Deutschland so unglaublich schwer entwickeln. Es gibt keine Genentech oder Apple Computers in München oder Düsseldorf. Wenn überhaupt, gibt es nur wenige deutsche Unternehmer, die willens

sind, neue Erfindungen aufzugreifen und sie in ihren eigenen Firmen umzusetzen. Leute und Geldmanager mit beachtlichem Kapital, die Anlagemöglichkeiten mit langfristigem Wachstum suchen, gehen nach Amerika.

Schlimmer noch als der für die Neuausgabe von Aktien so anämische Markt ist das verkrustete und verwachsene Bankensystem der Bundesrepublik. Massive Kapitalspritzen für junge, aufstrebende Unternehmen waren für die frühe Industrialisierung Deutschlands ebenso entscheidend wie beim gegenwärtigen Versuch Amerikas, seine Wirtschaft wiederzubeleben. Gesellschaften wie Siemens, AEG, Krupp und Daimler-Benz hätten Mitte des 19. Jahrhunderts ohne Geld von den Banken niemals Erfolg gehabt. Zu dieser Zeit waren die Banken ebenfalls jung und aufstrebend. Die Großen Drei des deutschen Bankwesens – die Deutsche Bank, die Dresdner Bank und die Commerzbank – haben ihre Wurzeln alle in diesem Zeitalter des stürmischen Wachstums, der Technologie des 19. Jahrhunderts und bravouröser deutscher Unternehmer. Als Werner Siemens, der Gründer von Siemens, Geld brauchte, um sein Geschäft mit den Telegrafen und den Turbinen auszuweiten, ging er zur neuen Deutschen Bank, die 1870 gegründet worden war, und bekam das Geld. Und es war kein Zufall, daß nach Jahrzehnten ein Siemens Präsident der Deutschen Bank wurde.

Aber das war während Deutschlands erstem Wirtschaftswunder. Es gibt heute keinen vergleichbaren Finanzsektor in Deutschland. Nach dem Zweiten Weltkrieg wurden die deutschen Banken die Inhaber der Aktienmehrheiten von deutschen Gesellschaften. Die Mauschelei von Wirtschaft und Finanz wirkte Wunder, als das Land nach dem Krieg wiederaufgebaut wurde. Das Kapital wurde in den alten Industrien wirksam eingesetzt. Diese Phase endete jedoch in den späten sechziger Jahren, und das zentralisierte System würgt nun alle Bemühungen ab, eine Ökonomie der Nach-OPEC-Ära aufzubauen, die sich auf die neuen Technologien gründet. Im Gegensatz zu ihren Großeltern sind die deutschen Banker nicht bereit, Risiken einzugehen. Diese Generation von Bankern erkennt nicht das Potential der neuen Technologien. Sie macht es sich bequem mit der Vergangenheit ihrer Väter und Großväter, und sie ist bereit, ihr Geld in Stahl, Chemie und schwere Maschinen zu stecken – alles Technologien des

19. Jahrhunderts. Die neue Welt des 21. Jahrhunderts geht an ihnen vorbei, und umgekehrt sorgen sie dafür, daß Deutschland vom 21. Jahrhundert hinter sich gelassen wird. Wie die Japaner sagen: Die Deutschen haben den »tierischen Instinkt« verloren.

Die Bundesrepublik ergrünt

Für die Generation, die die Bundesrepublik aufbaute und das Wirtschaftswunder vollbrachte, mag es hart sein, Haltungen und politische Richtlinien zu ändern, die einst so erfolgreich waren. So ist es für dieses Land nur natürlich, daß es sich der Zukunft der Nachkriegsgeneration zuwendet, die in den sechziger und siebziger Jahren aufwuchs. Aber Deutschland findet keine jungen Leute vor, die adäquate Führer in das 21. Jahrhundert sein könnten. Die Generation nämlich, die frische Ideen, Enthusiasmus und die Fähigkeit haben sollte, Deutschland beim schmerzhaften Übergang von den Technologien des 19. Jahrhunderts zu denen des 21. Jahrhunderts anzuführen, ist an Technologie überhaupt nicht interessiert.
Die Bundesrepublik ist ein Land, das auf der mechanischen und elektrischen Technik aufbaut und das nicht genügend junge Leute findet, welche die Ingenieursschulen bevölkern könnten. Es ist eine kapitalistische Gesellschaft, in der ein wachsender Teil der Jugend gegen den Kapitalismus votiert. Es ist eine moderne Nation, in der ein großes Segment der Bevölkerung in zunehmendem Maße vom Rationalismus, den Wissenschaften, von Innovationen irritiert wird. Es ist eine Demokratie, die immer mehr von Millionen angegriffen wird, die ihre Institutionen als »westlich« oder fremd oder auf eine schäbige Weise individualistisch empfinden. Sie wollen das alles zurückweisen zugunsten einer reineren Vision vom deutschen »Volk« und zugunsten von mehr Autorität. Es hängt sogar ein Hauch von Gewalt in der Luft, der als reinigend wirkende Kraft gegen den schmutzigen Kapitalismus des Westens empfunden wird und der sich nicht nur auf die Baader-Meinhof-Bande beschränkt.
Der politische Romantizismus ist nichts Neues in Deutschland. Wie der Historiker Gordon A. Craig in seinem Buch *Über die Deutschen* ausführt, fing es damit im späten 18. Jahrhundert als Reaktion auf

den Rationalismus und die Aufklärung an. Im Gegensatz zu jenen Philosophen, die auf Modernität, Rationalismus, Kosmopolitismus, Wissenschaft und Fortschritt Wert legten, bestanden die Romantiker auf Geschichte, Instinkt, Phantasie, Pessimismus, Tod, dem Kult des Individuums und auf der Einbildungskraft, die sie aus den dunklen und abweisenden Wäldern bezogen. Daß Deutschland in seiner Geschichte mit der Industrialisierung so spät dran war – fast 200 Jahre nach England und Frankreich –, führte in der daraus resultierenden sozialen Umwälzung dazu, daß sich viele in die Phantasiewelt von Hänsel und Gretel und der Wagner-Opern flüchteten.

Diese Art von Romantizismus starb in Deutschland vor 1830 aus, doch kehrte sie zu allen Zeiten in der Geschichte dieses Landes wieder – wenn die Gesellschaft auf Abwegen war, wenn sich ein Gefühl der Machtlosigkeit vor den Lebensbedingungen ausbreitete, wenn ein Verlangen nach einer mythischen Vergangenheit oder Zukunft zur Mode wurde, wenn es kein großes nationales Ziel gab, welches das Volk vereinte. Diese Elemente gibt es auch heute. Die Weimarer Republik war geschlagen mit einer Nation, die mit Kulturpessimismus und einer Antipathie gegen die moderne Gegenwart infiziert war. Die Bundesrepublik beginnt jetzt, dieselbe Erfahrung zu machen.

Gerade jetzt, da die Arbeitslosigkeit den höchsten Punkt seit Jahrzehnten erreicht, gibt es Zehntausende von Stellen, die unbesetzt bleiben, weil die Leute nicht Maschinenbau oder Naturwissenschaften studieren. Amerika hat zuwenig Ingenieure, aber das rührt daher, daß die Schulen nicht genügend Ingenieure produzieren, und nicht daher, daß die Ausbildungsplätze unbesetzt bleiben. Und Japan, das ein nur halb so großes Bruttosozialprodukt wie Amerika hat, besitzt doppelt soviel graduierte Ingenieure. Für Tausende von Jobs sucht man in Deutschland nach wie vor qualifizierte Leute. Unternehmen grasen die Universitäten ab, aber sie stoßen ständig auf die Verachtung des »Fortschritts«. Führende Unternehmen sorgen sich so über die vorherrschende Atmosphäre, daß sie massive Propagandakampagnen durchführen, um die jungen Leute zurück auf die Ingenieursschulen zu bringen. Siemens hat eine Studie über die Einstellung der Öffentlichkeit zur Technologie in Auftrag gegeben. Diese ist so verzweifelt schlecht geworden, daß deutsche Industrielle auf der Hanno-

ver-Messe, einer der größten Ausstellungen für Maschinen und industrielle Ausrüstungen in Europa, eine Show veranstalteten, genannt »Jugend und Technologie«, in der Rock-Bands eingesetzt wurden, um die Welt der Technik verlockender erscheinen zu lassen.
Aber nur wenige in der Bundesrepublik glauben, daß die Musik die wachsende Verachtung für die Technologie aufhalten wird. Vor allem wird diese Feindschaft von den grünen Parteien gepflegt. Wie ihr Name schon sagt, liegt der Ursprung dieser Parteien in der Förderung ökologischer und umweltpolitischer Anliegen. Sie bewegten sich in den siebziger Jahren an der Spitze der Antikernkraftbewegung. Aber sie haben ihre Wählerbasis verbreitert und bekunden eine große Unzufriedenheit über den Weg, den das Land beschreitet. Sie sind gegen die Stationierung amerikanischer Atomraketen in der Bundesrepublik. Sie sind gegen den Materialismus, welcher der Nation nach dem Krieg als nationales Ziel galt. Sie sind sehr antiamerikanisch und begegnen der Europäischen Gemeinschaft und der NATO immer kritischer.
Bei den Regionalwahlen des Jahres 1982 erhielten die Grünen genügend Stimmen, um eine bemerkenswerte Anzahl von Repräsentanten in die regionalen Parlamente zu entsenden, seit der Wahl am 6. März 1983 sitzen sie auch im Deutschen Bundestag. Sie werden allmählich so attraktiv, daß viele junge Leute die etablierten Parteien verlassen, um zu den Grünen überzuwechseln. Dies ist nicht die Generation, die Deutschland den schwierigen Weg in das 21. Jahrhundert weisen kann. Sie blickt rückwärts, nicht vorwärts.

Aufgeblähte Bürokratien

Während die Jugend in Deutschland dazu neigt, zurückzublicken auf eine einfache, eher ländliche Existenz, tendieren jene, die zur Zeit in Bonn an der Macht sind, mehr oder weniger dazu, am Status quo festzuhalten. Eine Wirtschaftspolitik, die in der Vergangenheit so gut funktionierte, ist sauer geworden, aber die Politiker haben nicht den Mut, sie zu ändern. In der Tat gibt es nur wenige Persönlichkeiten in Deutschland mit einer Vision für die Politik, die man braucht, um Deutschland von hier nach dort zu bringen.

Durch die Schaffung des Gemeinsamen Marktes wurde der Austausch von Gütern, Menschen und Kapital in Europa freier als zu jedem anderen Zeitpunkt seiner Geschichte. Der ganze Kontinent hob wirtschaftlich ab, und kein Land profitierte soviel davon wie die Bundesrepublik. Aber ihrem hochschießenden Wachstum wurde durch die OPEC-Preiserhöhungen Einhalt geboten.

Während ihrer fetten Jahre baute die Bundesrepublik einen der größten Wohlfahrtsstaaten der modernen Geschichte auf. Arbeitslosenversicherung und soziale Dienstleistungen sahen weit großzügiger aus als in den Vereinigten Staaten oder Japan. Leute ohne Arbeit hatten für Jahre einen Anspruch auf Einkünfte, die fast ihrem früheren Arbeitslohn entsprachen. Hohe Zahlungen wurden an Familien mit vielen Kindern geleistet. Und die Industrie wurde fast ebenso verzärtelt. Die Regierung gab Milliarden aus, um den Export von Gütern rund um die Welt zu subventionieren, eine Rechnung, die der Steuerzahler zu begleichen hatte. Die Regierung konnte sich diese Umverteilung leisten, weil die Wirtschaft des Landes rapid expandierte, und die Ergebnisse flossen als Einnahmen in die Kassen des Staates zurück.

Aber als sich der Energiepreis erhöhte, stagnierte die Wirtschaft. Wie jedes andere nichtölproduzierende Land wurde die Bundesrepublik von etwas getroffen, was sich zu einer enormen, durch die OPEC verhängten Besteuerung des Reichtums auswuchs. Milliarden von Mark flossen aus dem Land ab, und Deutschland, das so stolz auf seine Handelsüberschüsse gewesen war, fand sich plötzlich in den roten Zahlen wieder. Die Benzinpreise schossen nach oben und zogen den Verbrauchern das Geld aus der Tasche. Die Investitionsquote der Unternehmer fiel drastisch, das wirtschaftliche Wachstum ging zurück, und die Zahl der Arbeitslosen stieg 1983 auf 2,5 Millionen – zehn Prozent aller Erwerbstätigen.

Plötzlich war die alte, energieintensive schwerindustrielle Basis, die Deutschland auf Weltniveau geführt hatte, nicht länger angemessen. Sie konnte nicht genügend neue Jobs oder neuen Reichtum für das Land schaffen. Aber selbst noch jetzt, vier Jahre nach dem zweiten Ölschock, muß diese Tatsache erst in das Bewußtsein der Politiker, der Gewerkschaften und der Geschäftsleute eindringen, die das Land führen. Anstatt die Subventionen aus dem Staatssäckel zu beschrän-

ken, anstatt die Wirtschaft von den energieintensiven Industrien wegzuführen, befleißigen sich die deutschen Politiker einfach des Wassertretens und hoffen, eine erholte Weltwirtschaft werde irgendwie eine Flut erzeugen, die auch das deutsche Boot anheben wird.
Natürlich ermutigen die Gewerkschaften die Regierung nicht gerade zu Kürzungen. Vielmehr drängen sie Bonn, mehr und mehr für Jobs und Wachstum auszugeben. Und die Geschäftsleute, einst stolze Anhänger des freien Unternehmertums, wendeten sich zunehmend an Bonn mit der Bitte um Hilfe. Die Regierung hatte bei der Rettung des einst mächtigen Elektroriesen AEG-Telefunken zu helfen, indem sie Kredite in Höhe von Hunderten von Millionen Mark garantierte. Die Gewerkschaften wollten sogar, daß die Regierung die Gesellschaft einfach kaufte, um die Arbeitsplätze zu sichern. Selbst die renommierte Stahlindustrie, einst die wirksamste und ertragreichste Europas, hat damit begonnen, sich an den Staat mit der Bitte um Hilfe zu wenden.
Die Bundesrepublik – und man muß natürlich hinzufügen: der größte Teil Europas – hat die Ölschocks der OPEC nicht mit Kürzungen an seinem Wohlfahrtsstaat und nicht mit neuen Strategien für hochtechnologische Industrien beantwortet, sondern mit Verschuldung. Die Regierung verabschiedet immer häufiger kostspielige Programme, um die wachsende Arbeitslosigkeit zu tarnen, wodurch sich der ungeheure Druck auf Bonn ständig erhöht. Um die Wohltaten im Werte von Hunderten von Milliarden Mark zu erhalten, die die Bürger zu einer Zeit empfangen, da die Einkünfte sinken, ist Bonn dazu übergegangen, sich das Geld zu pumpen. In Deutschland ist während des letzten Jahrzehnts die Staatsverschuldung um 350 Prozent gewachsen, weit mehr als in den Vereinigten Staaten. Die Regierungsausgaben machen jetzt 46 Prozent des bundesdeutschen Volkseinkommens aus, und während das im Vergleich zu den 60 Prozent Belgiens und 65 Prozent Schwedens und Frankreichs noch als wenig erscheint, ist es sehr viel mehr als die 30 Prozent der Vereinigten Staaten und Japans. In der Tat ist es so viel, daß die deutschen Zinsen 1982 stiegen und jeden Versuch einer wirtschaftlichen Erholung abwürgten. Kanzler Helmut Schmidt machte die Vereinigten Staaten und deren Hochzinspolitik für Deutschlands tödliche Zinsrate verantwortlich, doch die Wurzel des Übels war das aufgeschwemmte

Haushaltsdefizit des Landes. Wenn es jemals eine ökonomische Umgebung gegeben hat, die unternehmerische Aktivitäten entmutigen könnte, so gibt es sie jetzt in Deutschland. Wenn es je eine Nation gegeben hat, die stolpern kann, während die Welt in der Nach-OPEC-Ära voranschreitet, so ist es die Bundesrepublik.

Die polnische Krise zwingt die Bundesrepublik, sich für den Osten zu entscheiden

Die technologische Lücke, die sich zwischen der Bundesrepublik einerseits und Japan sowie den Vereinigten Staaten andererseits öffnet, kann nur eine Wirkung haben: Die Bundesrepublik öffnet sich zum Osten hin. Werden deutsche Produkte in Europa und Amerika unattraktiver und weniger wettbewerbsfähig, müssen sich die deutschen Unternehmen verstärkt nach den weniger komplizierten Märkten der Sowjetunion, Osteuropas und der Dritten Welt hin orientieren. Das Szenario steht bereits fest. Da Frankreich, Italien, England und die kleineren europäischen Länder ihre hochtechnologischen Industrieprodukte aus den Vereinigten Staaten und Japan importieren, werden die deutschen Exporte leiden, und die Nation wird immer stärker ihre herausragende Stellung als ökonomische Lokomotive der EG wie des ganzen westlichen Bündnisses verlieren. Dann wird Moskau winken, und die Deutschen werden, vielleicht um den Preis der »Neutralität«, riesige Aufträge für ihre alternde Schwerindustrie erhalten. Natürlich geht es dabei, wenn auch verborgen, um die Wiedervereinigung der beiden Teile Deutschlands und um die Zerstörung der NATO. Während die politischen Auguren klagen, der Ruf der sowjetischen Sirenen werde die Bundesrepublik in den nächsten Jahren vom Westen weglocken, befürchten Leute, die mit der europäischen Szene vertraut sind, der Bruch mit dem Westen habe sich bereits angebahnt und könnte bis zum Ende des Jahrzehnts vollzogen sein. Sie weisen auf die Tatsache hin, daß die Verbindungen zwischen der Bundesrepublik und dem Osten bereits eng sind und daß sogar schrille Ermahnungen Washingtons die Deutschen nicht von der Entscheidung abhalten, ihre wirtschaftlichen und politischen Berührungsflächen mit dem Osten zu vergrößern. Die sowjetische

Invasion in Afghanistan und die von Moskau inspirierte Militärdiktatur in Polen haben deutsche Politiker nicht bewegen können, sich von der Ostpolitik und der Entspannung abzuwenden.
Nichts illustriert das besser als der Streit um die sibirische Erdgasleitung nach Westeuropa. Für 15 Milliarden Dollar bauen die Sowjets zur Zeit eine Pipeline nach Deutschland, Frankreich und Italien, die Westeuropa bis in die neunziger Jahre zu einem hohen Prozentsatz mit Gas versorgen wird. Für die Bundesrepublik wird dies eine Versorgung bis zu 30 Prozent ihres Gasbedarfs bedeuten. Rußland wird sich dadurch für die nächsten Jahrzehnte harte Devisen im Wert von fast zehn Milliarden Dollar verschaffen – ein unglaublicher Betrag für eine Wirtschaft, die sich in einer schrecklichen Verfassung befindet.
Die Vereinigten Staaten haben dieses »Jahrhundert-Geschäft«, wie es von der sowjetischen Propaganda genannt wurde, erbittert bekämpft – aber ohne jeden Erfolg. Washington möchte die Sowjets für ihre brutale Rolle bestrafen, die sie bei der Zerschlagung der Gewerkschaft »Solidarität« und bei der Einsetzung des Militärs in Polen spielten. Die Deutschen verweigerten sich jedoch.
Darüber hinaus boten die deutschen Banken sogar mit Ermutigung und Unterstützung der Regierung eine Finanzierung der enorm aufwendigen Erdgasleitung zu einem extrem niedrigen Zinssatz an. Natürlich waren die Deutschen in diesem Geschäft nicht die einzigen. Auch die Franzosen und die Italiener setzten sich für die Pipeline ein, und alle zusammen ermöglichten den Russen eine billige Finanzierung. Die Bundesrepublik aber spielte die Schlüsselrolle.
Trotz der Drohungen aus Washington, trotz des Geflüsters über einen Rückzug der amerikanischen Truppen aus Europa und ein Wiederaufleben des Isolationismus in Amerika bei einer Fortsetzung des Erdgasröhrengeschäfts steckten die Deutschen nicht zurück. Die Bundesrepublik, die sich schon jetzt in einer tiefen Rezession befindet, muß ihre Geschäfte mit dem Osten machen. Ohne das Pipelinegeschäft stünden ganze Unternehmen vor dem Bankrott. Vor allem die Stahlindustrie, das Fundament der Schwerindustrie seit dem 19. Jahrhundert, befindet sich in ernsten Schwierigkeiten. Die Lage von Mannesmann an der Ruhr ist verzweifelt – und so stehen die Gewerkschaften auf der Seite der Unternehmensleitung. Es ist vorgesehen, daß Mannesmann für dieses Projekt Röhren im Wert von Hunderten von Millionen Dollar

verkauft, und so bleibt, da Europa und die Vereinigten Staaten sich in einer Rezession befinden und die Nachfrage nach Stahl allerorten zurückgeht, die Sowjetunion als einziger Absatzmarkt übrig. Andere deutsche Unternehmen stehen vor derselben Entscheidung. Die AEG, die sich am Rande des Bankrotts befindet, hat einen riesigen Vertrag über die Lieferung von Gaskompressoren für die Erdgasleitung unterschrieben. Ohne den Vertrag würde die Gesellschaft untergehen.

Die Bedeutung dieses Geschäfts mit der sibirischen Pipeline ist klar: Die Sowjetunion öffnet der Bundesrepublik einen lukrativen Markt für die Produkte ihrer Schwerindustrie. Moskau importierte aus Deutschland nicht Computer, nicht Halbleiter, nicht Roboter – es nahm Stahlrohre und Turbinen ab. Die Deutschen hätten diese Produkte nirgendwo anders in der Welt verkaufen können. Deshalb verschafften sie den Sowjets eine extrem günstige Finanzierung, damit das Geschäft über die Bühne ging. Das »Jahrhundert-Geschäft« mag das erste von vielen sein, wenn Deutschland im Rennen um die technologische Spitzenstellung in den achtziger Jahren zurückfallen und dem Westen entgleiten wird.

Die Geschichte wiederholt sich doch

Das Geschäft mit der sibirischen Pipeline könnte in der Tat einen Rückfall Deutschlands in traditionelle politische Verhaltensmuster symbolisieren, Verhaltensmuster, von denen man annahm, sie hätten sich nach dem Zweiten Weltkrieg geändert. Vom Beginn der deutschen Industrialisierung in der Mitte des 19. Jahrhunderts an waren Rußland und der Osten entscheidende Märkte. Alfred Krupp exportierte seine erste stählerne Kanone ebenso in das zaristische Rußland wie nach England, Spanien, Österreich-Ungarn und Ägypten. Werner Siemens exportierte in den Jahren nach 1850 Ausrüstungsgegenstände für die Telegrafie nach Rußland und wäre damals möglicherweise gescheitert, hätten die östlichen Märkte seinem jungen Unternehmen nicht Profite abgeworfen. Eines der ersten ausländischen Verkaufsbüros eröffnete Werners Bruder Wilhelm in St. Petersburg, jetzt Leningrad. Das geschah in der Mitte des 19. Jahrhunderts.

chen. Jedes Jahr passieren zwei Millionen Deutsche die Grenze und bringen soviel Deutsche Mark mit, daß westdeutsches Geld zur zweiten Währung der DDR avancierte. Personen, die in der DDR Westgeld besitzen, gehören einer privilegierten Klasse an. Sie können spezielle Konsumgüter in Läden kaufen, die Kunden mit ausländischer Währung vorbehalten sind. Gegenwärtig etabliert sich in der DDR eine Zweiklassengesellschaft, die sich auf dem Besitz des westdeutschen Geldes gründet. Die DDR-Regierung erhöht zudem ihren Gewinn, indem sie die Reisenden aus der Bundesrepublik für die Besuche bei ihren Verwandten »besteuert«. Und ein weiterer bedeutender Geldbetrag wird jedes Jahr durch den »Verkauf« von Menschen eingenommen. Die Kommunisten erlauben es jedes Jahr Hunderten von politischen Gefangenen, das Land zu verlassen, wenn Bonn für sie einen Blutzoll entrichtet. In den Jahren 1974 bis 1978 wurden an die 14 000 Gefangene für knapp eine Milliarde Mark »freigekauft«. Diese Geldgeschäfte halten die ostdeutsche Wirtschaft in Gang und binden die beiden Teile Deutschlands immer fester aneinander – das vorrangige Ziel der Bundesrepublik seit dem Krieg.

Dieser Handel zwischen den beiden deutschen Staaten sowie Bonns starker Wunsch, den Osten in den Gemeinsamen Markt einzubeziehen, verraten tatsächlich, wie weitverbreitet der Wunsch nach der Wiedervereinigung ist. Es sind nicht nur die Linken, die Grünen und die jungen Leute, die sich von den Vereinigten Staaten, der NATO und dem Gemeinsamen Markt zurückziehen wollen, sondern auch der deutsche Mittelstand. Leute mit Verwandten im östlichen Teil Deutschlands, Gewerkschaftsmitglieder, deren Arbeitsplätze von der Exportwirtschaft abhängen, und Unternehmen, die verzweifelt nach neuen Märkten für ihre Waren Ausschau halten – alle wollen die Ostpolitik und am Ende die Wiedervereinigung. Als im Herbst 1982 der Konservative Helmut Kohl den Sozialdemokraten Helmut Schmidt ablöste, erklärte er flugs, er sei für die Ostpolitik und für das sibirische Erdgasröhrengeschäft. »Wir dürfen eines nicht vergessen: Es sind nicht irgendwelche Hippies, sondern die meisten Deutschen, die eine enge Verbindung mit dem Osten wünschen«, sagt Deniau.

Wenn die Bundesrepublik am Übergang von der Schwerindustrie zur Hochtechnologie scheitert, wenn sie auf dem Weg in das 21. Jahrhundert immer weiter und weiter hinter andere Nationen zurückfällt, wird sie sich vom Westen abwenden. Nur ein dramatischer Wandel in der Politik kann diese politische Verschiebung sowie die Zerstörung der Europäischen Gemeinschaft, der NATO und des westlichen Bündnisses verhindern.

4. KAPITEL

Der Zerfall des sowjetischen Imperiums

Die technologische Revolution, welche die OPEC auslöste, betrifft nicht nur den Westen, sondern auch den Osten. So wie die kapitalistischen Staaten des Gemeinsamen Marktes sich in ihrem Bemühen, mit den hohen Ölpreisen fertig zu werden, voneinander entfernen, beginnen sich auch die kommunistischen Länder der Kontrolle Moskaus zu entziehen. Tatsächlich unterliegt das sowjetische Imperium einer noch rascheren Auflösung als das atlantische Bündnis; und bald wird man wohl, zum ersten Mal nach dem Zweiten Weltkrieg, die ganze Landkarte Europas neu zeichnen müssen.

Man stelle sich vor

Man stelle sich einen Ort vor, wo ein Mann namens Boris wegen des illegalen Besitzes von Diamanten im Wert von einigen Millionen Dollar im Gefängnis sitzt. Boris belastet Galina, die Tochter des Herrschers dieses Landes. Galina war früher mit einem Zirkusdarsteller verheiratet, aber ihr gegenwärtiger Ehemann, Juri, ist der zweithöchste Kommandeur der Staatspolizei. Boris wird von Offizieren einer anderen Polizeibehörde ins Gefängnis geworfen, die mit Juris Behörde in Fehde liegt. Überall flüstern die Leute, was dies wohl alles zu bedeuten habe.

Man stelle sich einen Ort vor, wo der Herrscher ein alter Tyrann ist, taub, fett und kränklich. Er weigert sich, seine ungeheure Macht abzugeben. Die Menschen umschwirren ihn und warten auf seinen Tod, damit sie den verfallenen Körper entfernen und mit dem Spiel um die Macht beginnen können. Eine geheimnisvolle Frau aus den Bergen einer weitentfernten Provinz besucht den alten Mann und legt ihre Hände auf seinen Körper. Nach jedem Besuch erholt er sich und kann sich wieder für kurze Zeit die menschlichen Geier vom Leib halten.

Man stelle sich einen Ort vor, wo Arbeitslosigkeit verboten ist und jeder Arbeit hat. Dennoch trinken die Menschen so viel, daß sie am Arbeitsplatz sterben. Frauen trinken in einem Maße, daß ihre Kinder tot oder mit Mißbildungen geboren werden. Offiziell beklagt die Regierung die Trunksucht, aber sie profitiert vom Alkoholismus ihrer Leute. Die Getränkesteuer macht ein Zehntel der staatlichen Einnahmen aus.

Man stelle sich einen Ort vor, wo die Gesundheitsfürsorge absolut kostenlos ist. Niemand hat irgend etwas dafür zu bezahlen, daß er einen Arzt aufsucht oder in ein Krankenhaus aufgenommen wird. Aber die Menschen müssen Wochen bis zur Röntgenaufnahme warten und Monate bis zu einer Operation. Um Aufnahme in einer modernen Spezialabteilung zu finden, muß man hohe Schmiergelder zahlen.

Man stelle sich einen Ort vor, wo die Regale der Lebensmittelgeschäfte fast immer leer sind. Man kann hier nur dünne Hähnchen, ein paar Würstchen oder ein, zwei Kohlköpfe finden. Doch die Leute kaufen Lebensmittel in rauhen Mengen – vom Schwarzen Markt, einem massiven Handel im Untergrund.

Dieser Ort ist Moskau, aber nicht das Moskau des Zaren Nikolaus, Rasputins oder des späten 19. Jahrhunderts. Es ist das Moskau der achtziger Jahre, die Hauptstadt der Union der Sozialistischen Sowjetrepubliken, die Hauptstadt der Nation mit dem zweitgrößten Bruttosozialpodukt der Welt. Es ist die Sowjetunion der Raketen und Satelliten, der Kampfflugzeuge und Helikopter. Es ist das moderne Rußland, lange Jahre von Leonid Breschnew regiert und dann von Juri Andropow, der 15 Jahre lang der Chef des sowjetischen Geheimdienstes KGB gewesen war.

Wodka-Kommunismus

Wo einst, kurz nach der Revolution von 1917, die Menschen davon träumten, einen neuen »sozialistischen Menschen« mit besonders wertvollen Eigenschaften und überragenden Fähigkeiten zu schaffen, schleichen sie jetzt um ihre Fabriken und Wohnungen herum und saufen Wodka und billigen, selbstgebrauten Fusel. Wo einst die Herrscher ihrem Volk den höchsten Lebensstandard der Welt versprachen, wo Nikita Chruschtschow sich brüstete, die UdSSR werde Amerika überholen und es 1980 ökonomisch »beerdigen«, wird jetzt über die Faulheit der Arbeiter, über die unzureichende Fleischversorgung und die Schäbigkeit der Waren gegrollt. Und wo einst die Russen glaubten, sie würden eine moralische Gesellschaft schaffen, in der die verschiedenen ethnischen und religiösen Gruppen sich durch gemeinsame Ideologie und den Stolz auf die Zukunft verbunden fühlten, sprechen sie jetzt die Sprache des Rassismus und Militarismus.

Eine häßliche Dürftigkeit breitet sich im Rußland unserer Tage aus, die dieser Gesellschaft die Totenglocke läutet. Die Ideologie ist bankrott; die Träume sind zerronnen; die russische Bevölkerung zieht es vor, die Realität ihres Lebens mit Alkohol zu betäuben; russische Soldaten führen Kolonialkriege in Asien und bringen polnischen Quislingen bei, wie demokratische Regungen in Osteuropa unterdrückt werden können. Die revolutionären Versprechungen von sozialem Wandel und wirtschaftlichem Wachstum, gemacht, um das große Reich der Russen, Ukrainer, Muslime und Usbeken zu errichten, haben ihre Wirkung verloren, und es gibt starke Kräfte, die dieses Imperium und seine osteuropäischen Satelliten auseinanderreißen.

Der Kreml glaubt heute, er werde von einer feindlichen Welt belagert. Die verbindende Ideologie des Kommunismus wird ersetzt durch eine Lagermentalität aus russischem Nationalismus, Platzangst und Antisemitismus. Das Volk, umgeben von Korruption, glorifiziert die »romantischen« Zeiten unter Stalin. Ebenso wie sich viele Westdeutsche nach den einfacheren Tagen eines starken Führers und klarer, altmodischer Werte zurücksehnen, blicken viele Russen auf die Diktatur Stalins zurück. So mies ist das Leben in der Sowjetunion geworden, daß Millionen nach diesem Mann verlangen, der so viele sowjetische Bürger tötete wie Hitler. »Wenigstens war er stark«, sagen die Moskowiter. »Wenigstens fielen die Preise«, ergänzen andere. Einige sind vom Alltagsleben so angeekelt, daß für sie die Sehnsucht nach Stalin nicht genügt. So veranstaltete eine Gruppe junger Leute am 20. April 1982 auf dem Puschkin-Platz, mitten in Moskau, eine profaschistische Demonstration, um an den Geburtstag von Adolf Hitler zu erinnern.

Nur jener kann diese seltsamen Ereignisse verstehen, der weiß, daß die Sowjetunion von allen bedeutenden Industriestaaten der Welt am weitesten im technologischen Rennen zurückliegt. Während die Vereinigten Staaten sich bemühen, zu den Japanern aufzuschließen, um die Industrien der Nach-OPEC-Zukunft zu errichten, versucht die Sowjetunion noch immer, Europa einzuholen, und baut die Industrien der Vergangenheit. Während die Vereinigten Staaten und Japan versuchen, die neuen Technologien der Roboter, der Biotechnik und der Telekommunikation in den Griff zu bekommen, fährt die Sowjetunion damit fort, Waren herzustellen, die sich auf die Technologien des 19. Jahrhunderts wie Stahl, Zement und Schwermaschinenbau gründen. Nur jener versteht, warum Moskau so verzweifelt die Einnahmen aus der sibirischen Erdgasleitung nach Westeuropa in Milliardenhöhe haben will, der den riesigen Bedarf an westlicher Währung kennt, mit dessen Hilfe der ökonomische Verfall des Landes gebremst werden soll. Nur jener versteht wirklich, warum der Kreml der Gewerkschaft »Solidarität« erlaubte, sich so lange zu entfalten, ohne seine Panzer nach Polen zu entsenden, der die finanzielle Krise kennt, der sich das Land gegenübersieht. Nur jener versteht, warum die Russen so massiv westliche Fabrikausrüstungen kaufen und der KGB so intensiv in der technologischen Spionage tätig ist, der den dramatischen Rückgang der heimischen Produktivität kennt. Und nur jener versteht das unglaubliche Verlangen der Arbeiter nach dem rücksichtslosen Diktator Stalin, der von der Unfähigkeit der gegenwärtigen Führung weiß, der chronischen Korruption im sowjetischen Leben Einhalt zu gebieten und die Bevölkerung in einer Weise mit Nahrungsmitteln und Konsumgütern zu versorgen, die dem Westen ebenbürtig ist.

Denn das einzige, was die Sowjetunion in den 20 Jahren nach dem

gewähren, um das weitgespannte Reich zu sichern, während es Zigmilliarden für den Import von Lebensmitteln ausgab, um die eigene Bevölkerung zufriedenzustellen.
Die Sowjets werden dies nicht mehr lange tun können, wenn sie weiter und immer weiter technologisch zurückfallen. Schon jetzt sieht sich Moskau einer wachsenden Debatte zum Thema »Kanonen oder Butter?« gegenüber, die sich verschärfen wird, wenn Washington die amerikanischen Militärausgaben erhöht. Das bedeutet, daß die 15 verschiedenen Republiken der Union der Sozialistischen Sowjetrepubliken und die Satellitenstaaten Osteuropas eines nicht allzu fernen Tages versuchen werden, den Weg der Unabhängigkeit einzuschlagen. Die Herrscher im Kreml könnten schon bald gezwungen sein zu entscheiden, ob sie ihnen die Freiheit schenken oder ihre gepanzerte Faust einsetzen sollen, um den Bestand des Reiches zu sichern.

Stalins Wirtschaft

Es war Stalin, der die moderne sowjetische Wirtschaft errichtete. Er wollte eine moderne Armee, welche die Heimat beschützen sollte, damit sie nie wieder angegriffen werden könnte, weder von Westen – von Deutschland – noch von Osten, also den asiatischen Nachbarn. Er wollte außerdem eine Armee, um die kommunistische Revolution im Ausland voranzutreiben. Um dies alles zu erreichen, baute Stalin eine völlig von der Schwerindustrie beherrschte Wirtschaft mit nur einer Absicht auf: eine riesige Militärmaschinerie zu unterhalten. Die sowjetische Wirtschaft heute ist ein militärisch-industrielles Ganzes. In den Vereinigten Staaten ist dieser Bereich nur ein *Teil* der Wirtschaft.
Stalin versah die sowjetische Wirtschaft mit einem unglaublich schwerfälligen Managementsystem. Auf jeder Ebene kontrollieren Parteifunktionäre die wirtschaftliche Produktion und Verteilung der Waren. Die Planung ist zentralisiert, die Ziele werden vorgegeben, und die Befehle gehen von oben nach unten. Unbeweglichkeit ist das Grundmerkmal dieser immensen Bürokratie. Unter Stalin wurde noch massiver Terror angewendet, um die Kontrolle zu verschärfen.

Als Chruschtschow die Macht übernahm, wurden die meisten Gulags aufgelöst, der zentralisierte Planungsapparat in Wirtschaft und Politik aber blieb erhalten.

Diese Bürokratie war im großen und ganzen erfolgreich gewesen, die Sowjetunion von einer Agrargesellschaft zu einer Industrienation umzugestalten. Mit ihrer Partei an der Macht konnten die Sowjets forciert die Industrialisierung des Landes durchsetzen, was den Neid fast der ganzen Welt weckte. Die sowjetische Wirtschaft expandierte in den fünfziger und sechziger Jahren doppelt so stark wie die der Vereinigten Staaten. Allein in den sechziger Jahren stürmte sie mit fast sechs Prozent Wachstum jährlich voran, während Amerika im Kriechgang nur drei Prozent erreichte. Obwohl das Militär immer den Löwenanteil der Staatsausgaben erhielt, wuchs auch der zivile Sektor der Wirtschaft in den ersten beiden Jahrzehnten nach dem Zweiten Weltkrieg dramatisch. Damals verging kein Jahr, in dem den Verbrauchern nicht ein besseres Leben versprochen wurde. Und sie bekamen es.

Es waren die Jahre, in denen die sowjetische Eisen-, Stahl-, Zement- und Kohleproduktion diejenige der Vereinigten Staaten und Europas fast erreichte. 1980 war die Sowjetunion bei all diesen wichtigen Produkten die Nummer eins in der Welt. Am tatsächlichen Produktionsausstoß gemessen, befand sie sich in der Spitzengruppe der Wirtschaftsmächte. Anscheinend funktionierte bei den Kommunisten das System der zentralen Lenkung des wirtschaftlichen Wachstums.

Die sowjetische Macht schrumpft

Seinen Zenit erreichte das sowjetische System in den siebziger Jahren. Gerade als Amerika einen Machtverfall erlebte, der etwa ein Jahrzehnt lang anhielt – im Ausland, in Vietnam, in Schwierigkeiten verwickelt, daheim geschwächt durch Inflation und Geldentwertung –, erreichten die Sowjets ein neues Niveau. In industrieller Hinsicht zogen sie mit Europa gleich, während sie in militärischer Hinsicht an Amerika fast vorbeigezogen wären. Während der Westen in wirtschaftlicher Stagflation gefangen war, prosperierte die sowjetische Wirtschaft. Unterstützt durch ihre kubanischen und ostdeutschen Hilfsvölker, dehnten die Sowjets ihre Macht bis nach Afrika aus. Von den Sowjets unterstützt, siegten nordvietnamesische und Vietcong-Truppen über die US-Streitkräfte und jene, welche die Unterstützung der Amerikaner hatten, wodurch die Vereinigten Staaten gedemütigt wurden. Die Entspannung brachte eine deutliche Annäherung zwischen Westeuropa und Moskau, und die dicken Verträge, die der Kreml den Wirtschaftsriesen in Deutschland, Frankreich, England und Italien anbot, ermöglichten ihm, das atlantische Bündnis aufzubrechen.

Diese Springflut sowjetischer Macht geht jetzt zurück. Jene technologischen Kräfte, die über Europa, die Vereinigten Staaten und Japan hinwegfegen, rasen auch durch die sowjetische Wirtschaft. Dieselben Kräfte, welche die industrielle Basis des modernen Deutschland untergraben, fressen die ökonomische Lebensfähigkeit der russischen Stahlindustrie auf. Gerade jetzt – die Überlegenheit über den Westen schien in Reichweite zu sein, der Traum von der Herrschaft über Europa und der Überflügelung der kapitalistischen Bastion, der Vereinigten Staaten, tauchte am Horizont auf – rafft eine technologische Revolution alles weg.

In Moskau weiß wirklich niemand, was da vor sich geht. Die Bürokraten laden die Schuld für die Probleme ihrer Nation – das langsame wirtschaftliche Wachstum, den Bedarf an Nahrungsmittelimporten, die Fülle der in den Warenhäusern angebotenen Konsumgüter, die niemand kaufen will – auf äußere, auf ausländische Faktoren ab. Die Schuld für schlechte Ernten kann man Gott oder den vier Elementen zuschieben. Die Schuld für das Nichterreichen gesetzter Planziele kann man auf den Mangel an westlichen Krediten zurückführen. Die Wahrheit bei allem aber ist, daß die überalterten Patriarchen, die heute im Kreml sitzen, als die letzten mächtigen kommunistischen Herrscher in die Geschichte eingehen werden.

Die mächtige Wirtschaft, welche die Sowjetunion an die zweite Stelle hinter die Vereinigten Staaten führte, wird bald veraltet sein. Wie die Bundesrepublik, die lange Zeit ihr Vorbild war, ist die Sowjetunion auf der Schwerindustrie erbaut. Diese beruht auf billiger Energie, einer Energie, die es nicht mehr gibt. Wie die Bundesrepublik ist auch die Sowjetunion heute eine Nation, die den Übergang von der

Technik zur Biotechnik, von der Chemie zur Pharmazie, von den Schwermaschinen zu den vollelektronischen Computern nicht nachvollzieht. Und wie im Falle Deutschlands sinkt ihre Macht.

Tatsächlich versuchen die Sowjets noch immer, mit der Bundesrepublik und anderen westlichen Staaten im Bereich hochentwickelter Industrien aus dem 19. Jahrhundert Schritt zu halten. Ihr »Lada«, der nach Belgien und Italien exportiert wird, ist ein sowjetischer Fiat, nur ist er seit 20 Jahren überholt. Ihr Überschallpassagierflugzeug ist eine Kopie der »Concorde«. Es ist allerdings nach dem Absturz auf einer Flugschau in Paris vor einigen Jahren nicht mehr oft geflogen. Und wäre es geflogen, hätte jeder Flug den sowjetischen Etat strapaziert.

Als Deutschland bei den Technologien des 19. Jahrhunderts Pionierleistungen vollbrachte und seine Schwerindustrie auf diesen Innovationen aufbaute, kaufte Rußland in Deutschland und lieh sich dort die Kredite, um seine eigene Wirtschaft aufzubauen. Deutschland stand für das Rußland der Zaren Modell wie für die Sowjetunion unter Stalin; es ist Modell geblieben für die Kommunisten bis in unsere Zeit. Siemens baute in Rußland die ersten Telegrafennetze und die ersten schweren elektrischen Turbinen. Krupp verkaufte seine erste stählerne Kanone an den Zaren und ersetzte dessen alte Blechgewehre. Unglücklicherweise erkennt der Kreml nicht, daß die deutsche Überlegenheit nun der Geschichte angehört und daß eine neue technologische Revolution über die Welt hinweggeht. Für die alternden Männer im Kreml gibt es keine neue Vision der Zukunft, sondern nur das alte Gesetz der bürokratischen Trägheit – die Wiederholung der Vergangenheit.

Die Fassade der sowjetischen Technologie

Dennoch sind die Sowjets in der Lage, ihrem Land das Image einer modernen, fortschrittlichen Nation zu geben. Es ist eine Maske, eine hochtechnologische Fassade militärischer Macht, der Düsenflugzeuge und Raketen, der Satelliten und U-Boote, und sie bietet der Welt nur eine Seite des sowjetischen Rätsels dar. Hinter diesem Schirm liegt eine Wirtschaft kurz vor dem Zusammenbruch, der die stärksten Mauern des Kreml zum Wanken bringen wird. Dieser Fall wird so heftig sein, daß er das Ende der Sowjetunion als militärischer Supermacht bewirken könnte. Er könnte sogar das Ende des sowjetischen Blocks und die Entstehung einer Reihe separater Sowjetrepubliken sowie unabhängiger osteuropäischer Länder bedeuten. Wie das geschehen könnte, ist eine andere komplizierte Geschichte. Wie im Falle Deutschland müssen wir uns die Geschichte, die Kultur und die Regierungspolitik der vergangenen sechs Jahrzehnte anschauen, um die nötigen Erklärungen zu erhalten.

Der springende Punkt ist dieser: Von allen Industrienationen ist die Sowjetunion der achtziger Jahre am wenigsten auf den Übergang in die Gesellschaft des 21. Jahrhunderts vorbereitet. Im Bemühen, die neuen Leittechnologien der Nach-OPEC-Ära zu nutzen, ist die Sowjetunion das rückständigste Land. Sie ist in der Tat das unterentwickeltste aller entwickelten Länder. In jeder Beziehung liegen die Sowjets Jahre hinter Europa und vielleicht Jahrzehnte hinter Japan zurück.

Die Sowjetunion, deren Wirtschaft beträchtlich größer ist als die japanische, setzt in ihren Produkten nur einen winzigen Prozentsatz an Mikroelektronik ein, und davon geht das meiste in den militärischen Bereich. Von allen Industrieländern haben die Sowjets bei Computern eine der niedrigsten Pro-Kopf-Raten. Sie haben erst vor kurzem von der Biotechnik gehört, und ihre Telekommunikationssysteme sind veraltet. Die Sowjetunion ist im Grunde technologisch ein Zwerg, und nur ihr Militarismus verdeckt diese Tatsache. Im Gegensatz zu den Deutschen waren die Russen niemals große industrielle Erneuerer. Die industrielle Revolution war dem Zarenreich fremd. Russische Erfinder spielten im Gegensatz zu den englischen oder deutschen keine bedeutende Rolle, weder bei der Schaffung jener Technologien, die im 17. Jahrhundert die Basis der frühesten industriellen Revolution – also Dampfmaschine und Textilverarbeitung – bildeten, noch bei der zweiten Welle im späten 19. Jahrhundert, die auf elektromechanischen Innovationen, schweren Maschinen und Stahl beruhte. Von Anfang an war Technologie nichts, was von innen kam, sondern etwas »Westliches«, »Fremdes«, was von außen importiert werden mußte. Mehr noch, die individuelle Kreativität wurde in Rußland niemals als eine der entscheidenden menschlichen Werte angesehen wie etwa in den Vereinigten Staaten, England oder Frankreich. Ideen, Erfindungen um ihrer selbst willen wurden niemals belohnt. Nur wenn der Staat sie nutzen konnte, hatten sie einen Wert.

Die russische Gesellschaft ist nichts weiter als autoritär. Die Kommunisten haben auf Werten aufgebaut, die Jahrhunderte alt sind. Vermeidung von Risiken wird großgeschrieben, nicht Eingehen von Risiken. Die Kenntnis, wie Risiken zu vermeiden sind, war die wichtigste für einen Bauern vor einem Jahrhundert, und sie ist es auch für den kommunistischen Funktionär von heute. Es ist kein Zufall, daß die Angriffspläne des NATO-Oberkommandos auf die Kontrollzentren der sowjetischen und Ostblock-Streitkräfte zielen. Die russischen Generale kontrollieren nämlich ihre Armeen bis zur kleinsten Einheit hinunter und gewähren ihren Offizieren weder Flexibilität noch Freiheit.

Für die sowjetische Wirtschaft bedeutet dies ein ausgewalztes, schwerfälliges, unglaublich kompliziertes System von Programmen und Fünfjahresplänen, die für Hunderttausende von Fabriken, Zigmillionen Arbeiter und Milliarden einzelner Arbeiten und Dienstleistungen bestimmte Planziele zu setzen versuchen. Ohne eine Preiskonkurrenz des Marktes fürchten zu müssen, wird jede wirtschaftliche Entscheidung von Parteifunktionären getroffen, die alle Teile der Wirtschaft kontrollieren.

Der Entscheidungsprozeß ist entsetzlich langsam. Die sowjetische Planung ähnelt in nichts jenem »wissenschaftlichen«, rationalen Prozeß, der sie vorgibt zu sein. Der zur Zeit gültige Fünfjahresplan – verfaßt von Gosplan, der zentralen Planungsbehörde – wurde von Nikolai Baibakow in seinem grauen Hauptquartier gerade gegenüber dem Kreml erstellt. Er wurde am 3. Dezember 1981 veröffentlicht und einige Monate später Gesetz, als der Oberste Sowjet ihn verabschiedete. Natürlich hat die Stempelkissen-Legislative niemals gegen einen solchen Plan ihr Veto eingelegt.

Die Oberhäupter verschiedener Produktionsministerien und -büros haben jahrelang Druck auf Baibakow ausgeübt, um auf die Gestaltung dieses zentralen Planes einzuwirken. Ihre Taktik besteht im wesentlichen darin, daß sie eine möglichst niedrige Produktionsquote ansetzen und einen möglichst großen Teil der Ressourcen erhalten.

Jede Fraktion versucht da, Unterstützung für ihre eigenen Interessen zu erreichen. Die Muslime in den zentralasiatischen Gebieten haben zum Beispiel lange und hart für große Bewässerungsprojekte gekämpft und bekamen sie schließlich. Die Wünsche der Militärs werden natürlich zuerst befriedigt.

Doch welche Ironie: Der neue Fünfjahresplan war schon in dem Augenblick tot, als er veröffentlicht wurde. Jeder sowjetische Fünfjahresplan ist ein fortlaufendes Programm, und alle Ziele und Quoten, die man auf hübschen Grafiken betrachten kann, sind in Wirklichkeit nichts anderes als Ausdruck eines Wunschdenkens. Sie verändern sich im Laufe der Jahre. Die Manager der Fabriken hängen ständig am Telefon, um ihre Ministerien zu einer Senkung der Quoten zu veranlassen, weil Lieferungen zu spät kamen, Teile fehlten oder die Arbeiter zu Hause blieben. Man benötigte mehr als ein Jahrzehnt, um die riesige Fabrik von Fiat in Togliatti-Stadt – benannt nach dem früheren Chef der Kommunistischen Partei Italiens – zu bauen. In dem Augenblick, als man den Mammutkomplex fertigstellte, war er im Vergleich zu allem, was es im Westen gab, um Jahre veraltet.

Die von den Bürokraten aufgebaute Wirtschaft kann große Mengen an Waren produzieren. Was sie nicht produzieren kann, ist Qualität. Das System des Kommandomanagements kann bestimmte Mengen von Stahl oder Zement vorschreiben, und die Wirtschaft wird diese Quoten tatsächlich abwerfen. Die Sowjets konnten aber nicht »Neuheit« oder »farbliche Attraktivität« für die Konsumenten quantitativ bestimmen. Ohne die Preiskonkurrenz der Märkte wissen sie nie, ob die Millionen Schuhe, die hergestellt werden, den Wünschen der Leute entsprechen. Sie müssen es erraten, und sehr oft hauen sie daneben.

Aber solange die Quoten erreicht werden, erhalten die Produktionsmanager ihren Urlaub am Schwarzen Meer. Es tut nichts zur Sache, daß die sowjetische Wirtschaft auf der ganzen Welt am verschwenderischsten arbeitet, mit einem Energieverbrauch, der 40 Prozent über dem Europas und selbst über dem der verschwenderischen Vereinigten Staaten liegt. Es macht nichts, daß der Stahl, der tatsächlich produziert wird, nicht die richtige Stärke hat, daß die Kleidung häßlich ist, daß der Zement nichts taugt. Von sowjetischen Managern ist bekannt, daß sie Stahlplatten mit der falschen Dicke an Kernkraftwerke geliefert haben – und daß die Platten tatsächlich verwendet wurden, nur damit man nicht noch weiter hinter die Planziele zurückfiel.

Die Sowjets mögen mit dieser Einstellung in einem Zeitalter der großen Maschinen und der massiven Projekte auskommen. Im elektronischen Zeitalter wird das jedoch schiefgehen. Die russische Art, Befehle von oben abzuwarten, alle wirtschaftlichen Entscheidungen von einer schwerfälligen Bürokratie treffen zu lassen, Verzögerungen und Versäumnisse in Kauf zu nehmen, Risiken zu vermeiden – dies alles paßt nicht zur neuen Ära der Hochtechnologie. Zu einer Zeit, als es 15 Jahre dauerte, um den größten Staudamm der Welt zu errichten, war das russische System auf der Höhe der Zeit. Die Lebensdauer eines Chips aber wird nur auf zwei kurze Jahre veranschlagt. Computer verändern sich schnell. Während die Leute in den Vereinigten Staaten noch den Apple II kaufen, kommt bereits der stärkere Apple-II-E-Personalcomputer auf den Markt.

Wenn eines Tages die Elektronik die Maschinen ersetzt, die Biologie an die Stelle der Chemie tritt, der Roboter das Fließband ablöst, werden Geschwindigkeit und Beweglichkeit die entscheidenden Fähigkeiten der Gesellschaft des 21. Jahrhunderts sein. Der Wandel ist notwendig und kann nicht auf Dutzende von Ausschüssen warten, die jahrelang verschiedene Möglichkeiten diskutieren und danach ihre Entscheidungen treffen. Eine individuelle Innovation ist für die Hervorbringung neuer Ideen und Technologien lebenswichtig. Der sich langsam bewegende Dinosaurier, der den schwerindustriellen Kern der sowjetischen Wirtschaft ausmacht, kann sich diesen neuen Wertvorstellungen nicht anpassen. Die sowjetischen Arbeiter haben nicht einmal den Wunsch, diese Fähigkeiten zu erwerben; und sicher könnten sie es auch nicht in ihrem alkoholischen Dunst.

Die Lysenko-Erbschaft

Zusätzlich haben die sowjetischen Kommunisten noch mit einigen speziellen Belastungen zu kämpfen, bevor sich ihnen die neue Technologie der Biotechnik erschließt. Niemand im Kreml weiß wirklich aber noch mehr. Es stellte sich heraus, daß das Gerät eine komplizierte Abhörmaschine war, die Informationen über die US-Marine sammeln sollte. Wissenschaftler des Verteidigungsministeriums nahmen die Boje auseinander, fanden ein Schaltsystem mit Mikrochips und montierten einen der Chips ab. Ihn ersetzten sie durch einen Chip, der in den Vereinigten Staaten hergestellt worden war. Er arbeitete perfekt. Die sowjetischen Chips waren nichts weiter als Duplikate amerikanischer Chips. Die Sowjets hatten das Schaltsystem wahrscheinlich in den siebziger Jahren gekauft, es in seine Bestandteile zerlegt und wieder zusammengesetzt. Das »umgekehrte Ingenieurswesen« ist ein bedeutender Teil der sowjetischen Forschung.

Der Zwischenfall mit der Boje wirft ein bezeichnendes Licht auf die Strategie, mit der die sowjetische Technologie hauptsächlich arbeitet. Die Sowjets haben bei ihren Bemühungen, ihr Land zu modernisieren, nie aufgehört, den Westen zu kopieren. Die Angewohnheiten und Wertvorstellungen, die vor Jahrhunderten entstanden, haben sich gehalten. Heute aber orientieren sich die Sowjets immer stärker an westlicher Technologie; folglich sehen ihre Maschinen, eher häufiger denn seltener, genauso aus wie die westlichen Prototypen. Es gibt eigentlich kein größeres Kompliment für einen amerikanischen oder europäischen Hersteller als eine exakte sowjetische Kopie seines Produkts.

Das Kopieren hat eine lange Tradition in der Sowjetunion, eine noch längere als beim Nachahmer Taiwan. Sowjetische Autos wurden schon immer dem Fiat nachempfunden. Aber die Sowjets haben diesen Grundsatz des »Ich auch« inzwischen auch auf die Hochtechnologie übertragen. Sie sind so versessen auf den Unimation-Punktschweißroboter, daß sie begonnen haben, ihn exakt nachzubauen – das Ergebnis nennen sie K-690. Ohne die Zahlung von Lizenzgebühren ist das natürlich vollkommen illegal, aber die Sowjets sind auch dafür berühmt. Die Sowjets haben auch einen solchen Respekt vor IBM-Computern, daß sämtliche Ryad-Computer, die sie gemeinsam mit den Osteuropäern entwickelt haben und die im ganzen kommunistischen Block verwendet werden, sich eng an das Muster der IBM 360- und 370-Serie anlehnen. Dasselbe gilt für Minicomputer. In den siebziger Jahren importierten die Sowjetunion und die osteuropäischen Länder mehr als 3000 Minicomputer aus den Vereinigten

Staaten und Europa. Zu diesem Zeitpunkt stellten sie selbst noch keine her. Jetzt aber werden die Minis kopiert und von der einheimischen Industrie produziert.

Sicherlich verfügt die Sowjetunion heute über ganz passable hochtechnologische Kenntnisse, weshalb sie eine ganze Menge komplizierter militärischer Operationen ausführen kann. Die hierfür notwendige Technologie aber wurde im Westen gekauft, gestohlen oder nachgemacht. Wenn man an die sowjetischen Kosmonauten denkt, die den Erdball umkreisen, scheint diese Feststellung ziemlich albern zu sein, aber sie bleibt nichtsdestoweniger wahr. Ohne den Anstoß zu Innovationen, ohne die Beweglichkeit für einen raschen Wandel sind die Sowjets von der Technologie des Westens chronisch abhängig und werden es so lange bleiben, bis sich ihre Gesellschaft radikal verändert haben wird.

Die westliche Technologie ist in der sowjetischen Militär- und Zivilwirtschaft so vorherrschend, daß es nur einiger weniger Beispiele bedarf, um die technologische Kopierstrategie Moskaus zu beleuchten. Alle diese Beispiele veranschaulichen auch, wie trügerisch das Argument amerikanischer, europäischer und japanischer Firmen ist, der Verkauf hochtechnologischer Waren an den zivilen Teil der sowjetischen Wirtschaft werde Arbeitsplätze im eigenen Lande sichern und ihnen Profite verschaffen, ohne die bewaffnete Macht des sowjetischen Bären zu vergrößern. Es ist nämlich ganz klar, daß in der Sowjetunion sämtliche Technologien einer »doppelten Nutzung« unterliegen und auch eine militärische Komponente haben. Tatsächlich ist der militärische Faktor vorrangig.

In den späten sechziger und frühen siebziger Jahren verkauften westliche Gesellschaften Maschinen im Wert von einer halben Milliarde Dollar, um an der Kama eine riesige Lastwagenfabrik zu errichten. Amerikanische Firmen wie die Pullman Company hatten daran großen Anteil. Unimation verkaufte 20 seiner Punktschweißroboter, und aus Japan fanden Dutzende von anderen Geräten ihren Weg zu den Fließbändern an der Kama. Den westlichen Gesellschaften wurde versichert, die Lastwagen würden nur zivilen Zwecken dienen. Die amerikanischen Unternehmen insbesondere benutzten diese Begründung, um Washington zu überreden, dem Verkauf ihrer Produkte zuzustimmen. Zehn Jahre später entsandte Moskau eine Armee nach

Afghanistan. Die meisten der 80000 sowjetischen Soldaten kamen auf Lastwagen an – LKWs, die mit Hilfe westlicher Automationstechniken in den Fabrikhallen an der Kama gebaut worden waren.

Dieselbe Strategie wird auf dem Gebiet der Mikroelektronik angewandt. Während der sechziger und siebziger Jahre waren die russischen Interkontinentalraketen ungeheuer stark, aber nicht zielgenau. Für die Zielgenauigkeit braucht man Elektronik und Computer. In jenen Jahren begannen die Sowjets damit, Dutzende verschiedener Typen von Maschinen und Materialien in vielen Ländern der Erde aufzukaufen. Sie kauften Dinge, die sich »epitaxiale Kristallschmelzöfen« und »Kristallzieher« nannten. Sie kauften »Blendenausrichter« und »Probentester«.

Die meisten dieser Käufe wurden in Europa von sowjetischen Scheinfirmen getätigt, die man eigens gegründet hatte, um an amerikanische Technologie heranzukommen. Motorola, einer der drei führenden amerikanischen Chiphersteller von heute, war in den siebziger Jahren ein bevorzugtes Ziel der Sowjets. Sie kauften Einzelteile von einer belgischen Tochtergesellschaft von Motorola – eine Tatsache, die Lionel Olmer, Unterstaatssekretär für Internationalen Handel im US-Handelsministerium und ein führender Gegner des Technologietransfers an die Sowjetunion, nicht vergißt. Er arbeitete damals für Motorola und machte die Auslandsbüros zu, die an die Sowjets verkauft hatten.

Für sich genommen, bedeutet keiner dieser Käufe viel. Aber zusammen gaben sie der Sowjetunion vollständige Fabriken für die Herstellung von Chips, Mikroprozessoren und Computern an die Hand. Niemand weiß wirklich, wie viele Fabriken die Sowjets für die Produktion dieser elektronischen Geräte gebaut haben, aber eine amerikanische Geheimdienstquelle sagt aus, daß die Sowjets im Westen genug Maschinen und Material aufgekauft haben, um wenigstens drei dieser Fabriken zu bauen – zwei für die Produktion und eine für die Zerlegung in Einzelteile. Das ist natürlich sehr wenig, verglichen mit den Dutzenden von Anlagen, die in den Vereinigten Staaten und Japan Chips herstellen. Aber es ist genug, um das Militär zufriedenzustellen.

Diese beiden sowjetischen Fabriken sind aber nicht in der Lage, die amerikanischen Chips analog dem Originalmuster nachzubauen. Als die Control Data Corporation aus ungarischer Quelle einen jener in Rußland hergestellten Mikroprozessoren erhielt, die Bestandteil der im Ostblock gebräuchlichen Ryad-Computer sind, stellte sie einige leichte Veränderungen fest. Im Grunde war der sowjetische Mikroprozessor eine Imitation des 8080-A-Chips von Intel, jener amerikanischen Gesellschaft, die den ersten Mikroprozessor der Welt gebaut hatte. Ganze Partien des russischen Chips entsprachen dem Intel-Modell, aber die Sowjets waren unfähig gewesen, die fortgeschritteneren Produktionstechniken zu kopieren, vor allen Dingen die Verfahren der Verkleinerung. 1980 wurde der sowjetische Chip von amerikanischen Ingenieuren untersucht. Er trug das Produktionsdatum 1977, und derjenige Intel-Mikroprozessor, den er nachahmte, war erstmals 1974 gebaut worden. Der sowjetische Chip war um 27 Prozent größer als das Original von Intel und 58 Prozent größer als die Intel-Version von 1980. Selbst mit westlichen Maschinen und Materialien waren die Sowjets nicht in der Lage gewesen, die hochentwickelte Halbleitertechnologie Amerikas vollständig zu kopieren.

Dies aber kümmerte die Militärs wenig. Die sowjetischen Bemühungen um den Nachbau westlicher Elektronik genügten, um ihre »dummen« Waffen in »gescheite« zu verwandeln. Die Ausstattung der gigantischen sowjetischen Interkontinentalraketen mit mehreren atomaren Gefechtsköpfen, die 1979/80 begann und dem Beispiel der Vereinigten Staaten mit einigen Jahren Verzögerung folgte, basierte auf Chips und Mikroprozessoren, die von diesen Fabriken hergestellt wurden. Ohne sie wären die Sowjets nicht fähig gewesen, die Zielgenauigkeit ihrer Raketen zu verbessern. Ohne sie wären die Vereinigten Staaten im Rüstungswettlauf mit ihrer alten Waffengeneration weit in Führung, und sie hätten jetzt nicht eine Rechnung von 1,6 Billiarden Dollar zu bezahlen, welche die Reagan-Administration für die Modernisierung der amerikanischen Waffenarsenale präsentiert.

Die Sowjets kündigten kürzlich an, sie seien jetzt bereit, die Produktion einiger dieser Computerchips in großem Umfang aufzunehmen. Das bedeutet, daß die Technologie, nachdem sie den militärischen Bedarf der Nation befriedigt hat, jetzt an den Zivilsektor weitergegeben wird. Unglücklicherweise ist es dafür zu spät. Sie beabsichtigen nämlich die Produktion von Chips aufzunehmen, die im Grunde schon zehn Jahre alt sind. Die Chips, die Moskau jetzt der Zivilwirtschaft anbieten will, werden LSI-Chips (= large-scale integration) genannt. Sie wurden in den Vereinigten Staaten Anfang der siebziger Jahre erfunden und sind seit 1973 in allen elektronischen Uhren zu finden. Sie sind heute über den ganzen hochtechnologischen Markt verbreitet, in winzigen Rechnern, in Radios, in Mikrowellenöfen. Demnächst aber werden sie veraltet sein. Die Veränderungen im Chipgeschäft gehen so rasch vor sich, daß heute schon eine ganz neue Generation ansteht – die VLSI-Chips (= very large-scale integration). Diese Chips sind sehr viel schneller und stärker als die alten LSI-Chips, die bei den Sowjets erst jetzt in die Massenproduktion gehen.

Dies ist ein klassisches Beispiel dafür, wie schwer die Technologie sich in allen Sparten der sowjetischen Wirtschaft ausbreiten kann. Erst wenn die Bedürfnisse der Militärs befriedigt sind, wird die Technologie der Wirtschaft im allgemeinen zugänglich gemacht. Und zu diesem Zeitpunkt ist sie überholt. Die Verbreitung der Technologie ist ein besonders schwerwiegendes Problem der sowjetischen Wirtschaft, das unter dem gegenwärtigen bürokratischen System nicht gelöst werden kann.

Paradoxerweise wissen die sowjetischen Generale dies genau. Deshalb beeilen sie sich bereits, Zugang zur fortgeschrittenen VLSI-Technologie des Westens zu erlangen. Sie haben erkannt, daß ihre Wissenschaftler und Ingenieure jene Innovationen nicht zustande bringen, die notwendig sind, um solche integrierten Hochgeschwindigkeitsschaltkreise zu schaffen. So starten sie jetzt einen massiven Feldzug, um diese Ausrüstung zu ergattern, die sie benötigen, um die VLSI-Chips nach dem Muster Amerikas und Japans bauen zu können. Beide Länder liegen im Bereich der VLSI-Forschung in Führung. Moskau unternimmt die größten Anstrengungen, Zugang zu den ausländischen Universitäten sowie privaten und militärischen Laboratorien zu erhalten, die sich mit der mikroelektronischen Technologie befassen. Große Firmen in den Vereinigten Staaten und Japan sind ebenfalls Hauptziele der sowjetischen Aktionen. Sollten VLSI-Chips in den nächsten zwei Jahren in amerikanischen Raketen und Flugzeugen eingebaut werden und dadurch möglicherweise Taktik und Strategie revolutionieren, könnte Amerika zum ersten Mal seit einem Jahrzehnt die Überlegenheit wiedergewinnen – wenn die Sowjets diese Chips nicht ebenfalls erhalten.

Während Moskau ungeheure Energien darauf verwendet, die westliche Technologie direkt anzuzapfen, wendet es sich auch an seine osteuropäischen Satelliten mit der Bitte um Hilfe. Die DDR, die Tschechoslowakei und Ungarn sind schon immer sehr viel schöpferischer gewesen als die Sowjetunion. Wir alle wissen, daß der Rubik-Würfel dem Gehirn eines ungarischen Mathematikers entsprang, doch nur wenigen ist bewußt, daß die Tschechen nicht nur ihre berühmten Maschinengewehre erfanden, sondern auch weiche Kontaktlinsen. Nach dem Krieg wandte sich Moskau an diese Länder um Hilfe für den Wiederaufbau seiner Schwerindustrie. Es erleichterte sie um Fabriken und ausgebildetes Personal. Insbesondere Ostdeutschland wurde aufgefordert, »Reparationen« in Form jener hervorragenden Ausrüstung für die Schwerindustrie zu leisten, für die es berühmt war.

Jetzt benutzen die Sowjets die DDR, um an die Hochtechnologie Japans ranzukommen. Gemäß einem Geheimabkommen, das Mitte 1981 abgeschlossen wurde, reiste eine sechzigköpfige ostdeutsche Delegation nach Tokio, um dort ein Handelsgeschäft im Wert von drei Milliarden Dollar abzuschließen. Kurz nach Unterzeichnung folgte der SED-Chef Erich Honecker. Im Mittelpunkt des Abkommens steht der Kauf fortgeschrittener elektronischer Ausrüstung von einigen der größten japanischen Gesellschaften. Toshiba und andere japanische Unternehmen werden in der DDR ganze Fabriken bauen und sie mit der modernsten elektronischen Technologie ausstatten, die heute verfügbar ist. Diese Technologie wird natürlich bald Richtung Osten nach Moskau gehen.

Die Sowjets betrachten auch Finnland als Brücke zu westlicher Technologie. Obwohl es nicht annähernd so eng mit Moskau verbunden ist wie die osteuropäischen Nationen, ist Finnlands Freiheitsspielraum ernstlich eingeschränkt. Dort kann kein Regierungschef ohne die Zustimmung des Kreml gewählt werden. Die Sowjets versuchen, über Finnland eine gewaltige Transferierung von Roboter-Technologie zustande zu bringen. Die Kremlführer beabsichtigen, bis zum Ende des Jahrzehnts 50 000 Roboter zu installieren.

Die Zivilwirtschaft: Kanonen statt Butter

Trotz der riesigen Ausgaben für dieses Fleisch und Brot sinkt der Lebensstandard in der Sowjetunion. Seit Ende der siebziger Jahre stiegen Quantität und Qualität der Wohnungen, der Kleidung und anderer Konsumgüter; die Nahrungsmittelversorgung dagegen, die 50 bis 75 Prozent des Staatshaushalts auffrißt, sank um etwa zehn Prozent. Die Rationierung von Fleisch ist jetzt in den Städten der Provinz üblich, und Milch und Butter gibt es oft wochenlang nicht. Tatsächlich haben einige Kremlführer auf Geheimkonferenzen »eingeweihter« Parteimitglieder zugegeben, daß die Lage in den nächsten Jahren schlechter statt besser werden dürfte.
Moskau ist jetzt dazu übergegangen, offiziell ein deutlich niedrigeres Wachstum von nur drei Prozent für den laufenden 11. Fünfjahresplan (1981–1985) vorauszusagen. Den Wahrheitsgehalt früherer Prognosen vor Augen, dürfte dies wahrscheinlich ein reales Wachstum von ein bis zwei Prozent bedeuten. Und die Schuld dafür wird den Amerikanern gegeben, die ihre Militärausgaben dramatisch erhöhen und dadurch einen Wirtschaftskrieg gegen die Sowjetunion bewirken.
Aber Moskau wird sich schwertun, die Bevölkerung davon zu überzeugen, daß das Ausland Schuld an der miserablen wirtschaftlichen Lage hat. Die Fabriken sind voller Arbeiter, die mehr Zeit damit verbringen, zu trinken und herumzulungern als Waren herzustellen. Moskau schiebt den Mangel an Arbeitskraft gern auf die schrecklichen Verluste des Zweiten Weltkrieges. Die Wahrheit ist aber, daß es – bei 135 Millionen Beschäftigten – genügend Arbeitskräfte gibt, die alles erledigen könnten, wenn sich die Produktivität auf westlichem Niveau befinden würde. Die Leute lehnen nämlich die Arbeit für den Staat immer mehr ab. Sie ziehen es vor, in der wachsenden Wirtschaft im Untergrund zu arbeiten, wo sie mit wertvollen Waren bezahlt werden, die sie in den Läden nicht finden. In der Sowjetunion läuft ein riesiger Prozentsatz der Arbeit nicht »über die Bücher«. Tatsächlich haben die Sowjets diese Praxis durch das sogenannte »schabaschnaia rabot« (etwa: System der Samstagsarbeit) halb legitimiert, in welchem sich sowjetische Arbeiter in Gruppen zusammenschließen und sich als Baubrigaden verdingen. Jede dieser Brigaden erhält 1000 bis 1100 Rubel im Monat – etwa dreimal soviel wie

der Normallohn – und arbeitet 18 Stunden pro Tag an sieben Tagen der Woche, bis die Arbeit getan ist. Die »Schabaschniks« schwänzen ihre eigentliche Arbeit, erhalten trotzdem ihren Lohn wie natürlich die inoffizielle Bezahlung durch den Projektleiter. Diese Manager finden immer Arbeitswillige.

Für diejenigen Leute, die sich nicht auf den Baustellen verdingen, gibt es eine andere Tätigkeit, der sie sich widmen können – das Trinken. Drei Milliarden Liter Schnaps werden jährlich offiziell in der Sowjetunion produziert. Die Untergrundwirtschaft bietet weitere drei Milliarden Liter billigen, schwarz gebrannten Wodka an. Die Trunksucht ist in der Sowjetunion so verbreitet, daß einige amerikanische Quellen die Todesrate von Alkoholikern für das Jahr 1976 mit 15,9 Prozent, gerechnet auf 100 000 sowjetische Bürger, angeben. Diese Zahl fällt völlig aus dem Rahmen vergleichbarer Statistiken westlicher Länder. In Amerika beträgt die Vergleichszahl für 1976 0,18 Prozent auf 100 000 Personen.

Verglichen mit dem Agrarsektor der sowjetischen Wirtschaft arbeitet der industrielle Sektor geradezu traumhaft gut. Das Land hat nun die vierte schlechte Ernte in fünf Jahren gehabt. Moskau hat in den vergangenen Monaten mehr als 40 Millionen Tonnen Getreide aufgekauft – ein Rekord. Hinter verschlossenen Türen gaben Parteimitglieder Anfang 1982 zu, daß die Produktion in jenem Jahr nur 160 Millionen Tonnen erreichen würde, was im Vergleich zu den Planzielen ein ungeheures Minus von 70 Millionen Tonnen ist. In der Tat sind die Sowjets so notleidend, daß sie wieder einmal die besten ausländischen Kunden der amerikanischen Getreideexporteure sind. Und sollten die letzten Vorausschätzungen zutreffen, werden sie es für den Rest des Jahrhunderts bleiben. Auf dem 26. Kongreß der KPdSU am 24. Mai 1981 verkündete Breschnew sein lange erwartetes Nahrungsmittelprogramm, an dem 39 Planungsbehörden einenhalb Jahre lang gearbeitet hatten. Nach dem neuen Plan wird der Staat in diesem Jahrzehnt die unglaubliche Summe von 230 Milliarden Dollar für die Landwirtschaft ausgeben, indem er deren Anteil an den Gesamtinvestitionen des Landes von 27 auf 33 Prozent anhebt, eine Mammutsumme, wenn man die Belastungen bedenkt, denen die Wirtschaft ausgesetzt ist. Neben der Vergabe zusätzlicher Gelder wurde nichts unternommen, um die beiden Hauptprobleme der

Landwirtschaft zu lösen: Weit entfernt sitzende Manager der Kommunistischen Partei befehlen den landwirtschaftlichen Produktionsgenossenschaften, was sie anbauen sollen, und der Staat subventioniert leistungsunfähige Kollektive. Breschnew beschränkte sich lediglich darauf, eine neue Bürokratie einzusetzen, die Agro-Industrielle Kommission, die seine Anordnungen ausführen sollte. In der ersten Hälfte des Jahres 1982 erreichten die sowjetischen Getreideimporte den höchsten Stand ihrer Geschichte – 190 000 Tonnen pro Tag.

Die Wirtschaft im Untergrund

Es ist unmöglich, die Größe jener Untergrundwirtschaft genau anzugeben, die es in jeder Gesellschaft gibt. Viele Fachleute glauben, daß zehn Prozent des amerikanischen Bruttosozialprodukts nicht in den Büchern auftauchen, weil die Leute ihre Dienstleistungen und Waren gegen bar oder sogar im reinen Tauschverkehr abgeben. In Italien dürften es 15 Prozent sein. Aber die sowjetische »schwarze« Wirtschaft ist wahrscheinlich die größte der industriellen Welt. Einige Schätzungen gehen bis zu 20 Prozent des Nettosozialprodukts im Wert von 1,06 Billiarden Dollar.

Die sowjetische Untergrundwirtschaft unterscheidet sich sehr von der amerikanischen oder der italienischen. In Rußland versuchen die Leute nicht, sich vor dem Finanzamt zu verstecken. Sie versuchen, Waren und Dienstleistungen zu erhalten, die auf normalem Wege für sie nicht erreichbar sind. Am wichtigsten ist der Dienstleistungsbereich. Weil die Gesundheitsfürsorge in Rußland kostenlos ist, dauert es zum Beispiel oft Wochen, bis man in ein Krankenhaus aufgenommen wird, und die Qualität der Behandlung ist mittelmäßig. Um in ein angesehenes Krankenhaus mit Erfahrungen im Bereich der Krebsbehandlung zu kommen, wo die Pflege relativ gut ist, muß der Betreffende Waren als »Geschenk« anbieten, die er nur in den Läden findet, in denen Ausländer für harte Devisen einkaufen können. Ohne dieses Geschenk gibt es keinen Zugang zu diesem Krankenhaus. Wohnungen sind in der Sowjetunion ein weiteres Problem. Während in den vergangenen Jahren große Anstrengungen gemacht wurden, rund um Moskau riesige neue Wohnblocks zu errichten, vermittelt der Einzug in diese Behausungen meist eine schockierende Erfahrung. Anstelle von fertiggestellten Wohnungen finden die Familien Leitungen vor, die nirgendwo hinführen, ungestrichene Wände und schiefe Fußböden, Türen, die nicht schließen, und Toiletten, die nicht spülen. Immer streichen Baubrigaden um die eben erst bezogenen Wohnblöcke herum und bieten für einige hundert Rubel den Familien ihre »Hilfe« an bei den Leitungen, Fußbodenfliesen und anderen Sachen. Die ganze Arbeit, die für den Staat hätte geleistet werden müssen, wird nun außerhalb der Bücher gegen Barzahlung erledigt.

Werden nicht Dienstleistungen, sondern bestimmte Waren benötigt, gehen die Leute zu den »Tolkutschkas«, halblegalen Märkten unter freiem Himmel, die man an der Peripherie aller größeren sowjetischen Städte findet. Hier stellen Käufer und Verkäufer aus und verhandeln flüsternd über italienische Schuhe, schmackhafte Würstchen, Bücher und über das am meisten gefragte Verbrauchsgut der Sowjetunion überhaupt: einen Gebrauchtwagen. Unter den Augen der Geheimdienstagenten aus dem Innenministerium, die dafür sorgen, daß der Handel bestimmte Grenzen nicht überschreitet, verabreden die Leute ihre Geschäfte mündlich, gehen auseinander und kommen später an einem verabredeten Treffpunkt wieder zusammen. Natürlich werden Fleisch und Schwarzgebranntes überall in den Städten unter der Hand verkauft, nicht nur auf den Freiluft-Märkten.

Ohne den Schwarzmarkt würde der zivile Sektor der Industrie nicht überleben. Die Unbeweglichkeit des Parteiapparates würde jede wirtschaftliche Aktivität abwürgen, wenn die Fabrikmanager nicht schummeln würden. In Kursk stellte sich zum Beispiel heraus, daß eine Fabrik für Rechner heimlich auch noch Ersatzteile für Autos herstellt. Es ist üblich, daß sich Fabriken inoffiziell Warenlager anlegen, um mit anderen Fabriken Handel zu treiben. Das ganze Land überzieht ein Netz von Mittelsmännern, von denen viele mit Dollars und Diamanten bezahlt werden. Ohne die unsichtbare Untergrundwirtschaft würden die Leute nicht ihre Konsumgüter bekommen und die Manager nicht die benötigten Einzelteile. Deshalb toleriert Moskau das alles. Aber es ist Korruption, und das sowjetische Volk weiß es.

Der OPEC-Wahn

Für kurze Zeit in den siebziger Jahren blieb der Abstieg der sowjetischen Wirtschaft verborgen, paradoxerweise wegen der OPEC. Völlig unerwartet profitierte Moskau von ein paar Arabern, die einen der größten Beutezüge der Geschichte inszenierten, indem sie in sieben Jahren den Ölpreis von 2,10 Dollar auf 34 Dollar pro Barrel erhöhten. Die meisten kennen den ungeheuren Ölstrom, der aus dem Mittleren Osten fließt, doch nur wenige wissen, daß die Sowjetunion das größte Ölförderland der Welt ist – größer selbst als Saudi-Arabien. Sie ist außerdem der zweitgrößte Exporteur dieser flüssigen Energie.

Mit den steigenden Ölpreisen gingen auch die Einnahmen Moskaus in die Höhe. Als die Energiepreise anzogen und im Westen eine Inflation auslösten, sah Moskau auch den Wert seiner traditionellen Exportgüter Gold, Diamanten und Pelze steigen. Nach Südafrika nimmt die Sowjetunion den zweiten Platz als Gold- und Diamantenproduzent ein, und als 1980 der Goldpreis von 34 auf 875 Dollar pro Unze explodierte und der Preis für Diamanten sich verdreifachte, klingelte das Geld in den Kassen des Kreml. In den siebziger Jahren machte die OPEC die Kommunisten so reich wie die Scheichs.

Mit den wachsenden Einnahmen kamen auch die massiven Kredite westlicher Banken. 1980 hatten sie Kredite im Wert von etwa 80 Milliarden Dollar an den Ostblock vergeben, wovon auf die Sowjets zwölf Milliarden Dollar entfielen. Polen nahm 20 Milliarden Währungseinheiten auf, die es Banken wie der Manufacturers Hanover Bank, der Chase Bank, Dresdner Bank und vielen anderen schuldete. Schließlich, so behaupteten diese »vorsichtigen« Banker, hätten die Polen genügend Exportkohle, und Moskau habe versprochen, den Schutzschirm über die Kredite aller seiner Satelliten zu halten, das heißt für sie zu bürgen. Wo war da noch das Risiko?

Das Öl, das Gold und die Diamanten und die westlichen Kredite erlaubten es der Sowjetunion, Ungarn, Polen, Rumänien und der Tschechoslowakei, riesige Mengen an Technologie aus dem Westen zu importieren. Eine wahre Flut von Chemieanlagen, Textilfabriken, Stahlwerken, selbst Automobilfabriken ergoß sich aus der Bundesrepublik, Italien, Frankreich, Großbritannien und Japan.

Die höheren Ölpreise aber, die dem Ostblock riesige Mengen an Devisen und Krediten eintrugen, schwächten gleichzeitig die industrielle Basis, mit deren Errichtung gerade begonnen worden war. Nicht nur im Westen, sondern in der ganzen Weltwirtschaft führten die Preissteigerungen der OPEC zu einer Verteuerung der Energie. Das machte selbst die modernsten Stahlwerke, die an den Osten geliefert wurden, überholt, bevor sie überhaupt ausgeladen waren. Ursprünglich dachte man, daß sich die meisten Fabriken, die an den Osten verkauft worden waren, durch den Reexport ihrer Produkte bezahlt machen würden. Doch als die Ölschocks der OPEC die westlichen Volkswirtschaften trafen, verschwanden auch die erhofften Märkte für diese Waren. Die neue, moderne industrielle Basis des Ostens, die auf den Reichtümern des Öls und auf den Krediten westlicher Banken aufbaute, verwandelte sich plötzlich in altertümliche Relikte der Vergangenheit und gesellte sich zu den Stahlfabriken im Ruhrgebiet und den glitzernden neuen Anlagen des amerikanischen Südens.

Bis 1980 verbargen die einströmenden Devisen, daß der Kern der sowjetischen Industrie verrottete. Moskau unterstützte seine Satelliten in einem erheblichen Maße, indem es ihnen das Öl mit einem Rabatt von 40 Prozent verkaufte. So wurde die Wirkung steigender Energiepreise um einige Jahre hinausgezögert. Dann aber schlug sie durch. 1982 sackten die Energiepreise. Der Goldpreis fiel. Die Preise für Diamanten gingen scharf zurück. Das mächtige Kartell der OPEC begann zu bröckeln. Es wurde deutlich, daß die Ölpreise für den Rest des Jahrzehnts bei 25 bis 34 Dollar pro Barrel stehenbleiben würden, weil die Nachfrage fiel und die Ölförderung stieg. Das hohe Preisniveau reichte aus, um die Schwerindustrien, die billige Energie benötigen, veraltet zu machen und die neue technologische Revolution der Roboter, der Biotechnik und der Telekommunikation voranzutreiben. Aber es reichte nicht aus, um die sowjetische Wirtschaft noch länger abzuschirmen. Ohne ständig steigende Einnahmen aus den Ölexporten begann sie allmählich zu stagnieren.

Bis 1981 war das Wachstum bereits auf bloße 1,5 Prozent gesunken. Die polnische Krise, eine weitere schlechte Ernte, der nie endende Bedarf an Technologieimporten aus dem Westen und die plötzliche Bekehrung der liberalen Banker zu einem neuen Konservatismus

5. KAPITEL

Die De-Industrialisierung der Dritten Welt

In den vergangenen 40 Jahren haben die Länder Lateinamerikas, Asiens und Afrikas darum gekämpft, sich aus dem tiefen Abgrund ihrer Armut zu befreien. Die Taktik wechselte von Land zu Land, einige versuchten es über die freie Marktwirtschaft, während sich andere mehr einer zentralistischen, sozialistischen Politik zuwandten. Ermutigt und unterstützt von den Experten für Entwicklungshilfe bei der Weltbank, dem Internationalen Währungsfonds oder den Vereinten Nationen, haben alle trotz der Verschiedenartigkeit ihrer politischen Färbung eine grundlegende Strategie angewandt – die Industrialisierung.

So unterschiedliche Länder wie Zaire und Pakistan, Ghana und die Philippinen stimmten darin überein, daß der einzige Weg zur Modernität, der einzige Weg, der zur Aufnahme in den Club der entwickelten Nationen des Westens, der einzige Weg, der zu einer Macht führt, die derjenigen der früheren Kolonialherren ebenbürtig ist, darin besteht, große Stahlwerke, riesige Staudämme, massive Aluminiumkomplexe sowie lange Fließbänder für die Autoproduktion zu bauen. Wenn sie Glück hatten und wie zum Beispiel Venezuela oder Indonesien Öl besaßen, stellten sie gewaltige Raffinerien auf, um ihren Rohstoff zu veredeln.

Fast ebenso bedeutsam war es, daß die Dritte Welt ihre Grenzen den multinationalen Unternehmen öffnete, in der Hoffnung, dadurch eine industrielle Basis zu schaffen. Überall wurden Fließbänder errichtet, an denen Millionen Menschen damit beschäftigt sind, Industrieprodukte zusammenzusetzen, die dann wieder in den Westen exportiert werden.

Viele Milliarden Dollar flossen aus Europa, Amerika und Japan zur Finanzierung dieser industriellen Projekte ab. Sicherlich wurde ungeheuer viel Geld verschwendet, wobei Milliarden in die Rüstung gingen. Und Diktatoren wie Idi Amin verbrachten mehr Zeit damit, ihre Rivalen und einen beträchtlichen Teil ihrer Bevölkerung umzubringen, als den Lebensstandard zu erhöhen. Dennoch, diese Verrückten waren die Ausnahmen. Ende der siebziger Jahre bestand das vorherrschende Bild von der Dritten Welt aus einer riesigen, rauchenden Stahlfabrik, die sich aus den Reisfeldern gewisser Agrarländer erhob und die das Volk, das unter ihr im Schlamm kniete, wie ein moderner Koloß überragte.

Diese Fabriken trugen die Hoffnung auf die Zukunft. Und die Zukunft wurde an die Entwicklungsländer in Raten verliehen. 1982 hatte die Dritte Welt die enorme Summe von insgesamt 600 Milliarden Dollar aufgenommen, um ihre industriellen Riesenprojekte zu bezahlen. Die Regierungen belegten ihre Völker mit Steuern, um sie abzustottern, opferten alles, um sie zu kaufen, zahlten Schmiergelder, um sie zu bekommen. Ganze Ortschaften wurden ausgelöscht, um Platz zu machen für Staudämme, ganze Volksstämme dezimiert, damit Land frei wurde für Bergwerke – alles in der Hoffnung, daß diese Fabriken die Armen in das verheißene Land der Modernität und des Reichtums führen würden.

Die »Concordes« der Dritten Welt

Aber wie so manches andere Versprechen erweist sich auch dieses als leer. Die technologische Revolution, die jetzt in der Nach-OPEC-Ära über den Westen hinweggeht, wird demnächst auch die Dritte Welt treffen. Und Nationen, welche die letzten 40 Jahre damit verbracht haben, sich von den landwirtschaftlichen Wurzeln in das Industriezeitalter vorzuarbeiten, werden plötzlich feststellen, daß sich die Erde inzwischen weitergedreht hat. Nachdem sie sich in die Klauen der internationalen Banken begeben, nachdem sie ihre Völker mit riesigen Steuerabgaben belastet haben, um komplizierte Anlagen und Ausrüstungsgegenstände zu importieren, werden die Entwicklungsländer bald nur noch Fabriken besitzen, die Dinge herstellen, welche niemand mehr kaufen will.

Die gigantischen Stahlwerke Indiens und Pakistans, die viele Milliarden Dollar kosteten, sind drauf und dran, Monumente der Rückständigkeit zu werden. Es ist vielleicht eine der grausamsten Ironien des späten 20. Jahrhunderts, daß die Araber bei dem Versuch, jene jahrhundertelange Demütigung zu beseitigen, die ihnen der Westen angetan hatte, ihre gigantischen Ölpreisschübe durchsetzten – eine Preispolitik, die sich gegen die Vereinigten Staaten, Europa und Japan richtete. Denn es stellte sich heraus, daß einige der Opfer, die das am härtesten traf, ihre Brüder in der Dritten Welt waren. Die OPEC erhöhte die internationale Verschuldung dieser Länder in den siebziger Jahren in unglaublichen Sprüngen, weil sie sich das Geld leihen mußten, um die steigenden Ölrechnungen zu bezahlen. Schließlich vereitelte die OPEC alle Anstrengungen dieser Staaten, eine moderne Industriegesellschaft aufzubauen. Denn während die Entwicklungsländer sich darum bemühten, das industrielle Zeitalter zu erreichen, entdeckten sie, daß es bereits vom Zeitalter des Silicon überholt wurde.

Schon jetzt breiten sich massenhafte Entlassungen wie eine Seuche über die Dritte Welt aus. Indem Japan und die Vereinigten Staaten fortfahren, ihre Fabriken durch die Installation von Robotern und anderer fortgeschrittener Maschinen zu automatisieren, verbessern sie ihre Effektivität in einem ungeheuren Maße. Ihre Fließbänder sind jetzt in der Tat so produktiv, daß es in einer zunehmenden Anzahl von Fällen gleich ist, ob man daheim oder im Ausland produziert.

Jahrzehntelang gingen amerikanische und japanische Unternehmen auf der Suche nach billigen Arbeitskräften nach Asien und Lateinamerika. Zuerst wurden Anlagen für den Bau von Automobilen, dann für die Herstellung von Textilien und schließlich für Elektronik ins Ausland gebracht, um den Vorteil niedriger Löhne wahrzunehmen. In ihren Fabriken, in denen die Einzelteile zusammengesetzt wurden, schufen die multinationalen Konzerne Millionen von Arbeitsplätzen, die meist nur geringe Fertigkeiten verlangten. So

konnte die in diesen Ländern weitverbreitete Arbeitslosigkeit in einem hohen Maße abgebaut werden.
Paradoxerweise hat sich herausgestellt, daß die Elektronik eine extrem arbeitsintensive Industrie ist. Allein in Malaysia arbeiten 100000 Menschen in der elektronischen Industrie, wo sie Halbleiterchips und andere hochtechnologische Produkte zusammensetzen. Mit insgesamt 24 Montagefabriken hat sich die Elektronikindustrie zum zweitgrößten Arbeitgeber des Landes entwickelt. Auf den Philippinen arbeiten 20000 Menschen in dieser Industrie, und nach den traditionellen Erzeugnissen, wie Zucker und Kokosnüsse, bringt der Elektronikexport die meisten Devisen ein. In Mexiko sind nahe der Grenze zu den USA eine halbe Million Menschen damit beschäftigt, in extra dafür geschaffenen Werkanlagen bestimmte Artikel zusammenzufügen, die dann in die Vereinigten Staaten oder sonstwohin versandt werden.
Tatsächlich werden die meisten Güter, die in den überseeischen Fabriken hergestellt werden, nicht für die einheimischen Märkte, sondern für den Export gefertigt. Fast alle diese Fabriken arbeiten in drei Schichten 24 Stunden am Tag und sechs Tage in der Woche. Anfang der achtziger Jahre begann sich das zu ändern. Japan fing damit an, Dutzende der überseeischen Werkanlagen zu schließen, die bisher seine Halbleiter und elektronischen Produkte hergestellt hatten. Hitachi, Fujitsu und andere Gesellschaften verlegten die Produktion nach Hause, in neue, von Robotern betriebene Fabriken. Amerikanische Unternehmen, die in diesem Rennen um die Automatisierung aufholten, liegen dicht hinter den Japanern. Die Signetics Corporation will ihre 2300 Menschen umfassende Arbeiterschaft in Südkorea bis 1986 um die Hälfte reduzieren. Dann wird diese Gesellschaft ihr Automatisierungsprogramm zu Hause abgeschlossen haben. Motorola und Fairchild Camera and Instrument, Marktführer auf dem Feld der Halbleiter, sind bereits dabei, einige ihrer Fertigungsanlagen in die Vereinigten Staaten zurückzuverlegen, wo die computergestützte Montage der Chips die Kosten so ermäßigt hat, daß amerikanische Firmen jetzt dem Wettbewerb mit den asiatischen Montagefabriken standhalten können.
Um gravierende politische Rückwirkungen zu verhindern, verringern die amerikanischen und japanischen Gesellschaften ihre über-

seeischen Produktionen nur schrittweise. Manager von Fabriken, die bisher im Dreischichtenbetrieb gefahren wurden, legen eine Schicht still, erhalten die beiden anderen aber aufrecht und lasten so zwei Drittel der Kapazität aus. In Thailand und Mexiko wird unbezahlter »Urlaub« immer üblicher. Aber es ist schon klar vorherzusehen, daß es sehr bald knirschen wird. In dem Moment, da die neue Generation der Fließbandroboter eingeführt sein wird – und das dürfte etwa Mitte 1985 der Fall sein –, werden die überseeischen Fabriken einfach schließen. Speziell auf die Montage elektronischer Einzelteile zugeschnitten, tauchen diese neuen Roboter bereits auf der Bildfläche auf. Die Japaner stellen sie her. IBM hat von Sankyo Seiki die Lizenz für Hunderte dieser Anlagen und vertreibt sie unter eigenem Namen seit Ende 1983. Zwei andere japanische Gesellschaften, Dainichi Kiko und Pentel, produzieren die kleinen Fließbandroboter ebenfalls und verkaufen sie in die USA. Sobald diese Roboter in den einheimischen Fabriken installiert sind, wird es noch weniger Gründe geben, den Markt für billige Arbeitskräfte in Asien und Lateinamerika in Anspruch zu nehmen. Die Produktion wird nach Hause zurückverlegt werden, und eine mächtige Woge der De-Industrialisierung wird durch die Dritte Welt fegen. Das Superlumpenproletariat, das in den Vereinigten Staaten, Europa und anderswo entstehen wird, wenn sich die Roboter und die Automation ausbreiten, wird um Millionen neuer Arbeitsloser in der Dritten Welt anschwellen. Und von dieser Entwicklung werden auch Hunderttausende von Menschen in Amerikas eigenem Südosten betroffen sein.

Zur gleichen Zeit werden die Entwicklungsländer herausfinden, daß die Milliarden, die sie in ihre Stahl-, petrochemischen und Aluminiumfabriken hineingebuttert haben, um ihre Wirtschaft zu modernisieren und den Sprung in die Liga der Industrienationen zu schaffen, verschwendet sind. Die Dritte Welt hat mit großen Eifer Gesellschaften geschaffen, die auf der Technologie des 19. Jahrhunderts basieren, auf der Schwerindustrie, die in einer Ära teurer Energie nicht mehr gebraucht wird. Schon jetzt sind die großen Stahlkomplexe in Venezuela und Indien nur dann noch in der Lage, ihren Betrieb aufrechtzuerhalten, wenn sie von der Regierung hohe Subventionen bekommen. Ohne Zuschüsse könnten sie auf dem freien Markt nicht mehr bestehen. Diese Symbole einer nachkolonialen

Unabhängigkeit und Industrialisierung, die so viele Entwicklungsländer in den letzten zwei Jahrzehnten gebaut haben, sind heute nur noch kostspielige Renommierobjekte – die Concordes der Dritten Welt.

Ataris aus Hongkong

Freilich werden sich nicht alle Entwicklungsländer von den technologischen Veränderungen des 21. Jahrhunderts ruiniert sehen. Denjenigen unter ihnen, die in der Lage sind, sich anzupassen und in der wirtschaftlichen Nach-OPEC-Ära Fuß zu fassen, wird es blendend gehen. Sie werden sicherlich zu den Siegern zählen. Bereits jetzt ist in mehreren Ländern der Dritten Welt ein bedeutender wirtschaftlicher Wandel im Gang, der Gutes für die Zukunft verspricht.

In Asien und überall sonst rund um den Globus entwickelt sich eine Kluft zwischen Ländern, deren Regierungen die wirtschaftliche Verwüstung ihrer Gesellschaften passiv hinnehmen, und solchen, die dies nicht tun. Malaysia, die Philippinen, Thailand, Indonesien – sie alle erwarten die Schließung ihrer Elektronik-, Automobil- und anderen Fertigungsstätten zwar mit Bestürzung, legen aber die Hände in den Schoß. Die Wohltaten der Investitionen, welche die multinationalen Unternehmen in den siebziger Jahren tätigten, akzeptierten sie passiv in der Form von Jobs und Steuern, und nun sehen sie auch dem Abschied von diesen Errungenschaften passiv entgegen.

Jene Regierungen haben wenig getan, um die multinationalen Giganten zu kontrollieren, als sie ihre Länder betraten. Und die multinationalen Konzerne setzten umgekehrt einfach ihre Werke hin, um die billige – meistens weibliche – Arbeitskraft, die es dort gab, auszubeuten. Wenn man ihnen freie Hand läßt, betätigen sich die Multis als internationale Marodeure. Setzt man ihnen keine Grenzen, werden sie immer wieder auf der Suche nach billigen Arbeitskräften, die in der Lage sind, ihre Produkte zusammenzusetzen, die Welt durchstreifen. Wenn sie in einem Entwicklungsland investieren, in dem Politiker regieren, die für ihre Nation keine klaren Ziele haben, keine Vision der Zukunft, keine Vorstellung von Technologien und keine Ahnung, welche Art Industrie man sich zulegen sollte, werden es sich die Multis so leicht wie möglich machen. In Ländern dagegen, in denen die Politiker eine solche Vision haben und die Regierungen von den hochtechnologischen Multis einen Anteil an der Technologie und eine Umstellung der Produktion verlangen, werden sich diese Unternehmen anders verhalten. Dadurch können dann auf die Einheimischen sehr viel größere Wohltaten entfallen.

In Asien glauben die »Vier Tiger«, nämlich Hongkong, Taiwan, Südkorea und Singapur, ihre Zukunft in der Hand zu haben. Es ist kein Zufall, daß die Videospiele von Atari jetzt in Hongkong montiert werden. Es ist ebenfalls kein Zufall, daß die geraubte Imitation des Apple-Computers in Taiwan zusammengesetzt wird. Noch vor ein paar Jahren war Taiwan verrufen wegen seiner Angewohnheit, Jeans, Schallplatten und Bücher nachzumachen. Nun hat sich der große Kopierer des Fernen Ostens in die Hochtechnologie vorgewagt. Die »Vier Tiger« Asiens bemühen sich in aggressiver Weise darum, den Übergang zu einer Wirtschaftsstrategie der Nach-OPEC-Ära zu finden. In den letzten Jahren haben sie ihre industrielle Basis bereits so verändert, daß sie nicht mehr nur einfache elektronische Bauteile, sondern auch kompliziertere Produkte wie Radios, Uhren und Fernsehgeräte montieren können. Jetzt gehen sie noch einen Schritt weiter auf eine höhere Stufe der Technologie, indem sie sich der Softwareprogramme und Computerspiele annehmen. Die Woge der De-Industrialisierung, die durch die Dritte Welt fegt, wird die Fabriken dieser Länder nicht treffen. Dort wird die Beschäftigung zunehmen. Und bald werden diese Länder mit ihrer eigenen Computerhardware in Amerika und Japan einfallen.

Es ist entscheidend für die Zukunft der Entwicklungsländer, zu lernen, daß die Geisteskraft nun die wichtigste Ressource einer jeden Nation ist. Billige Arbeitskräfte und die herkömmlichen Rohstoffe – jene beiden Grundlagen, auf denen die Wirtschaft der Dritten Welt in der Vergangenheit aufbaute – werden nicht länger den Wert haben, der ihnen einst in der alten schwerindustriellen Epoche zu eigen war. Herstellungsmethoden, die zu Hause so billig sind wie im Ausland, und neue Materialien, welche die alten ersetzen, werden die Entwicklungsländer, die sich der Hochtechnologie nicht anpassen, in größere Armut und in ein tieferes Chaos stürzen.

Für viele Entwicklungsländer läßt sich die Zukunft schon jetzt leicht vorhersagen. Ein einziger Blick auf ihr Bildungssystem kann Aufschluß darüber geben, was das Schicksal für sie bereithält. Wenn ein riesiges Universitätssystem wie in Indien und auf den Philippinen fast nur Juristen und Geisteswissenschaftler hervorbringt, die sich in einer ohnehin schon aufgeblähten Bürokratie um die Beamtenstellen schlagen, sind die Aussichten schlecht. Wenn aber ein Land seine jungen Leute statt dessen im Ingenieurswesen, in Mathematik und Naturwissenschaften ausbildet oder sie zu diesem Zweck ins Ausland schickt, hat es eine Chance, in der Nach-OPEC-Ära zu bestehen. Es ist kein Zufall, daß Taiwan in Hsinchu einen Industriepark errichtet, der sich auf die naturwissenschaftliche Forschung stützt, daß es in seiner neuen Electronics Research and Service Organization 1000 Naturwissenschaftler beschäftigt und daß es mit 20 000 Studenten in den Vereinigten Staaten das zweitgrößte Kontingent an ausländischen Studenten stellt.

In der Tat machen Männer und Frauen aus Süd- und Ostasien den größten Teil der ausländischen Studenten in Amerika aus – nach der rasch zusammenschrumpfenden Anzahl an Iranern –, und die meisten von ihnen vervollkommnen sich auf dem Gebiet des Ingenieurswesens, der Betriebswirtschaft, der Computerwissenschaft und der Mathematik. 1981 kamen 300 000 Ausländer in die Vereinigten Staaten, um dort zu studieren, und bis zum Ende des Jahrzehnts wird diese Zahl auf 900 000 steigen. Überdies neigen ausländische Studenten dazu, ihr Studium in Amerika um praktische Erfahrungen im Geschäftsleben und im Bereich angewandter Technologien anzureichern. Alle Ausländer zusammen stellen heute in den Vereinigten Staaten die Hälfte der Examenskandidaten im Ingenieurswesen und so gut wie die Hälfte aller Anwärter auf ein Doktorat an der Wharton School of Business. Und während die meisten von ihnen in den sechziger und siebziger Jahren nach Abschluß ihrer Studien in den USA blieben, kehren heute immer mehr nach Hause zurück.

Chinas Flucht in die Vergangenheit

Die Festlandchinesen gehörten in den Vereinigten Staaten zu jenen Ausländergruppen, die am schnellsten wuchsen. Wenn man nur diesen Maßstab anlegen würde, könnte man erwarten, daß China im Wettrennen um die hochtechnologische Zukunft zu der Gruppe der sich rasch entwickelnden Länder des pazifischen Beckens aufschließt. In der Tat hat China bereits mehrere Satelliten mit Hilfe eigener Raketen gestartet und scheint die materiellen Voraussetzungen für eine fortgeschrittene technologische Basis zu besitzen. In Wirklichkeit hat dieses Land nur geringe Aussicht, Taiwan oder Südkorea in naher Zukunft einzuholen. Trotz all seiner Probleme liegt Indien da besser im Rennen. Seit der kommunistischen Machtergreifung im Jahr 1949 wird das wirtschaftliche Wachstum Chinas durch seine Unfähigkeit behindert, bei einer in sich konsistenten Wirtschaftspolitik zu bleiben.
Dramatische Ausschläge nach links und rechts haben eine ganze Generation von Naturwissenschaftlern und Ingenieuren aus dem Reich der Mitte vertrieben. Die Kulturrevolution ließ Millionen von Menschen ohne Ausbildung, und eine neue Generation muß erst durch die Schulen gehen, bevor irgendein technologischer »Großer Sprung nach vorn« stattfinden kann.
Fast ebenso wichtig ist es, daß die gegenwärtige Politik Pekings, sich für den Import von ausländischer Technologie und Waren nach Westen zu öffnen, wahrscheinlich nur noch wenige Jahre anhalten wird. Schon jetzt werden Studenten von ihren überseeischen Studienorten wegen einer wachsenden Feindseligkeit gegenüber dem Ausland zurückgerufen, man könnte auch sagen: aus Angst vor einer kapitalistischen »Verschmutzung« durch den Westen. Generell werden zur Zeit keine Studenten mehr ins Ausland entsandt.
Überdies bleibt die Wirtschaftspolitik sehr wechselhaft. Nach dem Tod Mao Tse-tungs hatte Peking den Bau von 110 gigantischen Projekten angekündigt, die das Land voranbringen sollten, aber inzwischen wurde fast alles wieder zurückgenommen. Bereits unterzeichnete Verträge mit ausländischen Unternehmen wurden gebrochen, wenn man sich auch bemühte, diese Gesellschaften in irgendeiner Weise zu entschädigen. Jetzt liegt der Nachdruck auf einer klei-

nen Leichtindustrie. Vielleicht wird sich auch das ändern. Es gibt keine klare Vision von der Zukunft Chinas und keinen Kader ausgebildeter Leute, der das Land bei seinen Anstrengungen leiten könnte. Am Ende wird sich dies als das wichtigste Handicap für das Reich der Mitte herausstellen.

Die »Silicon-Täler« Asiens

Für die Studenten der »Vier Tiger« bedeutet die Rückkehr nach Hause zunehmend, daß sie sich in eine Gesellschaft wiedereingliedern, welche die Fertigkeiten und die Ausbildung schätzt, die sie in den Vereinigten Staaten erhalten haben. Zum Beispiel verabschiedete die Regierung von Taiwan 1980 ein Entwicklungsprogramm für die Elektronikindustrie mit einer Laufzeit von zehn Jahren und stellte das Geld bereit, das benötigt wird, um neue hochtechnologische Produkte »made in Taiwan« herzustellen. Von 1980 bis 1984 wird die Regierung ihre Ausgaben für Forschung und Entwicklung verdoppeln, und gegen Ende des Jahrzehnts könnten in diesem Bereich 325 Millionen Dollar zusammenkommen, drei Prozent des gesamten Produktionswertes, der in diesem Land erzielt wird.

Taiwan legt auch Wert auf die Qualität seiner Produkte. Es befindet sich im selben Stadium wie Japan während der fünfziger Jahre. Damals wurden die japanischen Waren in Amerika und rund um die Welt als billig und schäbig eingeschätzt. Sie fielen ebensooft auseinander, wie heute Regenschirme aus Taiwan von selbst zusammenklappen. Bei vielen Elektronikkomponenten ist die Qualität wichtiger als der Preis, und Taiwan muß die Art und Weise, wie es arbeitet, ändern, bevor es in der Lage sein wird, in das 21. Jahrhundert einzusteigen.

Dabei wurden jedoch schon große Fortschritte gemacht. Die Privatunternehmen des Inselstaates interessieren sich immer mehr für die Hochtechnologie, weil sie erkennen, daß die Gewinne der Zukunft nur auf diesem Gebiet liegen können. Die riesige Tatung Company, die zur Zeit Fernsehgeräte und andere Konsumelektronik herstellt, schiebt sich in das Feld der Halbleiter und Computer vor. Tatung und andere taiwanesische Unternehmen errichten in den Vereinigten

Staaten Laboratorien und Ingenieurbüros, um neue Produkte zu entwickeln, und 1984 werden sie ihren eigenen Minicomputer herausbringen. Tatung baut seine wissenschaftlichen Einrichtungen in den Vereinigten Staaten nicht nur deshalb auf, weil es die Fertigungstalente der dortigen Bevölkerung anzapfen will, es nimmt vielmehr auch taiwanesische Ingenieure unter Vertrag, die nach ihrer Ausbildung in Amerika geblieben sind.

Die Jagd nach hochqualifizierten Ingenieuren und Naturwissenschaftlern findet weltweit statt. In unserer Zeit des raschen technologischen Wandels gibt es einfach nicht genug von ihnen. Ironischerweise sehen sich amerikanische Gesellschaften gerade jetzt in Übersee nach talentierten Leuten um, während ausländische Firmen die USA überfluten, um an deren Reservoir von guten Leuten heranzukommen. Diese Entwicklung schließt auch die Länder der Dritten Welt mit ein. Während Tatung seine Invasion in Amerika durchführt, gehen hochtechnologische Unternehmen der USA nach Taiwan, um die benötigten Ingenieure anzuheuern. Texas Instruments, Motorola und Wang Laboratories (eine Firma, die in Massachusetts von dem Festlandchinesen An Wang gegründet wurde und das erste kommerzielle Textverarbeitungsprogramm der Welt herstellte) haben sich auf der Insel festgesetzt. Selbst Matsushita Electric ist dort vertreten und macht sich die taiwanesischen Talente zunutze.

Überdies gehen begabte Leute rund um den Globus dazu über, in ihren Ländern eigene Unternehmen zu gründen, die es mit den hochtechnologischen Schwergewichten Amerikas und Japans aufnehmen können. Auch in Taiwan blühen überall kleine elektronische Firmen auf, mit Namen wie Multitech International oder MicroTek International. Multitech wurde 1976 von mehreren Ingenieuren gegründet und hat einen Computer für die chinesische Sprache, Marke »Dragon«, entwickelt, der sich in Taiwan gut verkauft und im kommunistischen China demnächst einen Boom erleben könnte. Die Gesellschaft hat vor, bald Terminals mit englischer Tastatur herzustellen und in den explodierenden US-Markt einzusteigen.

Wie immer ist Singapur dabei, sich im Übergang von der Technologie des 19. zu der des 21. Jahrhunderts schneller zu bewegen und weiter zu gehen als jedes andere Entwicklungsland. Schon 1979 sah es die Entwicklungsrichtung der Weltwirtschaft voraus und leitete eine neue Wirtschaftspolitik ein, welche die Insel vollkommen aus dem arbeitsintensiven Billiglohngeschäft heraus- und in die hochtechnologischen Industrien hineinziehen soll. Interessanterweise bestand die Hauptwaffe Singapurs bei dieser Strategie darin, die Löhne abrupt anzuheben – nämlich um etwa 20 Prozent pro Jahr für die Dauer von drei Jahren –, damit das Arbeitskräftereservoir für die Montage billiger elektronischer Komponenten oder für die Herstellung von Textilien nicht mehr in Frage kam. Eine Zeitlang sah es so aus, als würde Singapur darüber ins Stolpern geraten. Von 1979 bis 1981 stieg die Inflationsrate von vier auf zehn Prozent. Die Produktivität sank erheblich, zahlreiche Firmen mußten schließen. Aber um das Jahr 1982 nahmen die Investitionen in den neuen Industrien zu, und eine wachsende Anzahl von Menschen ist nun mit der Fertigung von Computern und komplexen Flugzeugteilen beschäftigt. Im Jahr 1981 wurde ein National Computer Board eingerichtet, das die Exporte des Stadtstaates auf dem Gebiet der Computersoftware fördern soll. Es wird von Philip Yeo geleitet, der außerdem eine führende Stellung im Verteidigungsministerium innehat. Indem sich Singapur von der alten, auf die Schwerindustrie gestützten Weltwirtschaft entfernt und den Zugang zur neuen, hochtechnologischen internationalen Wirtschaft findet, verändert sich seine Gesellschaft auf breitester Front.

Ein weiteres Land, das wie ein sicherer Gewinner aussieht, ist Israel. Wie Singapur hat Israel, das sich irgendwo auf der Skala zwischen den Entwicklungs- und den entwickelten Ländern befindet, eine Zukunft vor sich, die klar auf dem Geld der Hochtechnologie liegt. Sein Weizmann Institute bringt erstklassige Naturwissenschaftler und Ingenieure hervor. Israel gehört im Bereich der Biotechnik und Elektronik, insbesondere der militärischen Elektronik, zu den führenden Staaten. Das wird sich ausweiten, wenn das Land seinen kürzlich erzielten Triumph über die Syrer ausnutzt, der in der Ausschaltung der sowjetischen SAM-Raketen durch die Mittel der elektronischen Kriegführung bestand. Die Nachfrage nach diesen elektronischen Systemen nimmt zu, und die Israelis haben jetzt einen gewissen Vorsprung erreicht. Überdies sind solche Gesellschaften wie Elscint mit ihren CAT-Scanners in den Vereinigten Staaten sehr bekannt, und neue Firmen wie Interpharm befinden sich im Rennen um jene kommerziellen Produkte, die erstmals die neue Biotechnik verwenden.

Fast ebenso wichtig ist, daß amerikanische Unternehmen nach Israel strömen, um die geistigen Ressourcen, die Subventionen der Regierung und die Forschungsbeihilfen anzuzapfen, die dort zu haben sind. Intel, Motorola, Control Data und National Semiconductor verfügen bereits über Forschungskapazitäten in Israel. National Semiconductor beschäftigt 50 israelische Ingenieure, um seinen neuen 32-Bit-Mikroprozessor zu entwickeln. Die große Anzahl von Naturwissenschaftlern und Ingenieuren, die aufblühenden einheimischen und ausländischen Firmen, die engen Beziehungen zwischen Regierung und Geschäftswelt und sogar das Klima machen aus Israel so etwas wie ein »Silicon-Tal« in der Wüste.

Brasilien versucht den französischen Schachzug

Ein anderer Weg, auf dem einige Entwicklungsländer der Falle der De-Industrialisierung entkommen können, ist der Versuch, die französische Formel anzuwenden – die Gewährung des Zugangs zum Handelsmarkt einer geschlossenen Wirtschaft im Austausch gegen den Zugang zur Technologie. Diese Option haben jedoch nur die großen Länder der Dritten Welt, die bereits eine breite Konsumentenbasis besitzen, eine Basis, welche diejenigen Profite abwerfen kann, die die Multis veranlassen könnten, ihr technologisches Knowhow zu teilen. Länder wie Zaire, Kolumbien oder sogar Nigeria werden wahrscheinlich nicht in der Lage sein, durch dieses Loch zu schlüpfen.

Um jenen Schachzug anwenden zu können, ist es für die Länder der Dritten Welt wesentlich, daß sie in der Lage sind, ihre Wirtschaft vor den Multis abzuschotten. Viele können dies nicht, weil sie mit ihren Gütern zu abhängig von den Industriemärkten sind oder weil ihre Regierungen so korrupt sind, daß jede Anstrengung, den Zutritt zu versagen, fehlschlagen würde. Diese Art von Ländern haben »poröse« Wirtschaften, die sich nicht unter der Kontrolle ihrer politischen Führer befinden.

Für andere aber könnte die französische Formel funktionieren. Brasilien und Südkorea haben bereits Mittel und Wege gefunden, im Austausch für den Zugang zu ihren mittelgroßen Märkten von ausländischen Unternehmen größere Konzessionen zu erzwingen. Insbesondere Brasilien hat eine gute Ausgangsposition, weil sich hier einer der größten militärisch-industriellen Komplexe der Dritten Welt herausbildet – und dieser Markt für Elektronik, Flugzeuge und andere hochtechnologische Güter ist natürlich besonders verlockend. Darüber hinaus gibt Brasilien Milliarden aus, um sein Telekommunikationsnetz zu verbessern. Wie Frankreich kann es daher hungrigen Firmen aus dem Ausland zwei Elektronikmärkte bieten: den militärischen und den PTT-Markt (Post, Telefon, Telegrafie). Beide sind sehr große Märkte mit einem Potential von Milliarden Dollar, und beide werden von der Regierung kontrolliert, was es Brasilien erlaubt, den Multis aus dem Ausland bestimmte Marktanteile und Gewinngarantien anzubieten – wenn sie das Spiel mitspielen und etwas von ihrer Technologie abgeben.

Ausländische Gesellschaften waren so darauf aus, in diesen Markt einzudringen, daß sich einige von ihnen Mitte 1982 damit einverstanden erklärten, den ersten Telekommunikationssatelliten Brasiliens zu starten und als Gegenleistung einheimische Waren – und nicht etwa harte Devisen – als vertragliche Zahlungsmittel zu akzeptieren. Die Verträge waren schon unterzeichnet, bevor noch die Unterhändler eine Liste der brasilianischen Güter erstellt hatten, die exportiert werden sollten. Ein von Hughes Aircraft und Spars of Canada gebildetes Konsortium soll jetzt den Satelliten zusammen mit einem Ersatzexemplar bauen, während sich die französische Arianspace darauf vorbereitet, ihn von Cayenne/Guayana mit Hilfe einer Ariane-Rakete zu starten. Die Spars-Hughes-Gruppe erhielt den Zuschlag, weil sie das günstigste Angebot abgegeben hatte. Darüber hinaus war Hughes dadurch, daß es sich mit den Kanadiern zusammentat, in der Lage, den billigen subventionierten Kredit in Anspruch zu nehmen, den Ottawa für kanadische Exporte bereithält – und das ist sehr viel günstiger als das, was die Vereinigten Staaten offerieren. Die Franzosen für ihren Teil waren imstande, die NASA um drei Millionen Dollar zu unterbieten. Als Teil des ganzen Pakets wurde ein Austausch zwischen den westlichen Firmen und Embratel, der brasilianischen Telekommunikationsgesellschaft, arrangiert. Embratel stellt nun eines der gefragten Vielzweckflugzeuge mit Sitzplätzen für 20 Passagiere her, das auch viele kleine amerikanische Fluggesellschaften gekauft haben. Als Gegenleistung für die Satelliten darf Embratel mit diesen Flugzeugen Handel treiben.

Mexiko macht ebenfalls Fortschritte bei dem Versuch, ausländische Firmen dazu zu drängen, das Land an ihrer Technologie teilhaben zu lassen. Aber trotz seiner Petrodollar ist seine Zukunft sehr viel dunkler als die Brasiliens. Aufgrund des Ölbooms hat Mexiko eine breite Mittelklasse, die viel Geld ausgeben kann. Es hat jedoch keinerlei Ehrgeiz, eine moderne Militärmacht aufzubauen, seine Kommunikationsmöglichkeiten sind an heutigen Maßstäben gemessen primitiv, ohne daß es Pläne gäbe, sie zu verbessern, und seine Einnahmen sinken mit den Ölpreisen. Darüber hinaus muß Mexiko noch beweisen, daß es über eine politische Bürokratie verfügt, die ausreichende Zukunftsvisionen für die nationale Entwicklung besitzt. In zehn Jahren einer unglaublichen Korruption und eines fehlgeleiteten Managements wurde Mexiko mit Petrodollars überflutet. Es war so viel Geld vorhanden, daß die Wirtschaft kräftig wuchs, obwohl Milliarden von der Elite verschleudert oder ins Ausland geschafft wurden. Aber seit das Land 1982 an den Abgrund des Bankrotts geriet, sind die fröhlichen Tage vorüber. In den nächsten zwei oder drei Jahren wird es sich zeigen, ob Mexiko den politischen Willen hat, ins 21. Jahrhundert vorzudringen.

Momentan glauben amerikanische Computerfirmen zusammen mit anderen Unternehmen, daß es dort einen genügend großen Markt gibt, um die Abgabe von Technologie im Austausch für einen Zugang zu diesem Markt zu rechtfertigen. In Mexiko sind 16 000 Computer installiert, und ihre Zahl wuchs in letzter Zeit um ungefähr 20 Prozent pro Jahr. Im April 1982 entschloß sich Mexico City, die Importquoten für Computer zu verringern, eine Methode, die Druck auf amerikanische Gesellschaften ausüben sollte, einheimische Zulieferer stärker heranzuziehen. Bevor die Tür endgültig mit einem Knall zuschlug, beeilten sich Dutzende von amerikanischen Computerherstellern damit, in Mexiko Fabriken zu errichten. Auch IBM, die bereits die Hälfte des mexikanischen Computermarktes beherrscht, legte Pläne für die Aufnahme der Produktion vor. Und Hewlett-Packard wurde das hundertprozentige Eigentum an seiner neuen Fertigungsanlage in Guadalajara im Austausch für die Zusage zugestanden, einen großen Anteil der in Mexiko hergestellten Elektronikkomponenten aufzukaufen.

Aber dies könnte sich als ein ernsthaftes Problem erweisen. Es gibt nämlich in Mexiko überhaupt keine einheimischen Firmen, die integrierte Schaltkreise oder andere Elektronikkomponenten produzieren. Für den Augenblick werden sich Hewlett-Packard und andere Unternehmen damit begnügen müssen, einfache Artikel wie Bleche und Plastikstoffe für die Verkleidungen aufzukaufen. Am Ende könnte es noch dahin kommen, daß die US-Multis die Mexikaner bei deren eigener Produktion anleiten, bevor sie von ihnen bemerkenswerte Mengen an hochtechnologischen Erzeugnissen beziehen können.

Ein anderes Problem besteht darin, daß es in Mexiko nur sehr wenige Privatfirmen gibt, die als Partner für US-Gesellschaften in Frage kommen. Der Verfall des Ölpreises und die Abwertung des Peso haben die einzige starke private Firmengruppe des Landes, die in Monterney beheimatete Alfa-Group, aus den Angeln gehoben. Sie mußte im Mai 1982 um ein Moratorium für die Rückzahlung von stolzen zwei Milliarden Dollar Auslandsschulden bitten, von denen das meiste amerikanischen Banken gehörte. Neben dieser Gruppe gibt es in Mexiko nur noch eine Handvoll anderer privater Unternehmen. Dennoch besteht die Regierung darauf, daß ausländische Hersteller von Personalcomputern sich mit einheimischen Partnern zusammentun – selbst wenn sie gar nicht existieren.

Zukünftige Kriege um Technologien

Es gibt einige Arten von Technologie, die zu kaufen die Dritte Welt zu keinem Preis in der Lage sein wird, und es sind nicht einmal die allermodernsten Dinge. Sollten Nationen der Dritten Welt importierte Technologie für die Vernichtung bedeutender Industrien im Westen nutzen, werden sie sich sehr schnell aus den Laboratorien ausgeschlossen finden. Wütende Drohungen, Quoten, Zölle – nichts davon würde das Hochtechnologie-Embargo beenden.

Letzten Endes müssen die Völker der Dritten Welt den großen Sprung in das 21. Jahrhundert aus eigener Kraft schaffen. Japan, die Vereinigten Staaten und Europa können sie darauf nur vorbereiten. Die hochentwickelten Länder werden nicht dadurch Selbstmord begehen, daß sie ihren eigenen Unternehmen Konkurrenz verschaffen, und die Arbeitsplätze ihrer Bevölkerungen gefährden, indem sie ihre ganze Technologie exportieren. Brasilianische, taiwanesische, südkoreanische und die Ingenieure und Naturwissenschaftler Singapurs werden gezwungen sein, den letzten Schritt in die Zukunft selbst zu machen, weil sie ein Embargo im Bereich der am weitesten fortgeschrittenen Technologie daran hindern wird, es auf irgendeine andere Art zu schaffen.

Dies ist kein Alptraum einer weit entfernten Zukunft. Es geschieht heute in Südkorea und schafft bereits ungeheure ökonomische Probleme und politische Spannungen.

Niemand ist sich der Gefahren eines technologischen Embargos durch die fortgeschrittenen Nationen mehr bewußt als Byung-Chull Lee, Vorstandsvorsitzender der Samsung-Industriegruppe in Südkorea. Lee ist einer der großen industriellen Pioniere unserer Zeit. Zusammen mit Leuten wie Chung Ju Yung, Präsident der zehn Milliarden Dollar starken Hyundai-Gruppe, ist er eine lebende Mahnung Asiens an Männer der amerikanischen Vergangenheit wie Cornelius Vanderbilt, John D. Rockefeller, Andrew Mellon – jene Raubritter, die Amerika im späten 19. und frühen 20. Jahrhundert aufbauten. In der US-Wirtschaft hat man bereits die dritte und vierte Generation nach der Gründerzeit hinter sich. Größtenteils werden die wirtschaftlichen Dynastien nun von Managern geleitet, höflichen Männern in grauen Anzügen, Sachwalter von industriellen Imperien, die von Menschen mit Vision und Kraft aufgebaut wurden. In Südkorea sind diese Originale noch lebendig, ihre Söhne sind erst im Kommen, und ihre Enkel gehen noch zur Schule.

Lee ist einer dieser Männer. Er ist jetzt beinahe 80 Jahre alt und wirkt auf den ersten Blick wie ein zerbrechlicher Greis. Aber sehr bald bemerkt man die Entschlossenheit und innere Stärke, die aus der Mitte dieses Mannes kommt. Die Leute um ihn herum, der Übersetzer, der Berater, überragen Lee körperlich, aber sie sind nur Satelliten, die eine vorgeschriebene Entfernung einhalten. Sein direkter Blick in das Auge des Gegenübers, sein energisches Gesicht und seine Zielstrebigkeit erzählen viel davon, weshalb es ihm gelang, eines der großen Industrieimperien Asiens aufzubauen. Samsung ist eine der vier gigantischen »Zaibatsu« Südkoreas, Firmenkonglomerate, wel-

che die Wirtschaft des Landes ebensosehr beherrschen wie die japanischen »Zaibatsu« in ihrem Land. Allein diese Gesellschaft erwirtschaftet acht Prozent des südkoreanischen Bruttosozialprodukts. Samsung betätigt sich vor allem im Bereich des Stahls, der Textilien, der Fernsehgeräte und anderer Konsumelektronik. Es handelt sich bei ihr auch um eine der größten koreanischen Werften.
Vor einem Jahrzehnt entschloß sich die Regierung in Seoul, aus der Werftindustrie einen der großen Industriezweige Südkoreas zu machen, und Samsung tat sich mit den Japanern zusammen, um mehrere riesige Trockendocks zu bauen. Damals war Japan der größte und am weitesten fortgeschrittene Schiffsbauer der Welt. Die Japaner wollten die enormen Gewinne aus dem koreanischen Geschäft, und sie schlossen den Handel ab. Ende der siebziger Jahre war Südkorea einer der drei größten Hersteller von Supertankern, Containerschiffen und anderen Seefahrzeugen in der ganzen Welt. Aber die niedrigen Löhne und der hohe Qualitätsstandard des Landes begannen die Japaner, die ihre eigenen Auftragszahlen sinken sahen, zu bedrohen. Samsung war eine der koreanischen Firmen, die ihnen das Geschäft wegnahmen.
Die Japaner gingen zum Gegenangriff über, indem sie ihre Werften automatisierten. Sie begannen, Produktionsverfahren einzuführen, die von Computern kontrolliert werden. Sie erfanden Roboter, die viele der Schweißarbeiten übernahmen. 1982 waren sie wieder im Geschäft. Erneut konnte Japan billigere Schiffe bauen als Südkorea.
Um wettbewerbsfähig zu bleiben, benötigten die Koreaner die neue japanische Schiffsbautechnologie. Samsung und andere Firmen gingen nach Tokio, um sie zu kaufen. Und zum erstenmal wurde ihnen das verwehrt. Kein Geldbetrag war hoch genug. Aber am Geld lag es nicht einmal. Die Japaner sagten einfach nein.
An jenem Morgen, als ich Byung-Chull Lee zum Frühstück in seiner Hotelsuite traf, war mir dies alles noch sehr bewußt. Die Zeitungen und Nachrichtenmagazine hatten über das Technologie-Embargo nichts berichtet. Es ist etwas, über das die Leute in der Geschäftswelt nicht öffentlich sprechen. Ich hatte es von einem Tokioer Regierungsbeamten erfahren, der die Tatsache beklagte, daß sich Japan durch die wachsende Konkurrenz der Dritten Welt, vor allem der

von Taiwan, Hongkong, Singapur und Südkorea, in so großen Schwierigkeiten befinde. Sein Kommentar lautete ungefähr: »Ihr Amerikaner verlangt zuviel von uns. Seht euch nur unsere Probleme an.« Sein Verhalten war mir nur allzu bekannt, selbst der Terminus »in Schwierigkeiten« wurde damals häufig benutzt, um die Situation Japans zu beschreiben. Aber seine Aussage über die vorenthaltene Technologie blieb mir im Gedächtnis. Denn jener Vorgang war der Eröffnungsschuß für einen sehr viel größeren ökonomischen Konflikt, vielleicht sogar für den schwersten Kampf der nächsten beiden Jahrzehnte.

Ich erinnerte mich an die Bemerkung des Japaners während meines Frühstücks mit Byung-Chull Lee. Auf dem Tisch vor uns standen Tee- und Kaffeetassen, einige Semmeln und eine riesige Flasche Chivas Regal, der in Asien als Symbol des Reichtums gilt. Lee hatte sich in einen konservativen blauen Nadelstreifenanzug gekleidet, der ihm auf vollkommene Weise stand. Er war kein Imitator der japanischen Geschäftsleute aus den sechziger Jahren mit ihren schlechtsitzenden schwarzen Anzügen und den falsch gebundenen Schlipsen. Er sah ebenso gut aus wie jeder Investmentbanker von der Wall Street.

Lee wurde als Sohn eines reichen Grundbesitzers in jener Zeit geboren, als Korea eine japanische Kolonie war. Er erhielt in seiner Heimat die traditionelle konfuzianische Erziehung und ging dann nach Japan auf die angesehene Waseda-Universität. Damals erlaubte man nur einer Handvoll Koreaner die Einreise nach Japan, und Tokio hoffte, aus ihnen loyale Kolonialbeamte zu machen.

Eine Zeitlang sprachen wir über Politik, erst über die Washingtons und Reagans, dann über die Südkoreas unter General Chun. Er mochte Reagan natürlich und verteidigte den General, der nach dem Mord an Präsident Park Chung Hee eben erst in Seoul an die Macht gekommen war. Jede meiner Bemerkungen gab Lees Dolmetscher in Koreanisch an ihn weiter. Seine Antworten übertrug der Dolmetscher dann wieder ins Englische. So ging die Unterhaltung eine Weile hin und her. Schließlich sagte ich: »Ich habe gehört, die Japaner schneiden Korea vor allem im Schiffsbau von der Technologie ab, weil sie sich vor dem Wettbewerb fürchten. Ist das wahr?« Dieses Mal wartete Lee nicht auf die Übersetzung, um auf meine Äußerung zu antworten. Kaum hatte der Dolmetscher eine Pause gemacht, ging ein wütender Wortschwall über mich nieder. »Es ist mehr als nur ein Gerücht. Unfairerweise unterbinden die Japaner den Export von Technologie zu uns. Wir wenden uns nun um der Technologie willen an die Europäer und Amerikaner. Wir haben mit einer europäischen Firma eine Technologievereinbarung. Und wir sehen uns auch nach einer amerikanischen Gesellschaft um.« Während er sprach, wedelte Lee mit den Händen durch die Luft, als wollte er die Japaner in Stücke schneiden. Er konnte sich kaum noch auf seinem Sitz halten. Schließlich, mit einer letzten, verächtlichen Handbewegung, sagte er: »Die Japaner haben eine sehr künstliche Ökonomie. Sie müssen alles importieren, was sie später exportieren. Wenn Japan aus dem Kreis der Welthandelsnationen ausgeschlossen wird, werden sie vom ersten auf den zehnten Rang zurückfallen!«

Lee versucht, die Samsung-Gruppe mit Hilfe der Hochtechnologie in die Zukunft zu führen, und mit ihrer Maßnahme drohen ihn – und Südkorea – die Japaner kalt zu erwischen. Bei Samsung fließen Millionen in Halbleiter und fortgeschrittene Elektronik, und ihr Gründer hofft, die Gesellschaft vor seinem Tod in den Rang eines Hochtechnologieunternehmens der Weltklasse zu erheben. Er möchte Samsung unter den General Electrics und Hitachis der Welt sehen. Er hat die Vision, die er braucht, um seine Schöpfung und sein Land in die Zukunft zu führen, aber mit ihrem Hochtechnologie-Embargo drohen die Japaner seine ganze Strategie zu unterlaufen.

In der Tat könnte jedes Hochtechnologie-Embargo die Fähigkeit Koreas, erfolgreich im 21. Jahrhundert zu bestehen, mit Leichtigkeit vernichten. Seoul hat einen ehrgeizigen Fünfjahresplan für Forschung und Entwicklung, der das Land in die Bereiche der Halbleiter, Personalcomputer und Telekommunikation sowie der computergestützten Werkzeugmaschinen und der Glasfaser hineinführen soll. Die Regierung legt für die Zukunft allen Nachdruck auf das einheimische Ingenieurswesen. Aber das nächste Jahrzehnt ist entscheidend. In den unmittelbar vor ihm liegenden Jahren muß Südkorea sich unbedingt mit ausländischen Unternehmen zusammentun, um den Zugang zur Technologie zu gewinnen. Auf vielen dieser Felder liegt Samsung bereits in Führung. Der Konzern hat ein Abkommen mit Corning Glass über die Glasfaser, und es gibt bereits eine Samsung-Corning-Glass-Gesellschaft. Dennoch, die hochtechnologischen Produkte, auf die Südkorea in Zukunft setzt, sind genau dieselben Produkte, von denen Japan und die Vereinigten Staaten hoffen, daß sie in das 21. Jahrhundert führen. Es wird eine der schwierigsten Aufgaben der Seouler Regierung sein, die Japaner und Amerikaner zu veranlassen, ihre Technologie mit Südkorea zu teilen, und jede Entscheidung, seinen Zugang zur Technologie zu beschneiden, wird das Land daran hindern, sich von seinem »Dritte-Welt«-Status zu lösen.

Das Seerecht

Diese einfachen Fragen des Technologietransfers und der Rückständigkeit von Produkten stehen auch hinter den unglaublich komplizierten Verhandlungen über einen neuen Seerechtsvertrag. Länder, deren ganze Zukunft auf dem Export bestimmter Rohstoffe beruht, fürchten, daß die Nachfrage nach diesen in den nächsten Jahren fallen wird, womit dann auch die Preise sinken und die Volkswirtschaften ins Taumeln geraten würden. Bei einigen dieser Rohstoffe wird der Bedarf einfach in dem Maße enden, wie sich die wirtschaftliche Basis der Welt den hochtechnologischen Verhältnissen des 21. Jahrhunderts nähert. Amerikanische, japanische und europäische Firmen, die früher auf viele dieser Rohstoffe angewiesen waren, stellen nun neue Produkte her, die ohne diese auskommen. Kupfer ist dafür das beste Beispiel. Während Kupfer bisher für die Verdrahtung jeder Art – vom traditionellen Telefon bis zu den neuen Computern – entscheidend war, ist die Glasfaser jetzt sehr viel effizienter und billiger. Und die Glasfaser wird wie der Halbleiterchip im Grunde aus Sand gemacht. Die Volkswirtschaften Chiles und Zaires beruhen jedoch auf dem Kupferexport. Ein anderes Beispiel: Als die amerikanischen Autos noch benzinschluckende Ungetüme waren, die viele Tonnen wogen, brauchte man einige Tonnen Eisen, eine riesige Menge Kohle und Tausende Barrel Öl, um ein einziges Fahrzeug herzustellen. Heutzutage, da die Autos nur noch halb so groß sind, braucht man für ihre Produktion nur noch ungefähr die Hälfte der Rohstoffe. Ende des Jahrzehnts werden billige, leichte Motoren aus Keramik die meisten unserer Fahrzeuge auf den Straßen bewegen. Und ebenso wie die Glasfaser besteht Keramik aus veredelten Sanden und Erden, das heißt aus dem Stoff, aus dem man Tongeschirr macht. Was werden die Exporteure der Erzeugnisse, die von den Industrien des 19. Jahrhunderts benötigt wurden, dann machen? Wer erinnert sich noch an die Gewürzinseln und ihre Pfefferexporte nach Portugal, an die Westindischen Inseln und deren Zuckerexporte nach Frankreich und England, wer noch an den amerikanischen Süden und seine Baumwollexporte nach England?

Diese Vergangenheit ist für die Führer der Dritten Welt keine ferne Erinnerung. Viele von ihnen wissen noch gut, wie verheerend sich der Aufstieg und Fall früherer Rohstoffpreise auf ihre Nationen auswirkte. Vor einigen Jahrzehnten, als er riesige Mengen Zucker nach Europa exportierte, war der heute unglaublich arme brasilianische Nordosten eine prosperierende Gegend. Und Ägypten erinnert sich an die Tage, als es einer der größten Baumwollexporteure der Welt war.

Das ist der Grund, warum die Länder der Dritten Welt so verzweifelt versuchten, ein neues Seerecht zu erreichen. Sie sind wahnsinnig vor Angst, daß eine neue Bergbautechnologie in der Tiefsee schon bald riesige Unterwassermineralvorkommen erschließen wird, welche die Märkte überschwemmen und die Preise für ihre eigenen Exporte drücken. Sie fürchten, daß das kleine Ausmaß an Kontrolle, das sie gegenwärtig über bestimmte Rohstoffe haben, die von den Industrienationen geschätzt werden, an die technologisch überlegenen Multis aus Amerika, Japan und Europa übergeht.

Der potentielle Reichtum, den die Meere bereithalten, ist in der Tat erstaunlich. Kupfer, Kobalt, Mangan, Zink, Nickel und andere Mineralien, zusammengeklumpt zu kartoffelartigen Knollen, Tausende von Fuß unter dem Pazifik, sind Billionen Dollar wert. Häufig handelt es sich um strategisch wichtige Mineralien, welche die Vereinigten Staaten zur Zeit von oftmals feindlich gesinnten Nationen importieren müssen – Mineralien, die eine noch größere Bedeutung haben werden, wenn Amerika in den nächsten Jahren seine industrielle Basis verändern wird.

Die Verhandlungen darüber, wie die Reichtümer der Ozeane verteilt werden sollten, ziehen sich in den Vereinten Nationen schon beinahe ein Jahrzehnt lang hin. Die Gespräche haben einen unglaublich kom-

plizierten Vertrag hervorgebracht, der zu allem etwas aussagt – von den Durchfahrtsrechten der Seeschiffe durch Meeresengen über Offshore-Energien bis zu Fischereirechten. Und insbesondere behandelt er die Rechte an den Unterwassermineralien – wer sie kontrollieren, wer ihre Preise festsetzen und wer sie fördern darf.
Der letzte Entwurf für diesen Vertrag sieht die Schaffung eines OPEC-ähnlichen Kartells vor – International Seabed Authority (ISA) genannt und von den Vereinten Nationen geleitet –, das die Aufsicht über Erforschung und Abbau der Meeresmineralien führen soll. Kontrolliert von der Dritten Welt, die in der ISA die Mehrheit hätte, würde diese Behörde die Produktionsmenge und darüber auch die Preise festsetzen. Das Ziel ist natürlich, zu verhindern, daß die Preise unter ihr gegenwärtiges Niveau fallen, und sie durch eine Verknappung der Mineralien soweit wie möglich zu erhöhen. Der Vertrag würde amerikanische Gesellschaften, die im Tiefseebergbau technologisch am weitesten fortgeschritten sind, dazu zwingen, ihre Technologie an das UN-Kartell im Austausch gegen die Erlaubnis für die Ausbeutung des Meeresbodens zu verkaufen.
Die Strategie des Südens ist dem französischen Schachzug nicht unähnlich – schließe ausländische Multis von einem reichen Markt aus und handle dir dafür den Zugang zur Technologie ein. Die Franzosen tauschen ihre einheimischen Märkte im Bereich der militärischen Elektronik und Telekommunikation gegen fremde Technologie. Die Länder der Dritten Welt dagegen versuchen, Technologie gegen den an Ressourcen reichen Meeresboden einzuhandeln. Zusätzlich versuchen sie, die Ausbeutung dieser Ressourcen zu begrenzen, um ihre eigenen Rohstoffindustrien zu schützen.
Der erste Schritt dieser Strategie besteht darin, den Meeresboden irgendwie zu kontrollieren. In einer gewissen Weise versuchen die Nationen der Dritten Welt, die Unterwassergebiete mit juristischen Mitteln als die ihren festzulegen. So etwas hat es noch nie gegeben. In der Vergangenheit gehörten Gebiete den Leuten, die sie entdeckten und ausbeuteten. Bei den Ozeanen versucht die Dritte Welt, das zu verhindern. Das Ziel der Entwicklungsländer ist die Anerkennung des Prinzips, daß die Mineralien im Meeresboden zum »gemeinsamen Erbe der Menschheit« gehören und die Vereinten Nationen Hüter dieses Erbes sind. Durch den neuen Seerechtsvertrag sollen die

Gewinne aus dem Tiefseebergbau auf alle Nationen verteilt werden und nicht auf einzelne Konsortien, welche die Technologie zur Ausbeutung der Vorkommen haben.
Am 30. April 1982 wurde der Seerechtsvertrag schließlich zur Abstimmung aufgerufen. Die Vereinigten Staaten wiesen ihn zurück, zusammen mit drei anderen Ländern – der Türkei, Venezuela und Israel. Aber 130 Mitglieder der Vereinten Nationen stimmten dafür. Sechzehn andere, Großbritannien, die Bundesrepublik und die Sowjetunion eingeschlossen, enthielten sich der Stimme. Frankreich und Japan, beide mit großen Ambitionen im Bereich des Tiefseebergbaus, stimmten mit Ja.

Sozialismus auf dem Meeresboden

Natürlich ist Washington entschieden dagegen, daß die unausgebeuteten Reichtümer der Tiefsee der »Menschheit« gehören. Die Inbesitznahme von Neuland hat im amerikanischen Leben immer eine bedeutende Rolle gespielt, und zwar sowohl als Konzept wie auch als ökonomische Realität. Und im Verständnis der meisten Amerikaner gehört ein Gebiet so lange niemand, bis es entdeckt ist. Dann gehört es den Entdeckern und jenen, die es erschließen. Sollte sich das Prinzip des Meeresbodensozialismus durchsetzen, könnte der nächste Schritt ein Weltraumsozialismus sein, wobei dann die Vereinten Nationen die Erkundung des gesamten Weltraums betreiben würden.
Die »New Frontier«-Mentalität ist im Weißen Haus, in dem ein rauhbeiniger Individualismus und der Geist der freien Marktwirtschaft herrschen, besonders ausgeprägt. Für Ronald Reagan gehört ein Gebiet demjenigen, der es einnehmen und nutzen kann – und nicht irgendeiner künstlichen Gruppierung der Dritten Welt in den Vereinten Nationen.
Paradoxerweise haben die amerikanischen Unternehmen weniger Schwierigkeiten mit dem erstaunlichen Anspruch der Dritten Welt, der auf eine internationale Souveränität über die Mineralien der Ozeane hinausläuft. Die vier großen Konsortien im Bereich des Meeresbodenbergbaus stört es nicht, wenn sie ihre Gewinne mit den Vereinten Nationen teilen müssen. Sie sind jedoch dagegen, daß die

Kontrolle über die Produktion bei der ISA liegt, eine Kontrolle, die sehr schnell die Preise für die Mineralien und damit auch die Gewinne bestimmen wird. Solange die Dritte Welt die ISA beherrscht, werden die Produktionsmengen für die Unterwasserknollen sehr niedrig gehalten, damit sie sich eine strenge Kontrolle über Angebot und Nachfrage bei ihren Mineralien im Erdboden zu sichern vermag. Die Privatunternehmen wissen, daß sie die Banken unter diesen Bedingungen nicht um die fünf bis zehn Milliarden bitten können, die sie für den Start des kommerziellen Meeresbodenbergbaus benötigen. Die Banken würden niemals einwilligen, daß irgend jemand anders als die Privatwirtschaft die Produktion kontrolliert.
Die Standard Oil of Indiana, die zusammen mit Lockheed Aircraft zur Ocean Minerals Company gehört, verdammte den Vertrag als »so gefährlich, daß die Gesellschaft gegen seine Unterzeichnung und Ratifizierung in der vorliegenden Form ist«. Die Ocean Mining Association, die von U. S. Steel und der Sun Company angeführt wird, kündigte an, sie werde den Vertrag bekämpfen. Und die von Kennecott und Inco angeführten Konsortien sind mit ihm ebenfalls nicht sehr glücklich.
Der von 130 Ländern unterzeichnete Vertrag muß noch von allen Regierungen der UN-Mitgliedsstaaten ratifiziert werden. Was mindestens noch weitere zwei bis drei Jahre in Anspruch nehmen wird. Die USA können ihre Meinung jederzeit ändern und zustimmen, aber sie werden es nicht tun. Washington wird wahrscheinlich etwas anderes unterzeichnen. Im Gespräch ist ein sogenanntes RSA (= Reciprocity States Agreement), also ein Staatsvertrag auf Gegenseitigkeit, den die Vereinigten Staaten gemeinsam mit anderen Industriemächten unterzeichnen würden. Auf diese Weise blieben die Entwicklungsländer mit ihrem ursprünglichen Vertrag allein. Ein Vertrag auf Gegenseitigkeit würde zwischen den verschiedenen nationalen Rechtssystemen eine gewisse Harmonie schaffen und eine zu große Überlappung der Bergbaugebiete unter Wasser verhindern; mit anderen Worten, ein solcher Staatsvertrag würde das sogenannte »claim jumping« begrenzen, den raschen Wechsel einzelner Abbaugebiete von einem Besitzer zum anderen. Die Bundesrepublik, Großbritannien, vielleicht sogar die Sowjetunion würden wahrscheinlich einen solchen Vertrag mit den Vereinigten Staaten unter-

zeichnen, und sei es auch nur, um Anschluß an Washington und die technologisch fortgeschrittenen Multis zu erreichen. Frankreich könnte am Ende ebenfalls zur Unterzeichnung bereit sein.
Die amerikanischen Unterwasser-Bergbaugruppen werden etwa Mitte des Jahrzehnts den Betrieb aufnehmen. Zu Beginn der neunziger Jahre wird vielleicht die Hälfte unserer wichtigen Mineralien aus dem Meer kommen. Dies wird unvermeidlich einen Preissturz bei vielen Rohstoffen nach sich ziehen. Kupfer, schon heute bereits teilweise von der Glasfaser ersetzt, wird besonders hart betroffen sein.
Für die Dritte Welt werden die Auswirkungen verheerend sein. In ihren Kassen wird Leere herrschen. Die hochtechnologische Revolution, die durch den Westen fegt, wird ihre Volkswirtschaften schwächen. Der Wert der Rohstoffe, von denen sie jetzt abhängen, wird sinken. Viele von ihnen werden durch neue Materialien ersetzt. Andere werden in einer Welt der Elektronik und Computer einfach nicht mehr benötigt. Und wieder andere Rohstoffe werden von den Vorräten, die auf dem Meeresgrund lagern, weggespült. Die Preise für viele Exportgüter werden fallen; andere werden überhaupt nicht mehr verkäuflich sein, wenn die Nachfrage schwindet.
Die einzigen Länder der Dritten Welt, die im 21. Jahrhundert bestehen können, sind diejenigen, die den Westen zum Transfer seiner Technologie zwingen können. Das wird höchstens einem Dutzend von ihnen gelingen. Sicher nicht China, Nigeria und Ägypten; wahrscheinlich auch nicht Mexiko, Indien und den Philippinen, obwohl sie eine Chance haben; vielleicht nur Brasilien, Südkorea, Taiwan, Hongkong, Israel und Singapur. Der Übergang der Weltwirtschaft von der Schwerindustrie zur Hochtechnologie wird das Machtgleichgewicht nicht nur zwischen den westlichen und den kommunistischen Nationen ändern, sondern auch innerhalb der Dritten Welt.

6. KAPITEL
Elektronischer Merkantilismus

Die Bar im New Yorker Hotel *Pierre* ist neben anderen ein bevorzugter Treffpunkt reicher Europäer und Spesenritter aus aller Welt. Die Engländer bevorzugen das *Waldorf* oder das *Barclay*, während Deutsche, Franzosen, Italiener und Schweizer das *Pierre* lieben. Wann immer man nächtens dort hingeht, wird man sie bei der Arbeit oder beim Vergnügen sehen.
Auch Dr. Hans T., ein alter Bekannter aus jenen Tagen, in denen ich über den Goldmarkt und die internationalen Finanzen berichtete, steigt immer im *Pierre* ab. Der aus Luzern stammende Schweizer ist ein großer, etwas übergewichtiger Mann, der sich gerne den Freuden des Essens und Trinkens hingibt. An einem Dezemberabend des Jahres 1979 waren wir zu einem Gespräch zusammengekommen. Hans saß mit dem Rücken zur Bar. Mit steigendem Alkoholpegel sah er immer häufiger zur Bar hinüber, wo zwei schöne und elegante Damen saßen. Die Frau, die ein weißes Kleid trug, war schwarz, und die Frau mit dem schwarzen Kleid war blond. Fünf Stunden lang unterhielt sich Hans mit mir und verrenkte alle zehn Minuten seinen Hals, um über seine rechte Schulter zu den beiden Schönen hinüberzublicken.
Gegen zwei Uhr in der Frühe hörten wir auf, uns über das zu beklagen, was das Jahr gebracht hatte – den zweiten OPEC-Ölschock, das Auf und Ab des Goldpreises und den Fall des Dollars. Es war ein guter Abend gewesen, lustig und vergnüglich, und ich hatte mehr als einmal meinen Pessimismus über den Zustand Amerikas zum Ausdruck gebracht. Als wir gingen, beugte sich Hans zu mir herüber,

rieb seinen Nacken und sagte: »Mach dir nicht so viele Sorgen über Amerika. Die Vereinigten Staaten sind die OPEC der Information.«

Damals erschien mir diese Äußerung als unlogisch. Heute, Jahre später, ist es offenkundig, daß mein Schweizer Freund im *Pierre* sehr viel klarer war, als ich ihn in Erinnerung habe. Wenn Hans das Geld seiner Klienten entsprechend seiner Einsicht angelegt hat, hat er diese ziemlich reich gemacht. Denn er hatte an jenem winterlichen Abend vorhergesagt, daß die Technologie bald eines der wichtigsten Güter der Welt sein werde und gewisse Nationen versuchen würden, sie zu monopolisieren, sie in ihrer Verbreitung zu begrenzen und mit ihr zu handeln, wie sie es einst mit Gold und Silber getan hatten. Die Hochtechnologie löst überall in der Welt eine Welle des Protektionismus aus, der an den Merkantilismus des 18. Jahrhunderts erinnert, als Frankreich, England und alle anderen Großmächte der damaligen Zeit Gesetze verabschiedeten, die ihre einheimischen Märkte gegenüber Ausländern abschotteten. Eine der großen Ironien der achtziger Jahre besteht in der Tat darin, daß uns die Hochtechnologie in mancher Weise zurück in die Vergangenheit und nicht in die Zukunft führt. Anstatt neue Handelswege zu eröffnen, Zölle und Einfuhrquoten zu beseitigen, führt der Wettlauf um die Profite aus der Hochtechnologie die Regierungen dazu, ihre Grenzen zu schließen und dadurch den freien Fluß von Waren und Geldern zum Stillstand zu bringen. Eines der großen internationalen »Verbrechen« dieses Jahrzehnts besteht darin, daß man den Zusammenbruch des Welthandels in Kauf nahm. Und obwohl offizielle Stellen in Washington, Tokio, Paris und London diese Tatsache nicht gern zugeben, ist der Kampf um die hochtechnologische Überlegenheit die Wurzel für ihre Rückkehr zu vormodernen, archaischen Formen des Handels. Wir treten in das Zeitalter der hochtechnologischen Stammeskämpfe ein und beeilen uns, in die Vergangenheit zurückzukehren.

Datenkriege

Nichts illustriert diese Tatsache besser als die globale Schlacht um die Telekommunikation. Ein neues, wucherndes internationales Telekommunikationsnetz dehnt sich über die Welt aus. Schnell breitet es seine elektronischen Fangarme in jeder Nation, jeder Stadt, jedem Haushalt aus, von Los Angeles bis New York, von Sao Paulo bis Osaka, von Paris bis Stockholm. Der Besitz von Daten wird überall der wichtigste strategische Faktor. Der internationale Status einer Nation auf den Gebieten Wirtschaft, Politik und Verteidigung wird zunehmend von ihrem Zugang zu den weltweiten Informationen und vom Besitz jener Computerhardware bestimmt, die sie sammelt und verarbeitet. Der Halbleiterchip ersetzt das Öl als Symbol für wirtschaftliches Wachstum, militärische Macht und politischen Einfluß.

Während sich in der Ära des Merkantilismus das Verlangen der Nationen auf Goldschätze richtete, betrachten sie heute die Information als das »neue Gold«. Vor 300 Jahren verstärkten die Politiker ihre Maßnahmen, einerseits soviel gelbes Metall wie möglich ins Land zu ziehen, andererseits es am Verlassen des Landes zu hindern. Heute erleben wir, wie sich die Welt kopfüber in ein Zeitalter des elektronischen Merkantilismus stürzt, in dem die »Datenpolizei« der Regierungen alle grenzüberschreitenden Informationsflüsse überwacht und die Politiker versuchen, ihre Staaten auf dem Gebiet der Telekommunikation erstarken zu lassen.

Wie im 19. Jahrhundert die Eisenbahnen ganze Kontinente miteinander verbanden und neue riesige Märkte für die blühende Schwerindustrie jener Zeit eröffneten, schafft die Telekommunikationsrevolution einen weltweiten Markt für die neuen hochtechnologischen Produkte des 21. Jahrhunderts. Darüber hinaus wird die Information selbst eines der wertvollsten Produkte unserer Zeit. Die Telekommunikation wird sich zu einer der vier oder fünf bedeutenden Wachstumsindustrien des nächsten Jahrzehnts entwickeln. Erfolg oder Mißerfolg auf diesem Feld wird im großen und ganzen über die Hackordnung der Nach-OPEC-Ära bestimmen.

Zur Zeit beherrschen die Vereinigten Staaten diese neue globale Informationsordnung. Kein anderes Land der Welt besitzt die Rechen-

zentren, Datenbanken und Satelliten, um Informationen in einem vergleichbaren Ausmaß zu erzeugen und zu verarbeiten. Kein anderes Land verfügt über so viele multinationale Unternehmen und militärische Möglichkeiten, um die elektronischen Akten über ausländische Märkte, Produkte, Verbrauchergewohnheiten, Konkurrenzfirmen und sogar Regierungsbürokratien anzuzapfen und die Daten innerhalb von Mikrosekunden nach Hause zu übermitteln. Kein anderes Land hat die Fähigkeit, die heute verfügbaren Informationsmengen in profitabler Weise zu verarbeiten. Kurzum, keine andere Nation als die Vereinigten Staaten hat die elektronische Macht, die Daten zu kontrollieren und aus ihrem Gebrauch Nutzen zu ziehen.
Die Fähigkeit Amerikas, das Zeitalter der Information zu beherrschen, ist für seine wirtschaftliche Potenz lebenswichtig geworden. Ohne Datenverarbeitung würde der gesamte Dienstleistungssektor, das am schnellsten wachsende Gebiet der Wirtschaft im letzten Jahrzehnt, absterben. Während sich die Vereinigten Staaten und die Weltwirtschaft unter dem Eindruck hoher Energiepreise von der Schwerindustrie abwenden, erleben die »sauberen« Industrien, die sich auf Informationen stützen, einen Boom. Kommunikationsunternehmen, Einzelhandel, Versicherungen, Bank- und Rechnungswesen, Ingenieurbüros, Tourismus und Verkehr – Industrien, die heutzutage jeden zweiten von drei Amerikanern beschäftigen – würden sonst knirschend zum Stillstand kommen.
Bei der Internationalisierung der Märkte kann nur die prompte und aktuelle Information jene Wettbewerbsvorteile schaffen, die man braucht, um Verträge und Profite zu ergattern. Und während die Herstellerbetriebe Amerikas unter dem Druck der beiden OPEC-Ölschocks einen Niedergang erlebten, verzeichneten die Dienstleistungsunternehmen einen Aufstieg. Amerikanische Banken zum Beispiel sind mächtiger als ihre europäischen, japanischen und arabischen Rivalen. Sie sind nämlich Meister im Gebrauch von SWIFT, einem unglaublich komplizierten Computernetz, das 800 Banken in 17 Städten rund um die Erde miteinander verbindet. Und sie können den Fluß von Milliarden »staatenloser« Dollar, Mark und Yen lenken, die, von keiner Regierung kontrolliert, jeden Tag über die nationalen Grenzen hinwegschwappen.
Wenn es einmal die Zukunftsfabrik mit von Computern entworfe-

nen und gesteuerten Fließbändern gibt, wird die Verarbeitung von Informationen für die Fertigungsindustrie ebenso entscheidend sein wie für den Dienstleistungsbereich. Mit Hilfe der Telekommunikation werden die Manager in der General-Motors-Zentrale schon bald nicht nur in der Lage sein, die Fließbänder in Detroit zu beaufsichtigen, sondern auch die Anlagen in Spanien, Mexiko, der Bundesrepublik und Großbritannien. Die Telekommunikation wird es den Spitzenmanagern erlauben, alle Ebenen der Produktion in sämtlichen Ländern der Welt zu kontrollieren. In wenigen Jahren wird es möglich sein, die Tätigkeit aller Männer, Frauen und Roboter elektronisch zu überwachen, und zwar zu jeder Zeit in jedem Land. Die dafür benötigte Technologie gibt es bereits. Man braucht nur einen Blick auf die Anzeigen von IBM und MCAUTO, einer Abteilung der McDonnell-Douglas-Flugzeugwerke, zu werfen, die im Bereich der computergestützten Konstruktion und Fertigung (CAD-CAM) Pionierdienste geleistet haben. Die Produktivitätssteigerung wird erstaunlich sein, wenn der Mensch erst einmal die Macht gewonnen hat, ganze Produktlinien zu verändern, um die schnell wechselnde Nachfrage am Markt zu befriedigen. Man wird außerdem in der Lage sein, die Fließbänder weltweit in Hunderten von Fabriken zu beschleunigen oder zu verlangsamen, um ein Höchstmaß von Profit zu erreichen. Der Datenfluß wird enorme Sparleistungen erlauben und riesige Gewinne erzeugen. Aber er wird auch die Akkumulation von enormer Macht gestatten – Macht, über die Einzelpersonen wie Regierungen eifersüchtig wachen. Die Gewerkschaften werden der neuen Technologie gerade erst gewahr – und widersetzen sich ihr, so gut sie können.

Datenpolizei

Schon jetzt erzeugt die Informationsrevolution neue soziale und politische Probleme, die uns verstärkt im 21. Jahrhundert beschäftigen werden. In der Tat befinden wir uns gegenwärtig in der Frühphase dessen, was künftige Historiker »die Datenkriege der achtziger Jahre« nennen werden. Barrieren gegen den grenzüberschreitenden Datenfluß wachsen überall aus dem Boden. Es vergeht kein Monat, in

dem nicht irgendeine Regierung versucht, den Informationsfluß von den eigenen Computern über die Grenze zu verhindern. Die Informationspolitik ist im Begriff, eine der diffizilsten internationalen Fragen unserer Zeit zu werden. Die Forderung nach Freiheit einer grenzüberschreitenden Vermittlung von Daten ersetzt das alte Anliegen der offenen Grenzen für Güter und Investitionen, das die internationale Arena der fünfziger, sechziger und siebziger Jahre so beschäftigt hat. Gegenwärtig ist die Informationsfreiheit, das Recht des unbehinderten Austausches von Informationen, Gegenstand einer Grundsatzdebatte in den Vereinten Nationen.
Schon jetzt sind Regierungen tief in die Kontrolle der Datenflüsse verwickelt. Die Vereinigten Staaten sind das einzige Land, das noch immer eine Informationspolitik der »offenen Grenzen« praktiziert. Das aber wird sich schnell ändern. Europa, angeführt von Frankreich, und die Entwicklungsländer mit Brasilien an der Spitze verhalten sich in immer stärkerem Maße »infoprotektionistisch«. Datenpolizisten sind damit beschäftigt, auszuspionieren, woher die Informationen kommen und wohin sie gehen. Regierungsbehörden überwachen den Informationsfluß innerhalb des Landes und über die Grenzen hinweg. Gesetze werden verabschiedet, die alle computerisierten Datenbanken zwingen, sich von einer Datenschutzbehörde registrieren zu lassen. Und mancherorts werden zentralisierte Datenkontrollbehörden eingerichtet. Durchaus möglich ist, daß alle computerisierten Informationen, die in ein Land einströmen und es wieder verlassen, schon bald eine einzige, riesige, von der Regierung kontrollierten Computeranlage passieren müssen, die unablässig überwacht wird. Dann wird die Gefahr groß sein, daß Informationen von den Regierungsbehörden vervielfältigt, verändert oder sogar gestoppt werden. Bereits heute zögern viele amerikanische Multis, Computer in bestimmten Ländern zu benutzen, weil sie befürchten, daß diese von Regierungsbehörden angezapft und die Informationen an die Konkurrenz vermittelt werden.

Wir werden verkabelt

Die Gefährdung der Privatsphäre war ursprünglich der Grund, weshalb sich Regierungen Mitte der siebziger Jahre in die Informationspolitik einmischten. Diese Besorgnis ist immer noch sehr real. Je mehr unser Leben »am Draht« hängt und je mehr wir Computer benutzen, um zu arbeiten, zu spielen, Dinge zu bestellen und zu bezahlen, desto mehr elektronische Spuren hinterlassen wir. Diese elektronischen Spuren sind sehr viel sichtbarer und zugänglicher als jene Spuren, die wir in den Tagen der papierenen Quittungen zu hinterlassen pflegten. Es wird sehr viel einfacher, sich einen Überblick über das Leben des einzelnen zu verschaffen, wenn dieses Leben erst einmal von Computern aufgezeichnet ist. Es wird leichter, unseren Tagesablauf, unser Einkommen, unsere Wünsche zu überwachen, wenn wir an den Drähten von Videotex und interaktivem Fernsehen hängen. Deshalb wird der Schutz der Privatsphäre zu den wichtigsten politischen und sozialen Anliegen der achtziger Jahre gehören.

Europa ist bei der Bewältigung dieses Problems weiter als die Vereinigten Staaten. Schon 1973 begann Schweden damit, die Führung automatisierter Personalakten von einer Erlaubnis abhängig zu machen. Eine neu gegründete Aufsichtsbehörde, die Data Inspektionen, hat inzwischen in fast 30 000 Fällen, in denen es um Streitigkeiten über die Verletzung der Privatsphäre ging, ein Urteil gefällt. 1975 befand Data Inspektionen, die Firma Siemens dürfe keine Personalakten von ihrer schwedischen Filiale elektronisch an die Münchener Zentrale übermitteln. Die Schweden wehrten sich, weil die Akten Daten über Nationalität, Familie, Berufs- und Ausbildungsqualifikationen enthielten, die den Deutschen nicht zugänglich gemacht werden sollten, und stoppten dieses Vorhaben. Bereits zu einem früheren Zeitpunkt hatte Data Inspektionen eine schwedische Gesundheitsbehörde daran gehindert, nach Großbritannien Magnetbänder mit persönlichen Daten zu senden, die dort auf Plastikkarten übertragen werden sollten. Wiederum wurde der Export von Daten über Bürger ins Ausland gestoppt.

In Norwegen müssen neuerdings alle computerisierten Datenbanken, einschließlich der Daten über öffentliche Meinungsbefragungen und Kredite, von der Regierung genehmigt werden. Ohne deren ausdrückliche Zustimmung dürfen sie nicht ins Ausland übermittelt werden. Auch die Bundesrepublik hat Gesetze zum Schutz der Privatsphäre erlassen und das Amt des Datenschutzbeauftragten eingeführt.

Von allen Entwicklungsländern ist Brasilien am meisten darauf bedacht, den grenzüberschreitenden Datenfluß in einem nationalen Sinne zu regeln. Eine eigens eingerichtete Behörde bestimmt die Informationspolitik des Landes. Die Tatsache, daß sie direkt an den Nationalen Sicherheitsrat berichtet, sagt eine Menge darüber aus, was die Debatte über die Informationspolitik wirklich bedeutet. Bald wird Brasilien ein Telekommunikationsnetz besitzen, das die Zentralisierung aller Datenübertragungen in den Händen von Embratel erlaubt, dem Telekommunikationsmonopol der Regierung. Ausländische Multis, die Daten erheben wollen, werden dann bei Embratel um Erlaubnis fragen und der Regierung mitteilen müssen, welche Daten es sein werden und was mit ihnen geschehen soll. Die Informationsbehörde wird alle Übermittlungen überwachen und jedes Unternehmen abschalten können, wenn sie es für geboten hält.

Datenschutz

Die Gesetzgebung zum Schutz der Privatsphäre vor den Computern hat enorme soziale Implikationen. Denn im Namen der Privatsphäre und der Aufrechterhaltung der Demokratie zentralisieren Regierungen die Informationserhebung über den einzelnen noch weiter. Und es werden regierungsamtliche Datenbehörden geschaffen, die den Datenfluß sowohl innerhalb des Landes als auch über seine Grenzen hinweg überwachen. Zudem wird eine Datenpolizei gebildet, die sicherstellen soll, daß der Informationsfluß kanalisiert wird, die Datenbanken bei der Regierung registriert und die Multis im Zaum gehalten werden. Es ist leicht möglich, daß die Privatsphäre bei dem Versuch, sie zu schützen, verlorengeht.

Was auf den ersten Blick paradox anmutet – der Verlust der Privatsphäre im Namen der Privatsphäre –, wird sehr viel klarer, wenn man die Argumente für und wider den Datenschutz unter die Lupe nimmt. Denn das Bemühen vieler Staaten, die Privatsphäre zu schützen, verdeckt zum Teil eine sich verstärkende Tendenz zum elektronischen Protektionismus, der das internationale Freihandelssystem zerstört. Denn die in den letzten Jahren in Frankreich, Großbritannien, der Bundesrepublik, Schweden und Brasilien verabschiedeten Datenschutzgesetze werden zunehmend für rein kommerzielle Ziele genutzt, nämlich als Weg, auf dem man die allgemein anerkannten Regeln der westlichen Allianz umgehen kann, die den ungehinderten Waren- und Kapitalverkehr verlangen. Diese Regeln haben das internationale Verhalten in den letzten 40 Jahren bestimmt. Sie erwuchsen aus dem Zweiten Weltkrieg, einem Krieg, dessen Wurzeln, so die Meinung Roosevelts, Churchills und anderer, in der protektionistischen Handelspolitik der dreißiger Jahre zu suchen sind.

Dennoch versuchen heutzutage viele Länder, vor allem europäische, eine neue Form des Protektionismus zu schaffen. In dem verzweifelten Versuch, ihre Volkswirtschaften von der Schwerindustrie auf die Hochtechnologie des 21. Jahrhunderts umzustellen, laufen Politiker überall Gefahr, den ökonomischen Rahmen unseres modernen Zeitalters zu zerbrechen. Denn viele Regierungen errichten wieder Handelsbarrieren und führen Investitionsbeschränkungen ein. Hinter diesen neuen Mauern hegen sie die Hoffnung, ihre Volkswirtschaften wiederzubeleben und mit Japan und Amerika gleichzuziehen.

Datenschutz und Protektionismus

Es ist ziemlich einfach, die Zunahme des elektronischen Merkantilismus zu messen. Man braucht nur die scharfen nationalen Datenschutzgesetze und -verordnungen zu überprüfen und wird herausfinden, daß sie in fast vollkommener Weise zum Protektionismus passen. Je größer die Besorgnis ist, die öffentlich über die Privatsphäre des einzelnen geäußert wird, desto größer ist die Anzahl der Restriktionen für den Datenfluß und desto merkantilistischer werden sich die Regierungen insgeheim in ihrer Telekommunikationspolitik verhalten. Man nehme das Beispiel Schweden. Die Schweden sind so um die Privatsphäre besorgt, daß sie eine Übermittlung computerisierter Daten nach Übersee zum Zwecke der Verarbeitung nicht erlauben. Doch während Stockholm eine Datenschutzpolitik durchführt, welche die Schweden davon abhalten soll, Informationen ins Ausland zu übermitteln, macht es mit ihr zugleich auch Industriepolitik. Wenn schwedische Firmen und Handelsniederlassungen Daten zur Verarbeitung nicht in andere Länder bringen dürfen, müssen sie es zu Hause erledigen. Und wenn sie die Computer nicht haben, um die Informationen sachgemäß zu verarbeiten, dann müssen sie diese Computer entwickeln. Wie überall, so ist auch in Schweden die Frage des Schutzes der Privatsphäre vor dem Computer vollständig verquickt mit der Politik zur Förderung der Telekommunikationsindustrie. Im Gegensatz zu den elektronischen Giganten der Bundesrepublik, Großbritannien oder der Niederlande haben die Schweden eine Formel für die Flexibilität und den Erfindungsreichtum ihrer Gesellschaften gefunden, welche sie zu den Spitzenreitern auf den Weltmärkten gesellt. Aber sie benutzen ihren geschützten Binnenmarkt als Basis, von der aus die Entwicklung hochtechnologischer Produkte ihren Ausgang nimmt. Man sollte es nicht für überraschend halten, daß schwedische Firmen besonders beschlagen auf den Feldern der Datenverarbeitung und der Telekommunikation sind. Data-Saab, ein Teil von Volvo, kann sich heute schon überall behaupten. L. M. Ericsson ist eine der Spitzenfirmen auf dem Markt der fortgeschrittenen computerisierten Telefonvermittlungsanlagen, ein Markt, auf dem Milliarden Dollar umgesetzt werden. Indem die Data Inspektionen verhindert, daß die Daten schwedischer Bürger zur Verarbeitung und Speicherung ins Ausland übermittelt werden, verschafft sie einheimischen Unternehmen Arbeit und die Möglichkeit, neue Anlagen zu schaffen, Gewinne anzusammeln und sich dann auf die internationalen Märkte zu begeben. Hinter den Schutzwällen ihrer heimischen Märkte brechen sie plötzlich hervor, um Amerikaner, Japaner und Europäer zu bekämpfen. So gehen Datenschutz, Protektionismus und Hochtechnologie Hand in Hand.

Europäische Märkte werden abgeschottet

Der überlegene Mitspieler im neuen Merkantilismus-Spiel ist jedoch Frankreich. Die Franzosen haben es jahrzehntelang verstanden, den Protektionismus der Japaner zu überbieten, ohne den Zorn Washingtons oder ihrer Nachbarn zu erregen. In den siebziger Jahren zog Frankreich gegen das Eindringen ausländischer Stahl- und Autoindustrien Mauern hoch, um seinen eigenen Unternehmen beizustehen. In den achtziger Jahren errichtet es Barrieren gegen Computer, Halbleiter, Roboter, Konsumelektronik und gegen jedes andere Produkt, das in der Nach-OPEC-Ära von außen nach Frankreich eindringen könnte.

Die Schaffung der EWG im Jahr 1957 sollte aus Westeuropa einen zusammenhängenden, großen Markt machen. Dennoch gaben die verschiedenen Regierungen ihre Kontrolle über die Kommunikationstechniken niemals wirklich auf. Alle Einrichtungen der Post, des Telefons und der Telegrafie werden in den westeuropäischen Ländern vom Staat betrieben.

Das bedeutet, daß in Europa kein zusammenhängender Markt für Telekommunikation vorhanden ist. Es gibt nur nationale Märkte, von denen jeder sehr viel kleiner ist als der amerikanische oder japanische. Jeder von ihnen ist zu klein, um einen Telekommunikationsgiganten zu tragen, der es mit IBM oder Fujitsu aufnehmen könnte. So sind zwar Siemens in der Bundesrepublik, Thomson-Brandt in Frankreich und Plessey in England groß, aber nicht groß genug, um zu gewinnen. Ihnen steht kein Markt von kontinentalen Ausmaßen zur Verfügung, auf dem sie wachsen und reifen könnten.

Unter dem Vorwand, die Privatsphäre ihrer Bürger schützen zu müssen, besteht jede europäische Regierung darauf, daß die Aufträge für die Ausrüstung des Post-, Telefon- und Telegrafie-Sektors an einheimische Unternehmen vergeben werden. So hielt die französische Regierung kürzlich ein Pariser Krankenhaus davon ab, Ausrüstungsgegenstände von Siemens zu beziehen, und »empfahl«, die Geräte bei der Elektronikgruppe Thomson-Brandt zu kaufen. Natürlich widerspricht das den Verordnungen der Europäischen Gemeinschaft und des GATT, was die französische Regierung im

Zeitalter des hochtechnologischen Protektionismus jedoch nicht weiter kümmerte.

Meist ist aber nicht Siemens das Ziel der Diskriminierung, sondern IBM, der Riese dieser Industrie, der 60 Prozent des europäischen Computermarktes hält. Konsequenterweise hat Großbritannien seine gesamte Finanzverwaltung veranlaßt, alle Computerangebote von IBM abzulehnen, obwohl eine breite Übereinstimmung darüber herrscht, daß IBM-Geräte die besten und billigsten sind. Statt dessen »überredet« die englische Regierung die Finanzämter, von ICL, der einheimischen Computerfirma, zu kaufen. ICL ist erst ungefähr zehn Jahre alt. Sie war von der Regierung aus den Resten verschiedener englischer Computerunternehmen nach deren Pleiten zusammengestrickt worden, ist aber nie zu einem erfolgreichen Ganzen zusammengewachsen. ICL kann es noch nicht einmal mit Siemens aufnehmen, geschweige denn mit IBM. Nur mit Regierungshilfe kann ICL Aufträge bekommen. Die Firma ist also nur lebensfähig, wenn Ausschreibungsverfahren nicht unter Wettbewerbsbedingungen stattfinden und die Regeln des Freihandels gebrochen werden. Und ironischerweise fiel die Entscheidung, ICL vor IBM den Zuschlag zu geben, im Jahr 1981, unter der Laisser-faire-Regierung von Margaret Thatcher.

In der Bundesrepublik, wo man stolz darauf ist, die Prinzipien des Freihandels hochzuhalten, handhabt die Regierung größere Abschlüsse im Bereich der Telekommunikation eindeutig so, wie es Siemens paßt. In den siebziger Jahren gab Bonn 250 Millionen Dollar für einen untauglichen Versuch von Siemens aus, ein fortgeschrittenes Telefonvermittlungssystem auf mechanischer Basis aufzubauen. Doch als die Schweden, Kanadier, Franzosen und Amerikaner mit einer computerisierten Ausstattung auf den Markt kamen, ließ die Bundespost das Projekt fallen. Und dann, anstatt dieses weitaus fortgeschrittenere System im Ausland zu kaufen, schloß die Bundespost mit Siemens einen neuen Vertrag über die Herstellung ähnlicher computerisierter Anlagen ab. Bis jetzt ist Siemens dabei nur wenig erfolgreich gewesen. Der einzige Markt dieses Unternehmens ist die Bundesrepublik, und sie muß sich mit den Franzosen zusammentun, um im Ausland Käufer zu finden. Als sich Italien 1982 entschloß, sein gesamtes Telefonnetz zu modernisieren, wandte es sich an die Gene-

ral Telephone and Electronics Corporation in den Vereinigten Staaten. Für dieses Vorhaben, das einen Wert von vielen Milliarden Dollar haben wird, war nur L. M. Ericsson ein ernstzunehmender Mitbewerber. Das Telefonsystem, das die Italiener ersetzen wollen, ist ein mechanisches System, das Siemens nach dem Krieg installiert hat.
Trotz der enormen Subventionen und der geschützten Märkte wird so bald keines der größeren europäischen Unternehmen fähig sein, die Amerikaner oder Japaner auf dem Gebiet der Telekommunikation zu schlagen. Denn die Unterstützung, welche die Regierungen geben, schwächt diese Firmen auf den Weltmärkten. Ohne einen gesamteuropäischen Markt für Telekommunikation gibt es nicht genügend Aufträge, durch die es lohnend würde, riesige Fabriken zu bauen und Investitionen zu tätigen, welche die Preise so schnell nach unten drücken, daß man weltweit wettbewerbsfähig wird. Unternehmen dieser Größenordnung gibt es nicht in mittleren Märkten, wie sie Frankreich, die Bundesrepublik, Großbritannien und Italien heute darstellen, mit Bevölkerungen, deren Zahl sich zwischen 50 und 60 Millionen bewegt. In Japan leben 110 Millionen Menschen, in den USA 225 Millionen. Erst ein wirklicher europäischer Markt mit 300 Millionen Menschen würde die Voraussetzungen für eine wettbewerbsfähige europäische Telekommunikationsindustrie abgeben. Leider sind die Europäer nicht willens, ihre Telekommunikationsmärkte in derselben Weise zu öffnen, wie sie es bei ihren traditionelleren Märkten unter den Regeln des Gemeinsamen Marktes getan haben. Kein europäisches Land will riskieren, daß eigene Gesellschaften unter wirklichen Wettbewerbsbedingungen scheitern. Siemens könnte sich zum Beispiel in einem freien Markt der französischen Cii-Honeywell-Bull bei der Herstellung von Computern als überlegen erweisen, oder L. M. Ericsson könnte Siemens im Bereich der fortgeschrittenen Telefontechnologie die meisten Aufträge wegschnappen. Da kein Land im Hinblick auf die Zukunft auf den hochtechnologischen Märkten an Boden verlieren will, schützt jede Regierung ihre einheimischen Märkte und versucht gleichzeitig, in die Märkte ihrer Nachbarn einzudringen.
In diesem Spiel des hochtechnologischen Merkantilismus führen die Franzosen. Sie sind am wenigsten gewillt, ihren elektronischen

Markt für ausländische Konkurrenten zu öffnen, seien es nun Asiaten, Amerikaner oder Europäer. Als sich der Gemeinsame Markt im Dezember 1981 darum bemühte, wenigstens zehn Prozent aller staatlichen Verträge im Bereich der Telekommunikation für den freien Wettbewerb auf dem europäischen Markt auszuschreiben, sagte Paris mit fester Stimme nein. Die Franzosen klagten, daß alle IBM-Töchter in Europa dann als Konkurrenz auftreten könnten und die einheimischen Gesellschaften auf der Strecke bleiben würden. Mehr noch, sie befürchteten, daß die Schweden, möglicherweise auch die Engländer, bedeutsame Abschlüsse tätigen würden. Paris sorgte sich nicht um die Japaner, da ihnen der Zugang zum französischen Markt ohnehin versperrt ist. Ende 1982 teilte die sozialistische Regierung Tokio mit, daß alle japanischen Videorecorder, die nach Frankreich eingeführt würden, in Poitiers durch den Zoll gehen müßten. In dieser winzigen Stadt gibt es nur vier Zollbeamte, und folglich ging der Export japanischer Videorecorder nach Frankreich zurück. Um ihrem Standpunkt Nachdruck zu verleihen, erinnerten die französischen Regierungsvertreter die Japaner daran, daß Poitiers der Ort ist, an dem die Franzosen im 8. Jahrhundert die einfallenden Araber geschlagen haben. Daraufhin veröffentlichten die Japaner, allerdings ohne jeden Nutzen, folgende ganzseitige Zeitungsanzeigen: »Wir sind keine Sarazenen.« Die Hochtechnologie läßt den Nationalismus wieder aufleben, der die Welt vor einem halben Jahrhundert vergiftet hat, und er löscht die Jahrzehnte aus, in denen Fortschritte in der Freiheit des Handels und der Investitionen gemacht wurden.

Handel auf Gegenseitigkeit – die neue Hochtechnologiepolitik der USA

Bis 1982 waren die amerikanischen Grenzen sowohl für die Übermittlung von Daten als auch für den Verkauf hochtechnologischer Produkte offen. Es gab keine staatliche Genehmigung für Datenbanken, keine Aufsicht über Informationen, keine Informationspolitik. Europäischen und japanischen Gesellschaften stand es frei, sich in jedes hochtechnologische Unternehmen einzukaufen – mit Ausnahme derjenigen Großunternehmen, die im Verteidigungsbereich tätig eines Teilabschnitts von 404 Meilen in einem Glasfaserkommunikationsnetz von insgesamt 776 Meilen Länge bemüht. Das Glasfaserkabel soll im Nordostkorridor zwischen Cambridge/Massachusetts und Moseley/Virginia entlanggeführt werden und quer durch New York City laufen. In der Vergangenheit hatte die Muttergesellschaft »Ma Bell« ihren gesamten Bedarf an Glasfaser und anderen Ausrüstungsgegenständen bei einer Tochtergesellschaft, dem Elektronikhersteller Western Electric, gedeckt. Diesmal jedoch veranstaltete sie eine Ausschreibung, bei der sie Angebote von Fujitsu, Hitachi, NEC und Sumitomo Electric, von Philips aus Holland, der französischen Compagnie Générale d'Electricité und der amerikanischen Harris Corporation erhielt. Fujitsu machte das niedrigste Angebot, das ungefähr 33 Prozent unter dem Angebot von Western Electric lag. Fujitsu hätte die elektronische Hardware für das System gebaut und hätte die Glasfaserkabel von Siecor, einem Unternehmen, das mit dem führenden Hersteller von Glasfaser Corning Glass zusammenarbeitet, und von Siemens gekauft.

Es ging alles glatt für Fujitsu, und schon schien es so, als würde das Unternehmen den Vertrag in der Tasche haben. Das wärmte die Herzen der Japaner, da die Glasfaser eine jener Technologien ist, auf die sie sich in den achtziger Jahren spezialisiert haben. Sie hoffen, daß die Glasfaser das Kupferkabel ersetzt und bald alle Telefon- und Computerverbindungen in einem einzigen System zusammengefügt sind; für sie ist das ein immenser internationaler Markt. Wenige Monate bevor Fujitsu von AT&T als Vertragspartner hätte genannt werden können, geriet die amerikanische Gesellschaft von Washington aus mächtig unter Druck. Senator Strom Thurmond, Vorsitzender des Justizausschusses im Senat und ein starker Anwalt der nationalen Verteidigung, schickte ein Memo ins Weiße Haus, in dem er sich dem Auftrag für Fujitsu widersetzte, weil dadurch einer ausländischen Firma gestattet würde, ein »wesentlicher Betreiber unseres empfindlichen Kommunikationsnetzes« zu werden. Andere Kongreßleute plagte die Vorstellung, daß es wegen der Japaner zu einem Verlust an Arbeitsplätzen kommen würde. Bernard J. Wunder jr., stellvertretender Minister für Kommunikation und Information, diskutierte mit AT&T-Managern über den Vertragsabschluß und betonte die Wichtigkeit einer Hilfe für die amerikanische Glasfaserindustrie. Im Oktober schließlich schrieb der Kongreßabgeordnete Timothy E. Wirth, Vorsitzender des Unterausschusses für Telekommunikation im Repräsentantenhaus, einen Brief an FCC-Präsident Mark Fowler, in dem er davor warnte, daß die nationale Sicherheit der USA beeinträchtigt würde, wenn der Auftrag an die Japaner ginge. Die FCC – die Federal Communications Commission – bat das Verteidigungsministerium um seine Meinung. Dessen vage gehaltene Stellungnahme besagte, daß der Wiederaufbau der Vereinigten Staaten nach einem Krieg schwierig werden könnte, wenn das amerikanische Telekommunikationsnetz in Abhängigkeit zu einem ausländischen Unternehmen geraten würde. In den nächsten Wochen lehnte AT&T das Angebot von Fujitsu ab und entschied sich für Western Electric. Um der Ungerechtigkeit noch eine Frechheit hinzuzufügen, beschuldigte FCC-Mitglied Joseph Fogarty dann noch Fujitsu, es habe ein ungesetzlich niedriges Angebot abgegeben, eine Beschuldigung, die er später allerdings wieder zurücknahm.

So schließt sich der Kreis. Fragen der nationalen Sicherheit verquikken sich mit den Problemen des Hochtechnologiegeschäfts. Nach Jahren des Drucks auf Japan, es möge die eigene, von der Regierung kontrollierte National Telegraph and Telephone Company (NTT) für Ausschreibungen im freien Wettbewerb öffnen, begann Amerika, von seiner Freihandelspolitik abzugehen und sich dem Protektionismus zuzuwenden. Wegen des wachsenden Protektionismus ihrer Handelspartner haben die Vereinigten Staaten aufgehört, die Freiheit des Hochtechnologiehandels zu verteidigen. Sie nehmen jetzt am merkantilistischen Spiel teil.

Die Fujitsu-Affäre führt uns schnell zu anderen Fällen. Am 4. Januar 1982 erließ das amerikanische Handelsministerium eine einstweilige Verfügung gegen die Nippon Electric Corp., weil diese den Preis für ihre Starkstrommikrowellenverstärker, die bei Bodenstationen für Satelliten eingesetzt werden, 13 bis 39 Prozent unter dem japanischen Preis angesetzt hatte. Dieses Drei-Millionen-Dollar-Geschäft war das erste, bei dem Japan fortgeschrittene Telekommunikationsausrüstung für die Verbindungen zwischen Satelliten und Bodenstationen an die Vereinigten Staaten verkaufte. Wie Fujitsu allgemein anerkannt in der Glasfasertechnologie an der Spitze liegt, so ist

NEC weltweit der Spitzenreiter für die Mikrowellenausrüstung der Bodenstationen.

Die Paukenschläge gegen die japanische Technologie ergeben neuerdings eine Marschmusik. Einer der Kapellmeister ist Lionel Olmer, im US-Handelsministerium zuständig für den internationalen Handel. Jahrelang war Olmer ein Angestellter von Motorola gewesen, einem der größten amerikanischen Unternehmen im Bereich der Halbleiter und Elektronik. Und er empfiehlt eindringlich, den Import japanischer Elektronik abzublocken. Ihm geht es vor allem darum, daß sich die Vereinigten Staaten bei der Nutzung ausländischer Elektronik einschränken, damit sie militärisch nicht von fremden Versorgungsquellen abhängig werden. Insbesondere will Olmer die Abhängigkeit der Vereinigten Staaten von japanischen Halbleitern verringern. Diesen Bereich des Marktes beherrscht Japan eindeutig. Es hält 60 Prozent des Weltmarktes beim 64k-Ram, der jüngsten Generation der Halbleiter.

Früher allerdings hatten sie 80 Prozent gehabt. Das amerikanische Justizministerium aber startete eine formelle Untersuchung, ob es geheime Absprachen von sechs japanischen Unternehmen gab, den Markt für Halbleiter in den Vereinigten Staaten zu kontrollieren und die Preise festzulegen. Im Sommer 1982 teilte das Justizministerium dem japanischen Außenministerium in einer Note mit, es sei der Preisfestlegung durch Hitachi, Nippon Electric, Toshiba, Fujitsu, Mitsubishi Electric und Oki Electric nachgegangen. Die Untersuchung fand genau einen Monat nach jenem sogenannten »Japscam«-Fall statt, in dem Angestellte von Hitachi und Mitsubishi Electric festgenommen worden waren, weil sie für die Weitergabe von Computergeheimnissen des Konzerns IBM Schmiergelder in Höhe von 600000 Dollar gezahlt hatten. Niemand in Tokio glaubte, daß es sich hier um eine zufällige Koinzidenz handelte.

Die amerikanischen Halbleiterhersteller mit Motorola und Advanced Micro Devices an der Spitze behaupten, niemand könne bei so niedrigen Preisen, wie sie die Japaner für ihre 64k-Chips nehmen, noch Gewinne machen. Sie bedrängen Regierungsstellen in Washington, um Importbeschränkungen oder ein Ende des japanischen Dumpings zu erreichen. Das Verteidigungsministerium zieht kräftig am selben Strang und bringt seine Besorgnis darüber zum Ausdruck, daß Vertragspartner der US-Streitkräfte zu sehr in Abhängigkeit zu ausländischen Lieferanten entscheidender elektronischer Bauelemente geraten könnten. Olmer will sogar die amerikanischen Antitrustgesetze ändern, damit sich amerikanische Gesellschaften zusammenschließen können, um den Wettbewerb mit den Japanern besonders im Bereich der Elektronik zu bestehen. »Halbleiter sind das ›Rohöl‹ der amerikanischen Industrie geworden«, sagt er, weil Fortschritte in vielen Zweigen der Wirtschaft heute von Amerikas Fähigkeit auf diesem einen Feld abhängen, einem Feld, das zunehmend die Japaner beherrschen. Gerade jetzt wird der Kongreß mit Gesetzentwürfen überflutet, die die amerikanische Technologie schützen und ausländische Märkte für die amerikanischen Hochtechnologie-Exporte öffnen sollen. Das meiste dieser Gesetzgebung gibt den amerikanischen Herstellern positive Anstöße; es hat aber auch eine Schattenseite: den Protektionismus. Die allgemeine Parole lautet »Handel auf Gegenseitigkeit«. Der Kongreß und die Reagan-Regierung nahmen sehr schnell, was die Hochtechnologie anbelangt, einen protektionistischen Standpunkt ein, der sich stark von jenem des freien Handels unterscheidet. Das Hochtechnologiehandelsgesetz von 1982 ermächtigt den Präsidenten, Abkommen mit anderen Ländern abzuschließen, um Hochtechnologie-Exporten der Vereinigten Staaten Zugang zu fremden Märkten zu verschaffen. Laut Gesetz fallen unter den Begriff der Hochtechnologie Halbleiter, Computer, Roboter und CAD-CAM-Ausrüstungen. Wenn die Vereinigten Staaten aber keinen freien Zugang erhalten, darf der Präsident den amerikanischen Markt für hochtechnologische Waren aus dem Ausland sperren. Der Entwurf eines Sondergesetzes des Senats gilt besonders dem Handel auf Gegenseitigkeit im Bereich der Telekommunikation. Freihandel, so sein Tenor, ist erst dann fairer Handel, wenn er auf Gegenseitigkeit beruht. Sollte Washington diese Politik einführen, wird die Auswirkung verheerend sein – vor allem für Japan. Die offenen Handelsmärkte, die sich schon in den letzten Jahren immer mehr schlossen, werden dann mit einem Knall zu sein. Dann wird der amerikanische Markt, der größte der Welt, für Ausländer ein verbotenes Gebiet sein. Und die Japaner würden am meisten leiden, da Amerika ihnen den größten Teil ihrer Exporte, speziell hochtechnologische Ausrüstungen, abnimmt. Eine Schließung des Marktes würde Japan ebenso treffen wie die Einstellung der Stahl- und Öllieferungen durch Amerika am Vorabend des Zweiten Weltkrieges. Und die Folgen könnten ebenso dramatisch sein.

Die UNESCO – das Schlachtfeld der Informationspolitik

Der ungehinderte Informationsfluß beschäftigt nicht nur die Industrienationen, sondern entwickelt sich auch zu einem Problem im Nord-Süd-Konflikt. Wie die Industrieländer definieren auch jene der Dritten Welt diese Streitfrage mit Begriffen der Moral, wobei sie verschleiern, worum es ihnen wirklich geht – um wirtschaftliche und politische Macht.

Die Arena für diesen immer bitterer werdenden Streit ist die UNESCO (United Nations Educational, Scientific and Cultural Organization = Organisation der Vereinten Nationen für Erziehung, Wissenschaft und Kultur). In den vergangenen drei Jahren haben die Entwicklungsländer dagegen protestiert, daß alle größeren Nachrichtenagenturen, die über sie berichten – wie etwa AP, UPI, Reuters und Agence France Press –, dem Westen gehören und von ihm betrieben werden. Sie beklagen sich, daß diese westlichen Organisationen ihre Nachrichten verfälschen und parteiische, negative und unfaire Geschichten verbreiten. Dem wollen sie ein Ende machen.

Über die durch die UNESCO unterstützte Gruppe International Program for Development of Communications versuchen die Entwicklungsländer, eine »neue Informationsordnung« zu errichten, die eine sehr viel größere Regierungskontrolle über die Medien zulassen würde. Sobald die Finanzierung gesichert ist, soll die UNESCO Nachrichtenagenturen für ganz Afrika und ganz Asien einrichten.

Washington widersetzt sich natürlich dem Plan einer staatlichen Aufsicht über die Medien. Die amerikanische Delegation wies darauf hin, daß die Einrichtung des Kommunikationsprogramms durch die UNESCO eine Stärkung des freien Journalismus in der Dritten Welt bezweckte. Nun aber würde das Programm nur die Regierungskontrolle vergrößern. Mittlerweile hat sich der Streit so zugespitzt, daß die USA die UNESCO zum 1. Januar 1985 verlassen wollen.

Die Vereinigten Staaten argwöhnen außerdem, daß die Länder der Dritten Welt mehr als nur die Nachrichtenmedien kontrollieren wollen. Eine andere Abteilung der UNESCO, die ihren Sitz in Rom hat, das Intergovernmental Bureau for Informatics (IBI), versucht, eine Milliarde Dollar für ein Telekommunikationsprogramm der Dritten Welt einzutreiben. Das IBI hat 30 Mitglieder und hofft, 40 Prozent des Geldes von der OPEC zu bekommen. Frankreich partizipiert an dieser Entwicklung am stärksten; es ist dabei, über eine eigene Organisation Telekommunikationstechnologien in den Entwicklungsländern zu vertreiben.

1983 fand in Havanna eine IBI-Konferenz über »Informatik« statt, auf welcher das neue Ungleichgewicht zwischen Nord und Süd diskutiert wurde, das nicht nur auf dem Unterschied von Reichtum und Armut beruht, sondern auch auf einer ungleichen Verteilung der Daten und der Telekommunikationstechnologie. Auf einer Vorbereitungskonferenz forderte das IBI 1982 eine internationale Debatte »über den grenzüberschreitenden Datenfluß und seine Auswirkungen auf die internationale Verteilung der Beschäftigung«. Diese Forderung hatte nur entfernt mit der Frage zu tun, ob Reporter ihren Berufspflichten genügen. Vielmehr traf sie den Kern der UNESCO-Debatte über die Informationskontrolle.

Washington glaubt, daß die Ziele des IBI nicht berechtigt sind, und es war auch nicht sehr glücklich darüber, daß Fidel Castro Gastgeber der Konferenz war. Vielmehr glaubt man in der amerikanischen Hauptstadt, daß Frankreich die Organisation als Verkaufshilfe für die eigenen Elektronikexporte benutzt. Am meisten fürchtet Washington jedoch, daß die Vereinten Nationen den ganzen grenzüberschreitenden Datenfluß ihrem Regelwerk unterwerfen. Das weckt dieselben Ängste wie beim neuen Seerechtsvertrag, der aus den Vereinten Nationen die Aufsichtsbehörde über den Tiefseebergbau machen würde. In beiden Fällen würden sich die Regierungen der Dritten Welt gegen das private Unternehmertum durchsetzen, Bürokratien würden Märkte beherrschen, Kartelle würden Preise festsetzen, und die Vereinigten Staaten würden gegenüber schwächeren Ländern der Dritten Welt und ihren westlichen Alliierten an Boden verlieren.

Washington steht hier ein harter Kampf bevor. Auf der IBI-Konferenz im Jahr 1979 forderte eine Gruppe afrikanischer Länder, alle afrikanischen Regierungen müßten einen bevorrechtigten Zugang zu denjenigen Informationen in ausländischen Computern haben, die ihre nationale Sicherheit betreffen, wie auch immer diese definiert sei. Der Datenschutz wird weltweit immer stärker zu einem Streitpunkt internationaler Politik. Das Schicksal der Weltwirtschaft steht auf dem Spiel und mit ihm die Vorherrschaft in der internationalen Machtkonstellation.

Hochtechnologischer Nationalismus

Die Telekommunikation ist nicht die einzige Zukunftsindustrie, welche die Welt zurück in die Vergangenheit führt. Tatsächlich werden Wiederaufstieg des Nationalismus und Zusammenbruch des Freihandels von jenen Regierungen gefördert, die versuchen, alle Leittechnologien des 21. Jahrhunderts nutzbar zu machen.

Wieder einmal gibt Frankreich in Europa die Richtung an. Schon unter der konservativen Regierung von Giscard d'Estaing hatte sich Paris für die Zukunftsindustrien entschieden – und damit begonnen, sämtliche Strukturelemente seiner Volkswirtschaft umzugestalten, damit Frankreich auf diesen Gebieten die Führung übernehmen könnte. Regierungsvertreter entschieden, daß es sechs Leittechnologien der Zukunft gibt – Konsumelektronik, militärische Elektronik, Roboter, Werkzeugmaschinen, Biotechnik und Datenverarbeitung oder Telekommunikation. Giscard gab der Nation die Ziele an, stellte öffentliche Gelder in Milliardenhöhe zur Verfügung und schloß vor allem die französischen Grenzen für hochtechnologische Konkurrenzunternehmen. Es mutete an, als gäbe es den Gemeinsamen Markt nicht, ja als wäre der Freihandel nicht mehr Leitwert der westlichen Industrieländer.

Dieser staatsmännische Aufruf, dieser »dirigisme« der konservativen Giscardisten war in der Tat so stark, daß die Sozialisten, als sie 1981 an die Macht kamen, eine Politik betrieben, die sich kaum von der ihrer »rechten« Vorgänger unterscheidet. Noch unter Giscard hatte das Telekommunikationsmonopol der Regierung, die Direction Générale des Télécommunications (DGT), entschieden, daß es im nationalen Interesse liege, wenn eine überwiegend in französischer

Hand befindliche Firma Glasfasern produziere. Mittlerweile ist DGT eine beachtliche Organisation geworden, mit einem Jahresetat von sechs Milliarden Dollar, die in der Industriepolitik eine bedeutende Rolle spielt. Gérard Théry war der Direktor von DGT unter Giscard, und er allein entschied, daß der französische Glasfaserproduzent sich aus drei Unternehmen zusammensetzen sollte: Saint Gobain, ein »Zehn-Milliarden-Gemischtwarenladen«, der sich auf Röhren, Glas, Bauwesen, Elektronik und Computer spezialisiert hat, Thomson-Brandt, Frankreichs größte Elektronikgruppe, und die amerikanische Corning Glass, weltweit Marktführerin im Bereich der Glasfasertechnologie.

Die DGT setzte diese Fusion durch, obwohl Corning Glass bereits ein technologisches Exklusivabkommen mit Cables de Lyon hatte, einem anderen französischen Unternehmen. Um sein Ziel zu erreichen, drängte Théry einfach Cables de Lyon aus allen Verträgen mit DGT hinaus. Zur selben Zeit erhielt Thomson-Brandt plötzlich Geld von DGT. Gegen ihre eigenen Wünsche entschloß sich Corning Glass, Cables de Lyon im Stich zu lassen und sich dem neuen Konsortium anzuschließen, das von Saint Gobain angeführt wurde. Damit war der französische Staat am Ziel seiner Wünsche. Der Dirigismus hatte gesiegt.

Die Sozialisten gingen in der von den Gaullisten entwickelten Strategie noch einen Schritt weiter. Sie haben so gut wie alle hochtechnologischen Unternehmen in Frankreich, die vorher nicht von der Regierung kontrolliert wurden, nationalisiert. Zusätzlich haben sie fast alle Banken verstaatlicht, wodurch sie die Kontrolle über Milliarden von Francs erlangten. Die Sozialisten haben ein Ministerium für Forschung und Technologie neu geschaffen und hierfür Milliardenbeträge bereitgestellt. Sie haben vor, das Kapital der nationalisierten Banken in die hochtechnologischen Unternehmen umzuleiten.

Ein anderes Hauptschlagwort der Sozialisten ist die »Wiedereroberung der einheimischen Märkte« – was Fachleute in Europa, Japan und Amerika für eine euphemistische Umschreibung des Protektionismus halten. Sie haben gute Gründe dafür. Industriepolitisch bedeutet nämlich die Wiedereroberung der einheimischen Märkte, daß die Regierung bestimmten Industriezweigen und Unternehmen finanzielle Hilfe sowie Schutz vor unerwünschten Importen gibt.

Zum Beispiel sind die Sozialisten wütend darüber, daß Frankreichs einst mächtige Werkmaschinenindustrie von den Japanern zerstört worden ist. Fast 50 Prozent ihres Marktes haben die Franzosen an die Japaner verloren und ein gut Teil des Rests an die Deutschen. Die Japaner konnten, ausgerüstet mit computergesteuerten elektronischen Geräten, den französischen Fabrikanten höher entwickelte und billigere Maschinen bieten.

Die Sozialisten haben nun mehr als vier Milliarden Francs in einen Vierjahresplan zur Rettung der einheimischen Werkzeugmaschinenindustrie eingesetzt. Sie formen aus Dutzenden von kleineren Firmen zwei oder drei Giganten. Paris ist dabei, Gesellschaften, die sich durch die Nationalisierung bereits unter der Kontrolle der Regierung befinden, zu »überreden«, neue Fabrikationsanlagen und Maschinen nur bei den reorganisierten Unternehmen Frankreichs zu kaufen. Und die Regierung wird weiteres Kapital in diese Unternehmen stecken und ihnen in den Sparten Forschung und Entwicklung unter die Arme greifen. So erwartet sie, daß sich die einheimische Produktion bis 1985 verdoppeln wird.

Im Bereich der Mikroelektronik arbeiten die Sozialisten an einem Vierjahresprogramm für Forschung und Entwicklung, das einen Umfang von rund drei Milliarden Francs hat und viermal so groß ist wie ein früherer Plan der konservativen Gaullisten. Auch wird der Betrag, den die Regierung für die computerisierte Datenverarbeitung ausgeben wird, fast ebenso eindrucksvoll sein – 2,5 Milliarden Francs für Forschung und Entwicklung. Zur Schaffung der ersten »Télématique«-Gesellschaft der Welt in Frankreich werden die Sozialisten sogar noch das Programm der Gaullisten übertreffen. Unter Giscard kündigte Paris an, es werde Milliarden Francs dafür ausgeben, daß jeder Haushalt des Landes, der ein Telefon hat, mit einem computerisierten, elektronischen Telefonbuch ausgestattet wird. Diese Terminals würden bis 1992 installiert sein, was bedeutet, daß 30 Millionen Terminals in französischen Wohnungen aufgestellt würden. Dieser Plan ist weitaus ehrgeiziger, als es die elektronischen »Branchenseiten« von AT&T sind; ihm gegenüber verblassen selbst die Ideen der Japaner.

Kaum waren die Sozialisten 1981 an die Macht gekommen, entschieden sie, CIT-Alcatel, eine Tochter der riesigen Gruppe Compagnie

Générale d'Electricité (die ebenfalls nationalisiert wurde), solle mit dem Bau billiger Computerterminals beginnen. Bis 1983 wird CIT-Alcatel 1,5 Millionen Geräte dieser Art jährlich herstellen. Die französische Regierung bietet diesem Unternehmen einen enormen Inlandsmarkt, der vor ausländischer Konkurrenz geschützt ist, und ermutigt es gleichzeitig, diesen großartigen wirtschaftlichen Vorteil zu nutzen und mit dem Export zu beginnen. In der Tat hat sich CIT-Alcatel bereits mit einem Vertriebspartner in den USA zusammengetan, der im Verlauf der nächsten drei Jahre 250 000 der billigen Terminals jährlich verkaufen soll. Die Politik des elektronischen Merkantilismus, welche die französische Regierung praktiziert, scheint zu funktionieren – zugunsten Frankreichs. Source Telecomputing Corporation, eine Tochtergesellschaft von Reader's Digest, wird in den Vereinigten Staaten die Vertriebsfirma von CIT-Alcatel sein.

Im Bereich der Roboter verläßt sich Paris auf die Erfahrungen von Renault. Wie Toyota, General Motors und andere Autohersteller setzt Renault schon seit Jahren bevorzugt bestimmte Robotertypen, insbesondere Schweißgeräte, ein.

Im Bereich der Biotechnik haben die Franzosen denselben Vorteil wie die Japaner – sie führen in der Fermentierung. Die Vereinigten Staaten liegen bei dem biotechnischen Schlüsselverfahren eindeutig an der Spitze: Sie bedienen sich der Mikrochirurgie, um einen Kern aus einer Zelle zu entfernen und ihn in eine andere Zelle einzupflanzen. Auf diese Weise schaffen sie Bakterienfabriken, die pharmazeutische oder chemische Produkte von hohem Wert produzieren. Aber die Franzosen sind Meister in der Herstellung jenes Nährbodens, auf dem diese Bakterien leben und aufwachsen und ihre hochgeschätzten Stoffe in kommerziell zu nutzenden Mengen erzeugen müssen. Dies ist ein ganz anderer Typ von Technologie. Und die jahrhundertealte Erfahrung Frankreichs bei der Herstellung von Wein und Käse – Verfahren, bei denen die Fermentierung angewandt wird –, kann sehr wohl auf die Herstellung von Interferon oder Insulin umgestellt werden, wenn die Franzosen diese Umstellung schaffen. Elf-Aquitaine, die staatliche Erdölgesellschaft, Lafarge-Coppé, der Zementhersteller, und das Chemie- und Textilunternehmen Rhône-Poulenc koordinieren ihre Anstrengungen auf dem Gebiet der Biotechnik.

so eng, daß diese deutsche Firma keine Computer oder Kopierer verkaufen könnte, wenn es die Japaner nicht gäbe. Fujitsu hat sich vor kurzem bereit erklärt, in Deutschland eine unbemannte Fabrik zu bauen, die Roboter herstellen wird, die Siemens dann unter dem eigenen Firmenzeichen vertreiben wird. Siemens verkauft ebenfalls Glasfaserkabel, die es zusammen mit Corning Glass unter eigenem Namen hergestellt hat. Ohne Corning wäre Siemens, der einst so stolze Telekommunikationsriese der Bundesrepublik, unfähig, die Kabel der Zukunft zu verlegen – jene aus Glas.

Während sich die Italiener wegen der Erneuerung ihres Telekommunikationsnetzes an die Amerikaner um Hilfe wenden, erwarten sie im Bereich der Halbleiter von Japan Beistand. Der einzige bedeutende Chiphersteller Italiens, SGS, hat eben erst mit Toshiba einen Lizenzvertrag unterzeichnet, demzufolge Technologie für die einheimische Produktion importiert werden soll. In Großbritannien bauen Hitachi und NEC Fabriken auf, um die neuesten 64k-Ram-Speicherchips herzustellen – um in Konkurrenz zu den Amerikanern zu treten. Siemens startet gerade seine eigene 64k-Produktion. Beim Automobilbau wenden sich die schwächeren europäischen Firmen natürlich an die Japaner mit ihrer bewährten Technologie. Großbritanniens staatseigener Autokonzern, British Leyland, baut den Honda-Wagen, Marke »Acclaim«, zusammen, und die italienische Firma Alfa-Romeo hat sich mit Nissan zusammengetan.

Der militärisch-industrielle Komplex in Frankreich

In ihrem Bemühen, Zugang zu ausländischer Technologie zu erhalten, besitzt ein europäisches Land eine Karte, die anderen nicht zur Verfügung steht. Paris kann den Amerikanern etwas bieten, was die Bundesrepublik, Italien, Großbritannien und sogar Japan nicht können: den zweitgrößten militärisch-industriellen Komplex des Westens nach den Vereinigten Staaten. Es war kein Zufall, daß der argentinische Kampfbomber, der während der Kämpfe um die Falklandinseln im Mai 1982 den englischen Zerstörer HMS *Sheffield* versenkte, der Super Etendard war, den die französische Flugzeuggesellschaft Daussalt-Breguet baut. Die Rakete, die das Schiff vollkommen zerstörte, war die Exocet, eine französische Waffe, hergestellt von Aérospatiale. Beide Gesellschaften sind jetzt natürlich von den Sozialisten verstaatlicht worden, und François Mitterrands Bruder Jacques ist der Chef von Aérospatiale. Frankreich ist heute der drittgrößte Exporteur moderner Waffen in der Welt, und mit seinen jährlichen Ausfuhren im Wert von 40 Milliarden Francs liegt es an dritter Stelle hinter den Vereinigten Staaten und der Sowjetunion. Bei Frankreichs Exporten handelt es sich nicht einfach nur um Pistolen oder Stiefel, sondern hauptsächlich um hochtechnologische Ausrüstungen. Frankreichs militärische Elektronik gehört zum Besten in der Welt. Die militärische Elektronik ist für die französischen Verteidigungsprogramme entscheidend – Programme, die 300 000 Menschen Arbeit geben; Programme, welche die Sozialisten nicht änderten, als sie an die Macht kamen, obwohl sie unter starkem Druck ihres eigenen linken Flügels und ihrer kommunistischen Regierungspartner standen, die französischen Waffenexporte einzuschränken.

Allen amerikanischen Unternehmen wird der Zugang zu diesem riesigen militärischen Markt und natürlich dem riesigen Telekommunikationsmarkt im Bereich von Post, Telefon und Telegrafie garantiert, wenn sie das Spiel des französischen Hochtechnologieprotektionismus mitspielen. 1980 gestand die Regierung dem Verteidigungsministerium Aufträge im Wert von 150 Milliarden Francs zu. Das entsprach 46 Prozent aller Staatsausgaben. Der Bereich Post, Telefon, Telegrafie nahm 66 Milliarden oder 20 Prozent aller Ausgaben in Anspruch. Allein diese beiden Ressorts fraßen einen hohen Prozentsatz des Ausgabenvolumens auf. Diese enormen Märkte werden von fähigen französischen Technokraten kontrolliert, die amerikanischen Hochtechnologieherstellern gewisse Marktanteile reservieren – aber nur, wenn diese das Spiel des Technologietransfers und der Gemeinschaftsunternehmen akzeptieren.

Man nehme Cii-Honeywell-Bull als Beispiel. 1976 war Frankreich verzweifelt hinter einer nationalen Computergesellschaft her, die den Wettbewerb sowohl daheim als auch auf den Weltmärkten gegen IBM bestehen könnte. Die eigenen Versuche, Computer zu bauen, waren kläglich gescheitert. Paris wandte sich an die Firma Honeywell in Minneapolis und bot einen Tauschhandel an. Würde sich Honeywell mit Cii zusammentun und das Gemeinschaftsunternehmen mit fortgeschrittener Technologie versorgen, erhielte diese neue französische Firma für die nächsten fünf Jahre Regierungsaufträge im Wert von bis zu fünf Milliarden Francs. Dies war eine Garantie, daß IBM oder Fujitsu oder Siemens diese Aufträge nicht bekommen würden, selbst wenn sie zu niedrigeren Preisen bessere Computer anbieten würden. Honeywell stimmte zu. Ironischerweise reichten die Aufträge der Regierung aber nicht aus. Cii-Honeywell-Bull verlor trotz der Hilfe aus Paris ständig Geld. Im Jahre 1982 entschied Honeywell, daß die roten Zahlen in ihren Bilanzen die Anstrengung nicht wert seien, und verkaufte den größten Teil seiner Anteile an dem Gemeinschaftsunternehmen zurück an die Regierung.

Das Gemeinschaftsunternehmen Cii-Honeywell-Bull ist nur eines von Dutzenden anderer Handelsabkommen zwischen französischen und amerikanischen Firmen, die den Zugang zum geschlossenen, aber riesigen Elektronikmarkt Frankreichs im Austausch gegen fortgeschrittene Technologie beinhalten. Seit die Sozialisten an der Macht sind, könnte dieser Markt vielleicht sogar noch schneller wachsen als unter den Konservativen. Einige amerikanische Firmen ziehen sich aus den Gemeinschaftsunternehmen mit den Franzosen zurück, weil sie die schwerfällige französische Bürokratie fürchten. Continental Telephone zum Beispiel brach nach dem Sieg der Sozialisten ein Projekt mit Thomson-Brandt ab. Andere aber drängen nach vorn und vermarkten ihr Fachwissen. Eine der größten Gesellschaften, die von den Sozialisten übernommen wurden, ist Matra, ein Elektronikgigant, berühmt nicht nur für seine Raketen, sondern auch groß im Bereich der Konsumelektronik. Gemeinsam mit Harris Corporation, von der es die Halbleitertechnologie bezieht, geht Matra jetzt an die Verwirklichung eines gemeinsamen Projekts. 1981 veranlaßte es Intel Corporation, möglicherweise der führende Halbleiterhersteller Amerikas, sich an einem Matra-Harris-Intel-Projekt zu beteiligen. Intel war nur allzu willig und zahlte Matra einen nicht geringen Betrag, um in das neue Geschäft hineinzukommen. Und 1981 unterzeichnete auch Tandy Corporation, Produzent des populären Minicomputers »TRS 80«, mit Matra einen Vertrag, der den Bau eines Personalcomputers für den französischen Markt vorsieht.

Zukunftsvision

Matras Geschäfte beleuchten die besondere Stellung Frankreichs in Europa. Wenn irgendein europäisches Land den großen Sprung von der Schwerindustrie der Vor-OPEC-Zeit zur Hochtechnologie der Nach-OPEC-Ära schafft, dürfte es vermutlich Frankreich sein. Im Gegensatz zu fast allen anderen Ländern Europas haben die Franzosen eine Zukunftsvision: Sie wissen, wohin sie wollen, und sie unternehmen jede Anstrengung, um an ihr Ziel zu gelangen. Bisher hatten sie wechselnden Erfolg, aber im Vergleich zu den Engländern, Deutschen und Italienern liegen sie weit vorn. Unterstützt von ihren fortgeschrittenen Militärprogrammen, getragen von der Regierungshilfe für den Post-, Telefon- und Telegrafiebereich und hart genug, um von ausländischen Quellen Technologie zu beziehen, zeigen sich die Franzosen im Kampf um die technologische Spitzenstellung der achtziger Jahre von ihrer besten Seite.

Was sie nun noch überwinden müssen, ist die schwerfällige Bürokratie der Sozialisten, welche die Innovationen ersticken und das Wachstum töten könnte. Die neuen Leittechnologien erfordern äußerste Beweglichkeit und rasche Antworten auf mögliche Veränderungen – Merkmale, die man mit Verwaltungsbürokratien kaum in Verbindung bringt. Den größten Teil der hochtechnologischen Industrie hat Paris bereits unter direkter Kontrolle. Diese muß jetzt frei schalten und ihre Entscheidungen treffen können, oder sie wird weit hinter die Japaner und Amerikaner zurückfallen. Ohne den frischen Wind des freien, Kapitalstrom und Produktinnovation lenkenden Marktes werden sich die Technokraten schwertun, erfolgreich zu sein. Die Concorde zeigt, was alles schiefgehen kann, wenn die Bürokraten herrschen und man sich nicht am Markt orientiert. Die Franzosen können aber auch auf den Erfolg ihres staatlichen Raumfahrtunternehmens Aérospatiale hinweisen, weltweiter Marktführer im Helikopterbau. Aérospatiale ist zudem das französische Mitglied im europäischen Airbus-Konsortium und steht an der Spitze jener Industriegruppierung, welche die Ariane-Rakete baut, größte Konkurrentin zum Raumfahrtprogramm der Vereinigten Staaten im Bereich des Telekommunikationssatellitengeschäfts.

Silicon-Fjorde

Während die Riesen der europäischen Industrie wie Siemens, die niederländische Philips, die britische Plessey den Anschluß an die Hochtechnologie zu erreichen versuchen, indem sie sich mit den Amerikanern und Japanern zusammentun, gibt es eine kleine Gruppe europäischer Unternehmen, die Forschungen erfolgreich auf eigene Rechnung betreiben. Gerade jetzt entsteht in Skandinavien ein »Silicon-Fjord«, der es eines Tages mit dem »Silicon-Tal« an der amerikanischen Westküste aufnehmen könnte. Dieser Sprung Europas in die Zukunft, der, wenig bekannt, am eisigen nördlichen Rand vorbereitet wird, könnte dem ganzen Kontinent den Weg weisen.

In Schweden, Norwegen und Dänemark erschließen Dutzende von Privatunternehmen Neuland im Bereich der Roboter, der Telekommunikation und der Biotechnik. Sie konkurrieren mit Firmen wie Fujitsu, ITT and General Telephone and Electronics und tätigen rund um die Erde riesige Abschlüsse im Wert von Milliarden Dollar. Es war der Vorstoß von L. M. Ericsson beim computerisierten Telefonverkehr Mitte der siebziger Jahre, der sämtliche Telefonsysteme rund um den Globus revolutionierte. Gemeinsam mit Philips erzielte Ericsson in Saudi-Arabien den mit einem Volumen von fünf Milliarden Dollar größten Abschluß der Welt zur Modernisierung des dortigen Telefonsystems. Aber dies ist nur die Spitze des Eisbergs. An die 30 Länder haben bereits computerisierte Telefonnetze von Ericsson.

Und L. M. Ericsson steht nicht alleine da. Die schwedische Asea fabriziert einen der besten Industrieroboter der Welt. Viele amerikanische Unternehmen haben ihn in Lizenz gekauft. Die Japaner haben ihn nachgebaut. Und Volkswagen kauft jedes Jahr ein Drittel der Produktion dieses schwedischen Unternehmens. Die Deutschen machen Asea sogar dasselbe Kompliment wie die Japaner – sie bauen den Roboter nach.

Weiter südlich, in Dänemark, macht sich Novo Industries in zunehmendem Maße einen Namen im Bereich der fortgeschrittenen Pharmazie. Sie führt in der Enzymforschung und zählt zu dem Dutzend Unternehmen, die in der biotechnischen Revolution einen großen Vorsprung haben. An den norwegischen Fjorden wächst Norsk Data jährlich um 45 Prozent. Es handelt sich um ein Unternehmen für Minicomputer, das erst vor wenigen Jahren gegründet wurde und es bereits mit jedem der Giganten aufnehmen kann.

Und dies könnte das Geheimnis des technologischen Überraschungserfolgs Skandinaviens sein: Skandinavische Unternehmen produzieren für einheimische Märkte, die im Vergleich zu jenen der Bundesrepublik, Italiens, Frankreichs oder Großbritanniens winzig sind. Viele Firmen in den mittelgroßen europäischen Ländern haben sich im Laufe der Jahre mit dem Gedanken beruhigt, sie hielten ein Monopol auf einem sicheren Markt. Aber diese Märkte erweisen sich als zu klein, als daß sich Wettbewerbsbedingungen für den Weltmarkt hätten entwickeln können, und sind hier das genaue Gegenteil der amerikanischen und japanischen Märkte. Die europäischen Länder sind einfach nicht groß genug.

Schweden, Norwegern und Dänen war immer bewußt, daß ihre winzigen Volkswirtschaften niemals die Grundlage für Großunternehmen abgeben könnten. Sie mußten immer exportieren und Zugang zu anderen Märkten finden. Sie mußten immer innovativ und außerordentlich flexibel sein.

In einigen Fällen haben private Unternehmer in Skandinavien eigene Firmen gegründet, eine Praxis, die im Rest Europas ziemlich selten ist. Norsk Data wurde von drei Ingenieuren mit einem Stammkapital von 500000 Dollar gegründet, etwa so wie Apple, der amerikanische Hersteller von Personalcomputern. 1967 entwickelte sie einen Minicomputer. Da Norwegens reiche Schiffahrtsgesellschaften viel zum Gründungskapital beisteuerten, das Norsk Data brauchte, war es für diese Firma selbstverständlich, daß sie als erstes ein System zur Verhinderung von Schiffskollisionen anbot. 1972 brachte die Gesellschaft einen weiteren Computer heraus, und seitdem hat sich der Absatz jährlich verdoppelt. 1981 erhielt Norsk einen Auftrag im Wert von 7,5 Millionen Dollar, Hughes Aircraft mit den Computern zu beliefern, die für den europäischen Nordabschnitt der NATO benötigt werden.

Selbst die größeren skandinavischen Unternehmen wie L. M. Ericsson haben, im Vergleich mit den Giganten mitteleuropäischer Staaten, nur eine unerhebliche Regierungshilfe erhalten. Sicher, sie haben von einer protektionistischen Datenpolitik profitiert, aber das haben

Dutzende anderer europäischer Unternehmen auch. Entscheidend ist, die Sicherheit eines geschützten Marktes zu nutzen, um ungestört zu forschen und die neuen Produkte dann überall in der Welt zu verkaufen. In den fünfziger Jahren waren die Franzosen führend auf dem Markt der Halbleitertechnologie, aber sie machten nichts daraus. Die Engländer lagen mit Düsenflugzeugen, Radar, CAT-Scannern und Computern vorn, aber sie haben beim Verkauf versagt. Und die Deutschen fallen bei fast allen neuen Technologien weit zurück, obwohl sie bei den Erfindungen des 19. Jahrhunderts die Pioniere waren. Wenn die winzigen skandinavischen Unternehmen weiterhin neue Erfindungen in neue Produkte umsetzen und mit ihren hochtechnologischen Waren auf die internationalen Märkte gehen, könnten sie dem Rest Europas den Weg bahnen.

Die Balkanisierung Europas

Während es für Frankreich und die Handvoll skandinavischer Länder eine gewiße Hoffnung gibt, bleiben die Aussichten für den Rest Europas sehr düster. Niemand anders als Otmar Emminger, früher einige Jahre lang Bundesbankpräsident und einer der großen Bankiers der Nachkriegszeit, sagt, daß »Europa jetzt eine zweitklassige Wirtschaftsmacht ist. Hinter den Vereinigten Staaten und Japan ist es im Bereich der Technologie ganz bestimmt die Nummer drei. In den nächsten 15 Jahren wird es hinten liegen.«
Die Drosselung des Welthandels und der Investitionsströme ist weiter fortgeschritten, als Politiker auf beiden Seiten des Atlantiks zugeben. Der hochtechnologische Protektionismus baut rund um die Nationen Hindernisse in einer Geschwindigkeit auf, wie man sie seit den dreißiger Jahren nicht erlebt hat. In der Tat ist der neue hochtechnologische Nationalismus so schnell und so weit fortgeschritten, daß die Leute entsetzt wären, wenn man ihnen die Beweise dafür vor Augen führte.
Wenn sich die Japaner etwas mehr Zeit nehmen würden beim Einsacken ihres momentanen Ruhmes in der Technologie, würden sie entdecken, daß fast die Hälfte ihrer Exporte teils formell, teils informell von den Regierungen eingeschränkt wird. Autos, Konsumelek-

tronik, Werkzeugmaschinen, Textilien, Stahl, Schiffe und neuerdings Halbleiter – überall sind die Exporte beschränkt. Amerikaner, Europäer und sogar Entwicklungsländer beschränken die Importe aus Japan wegen ihrer enormen Handelsdefizite im Verkehr mit diesem pazifischen Moloch. Und es bedeutet wirklich nicht viel, daß die meisten Restriktionen illegal sind. Sie werden ausgeführt. Es geschieht hier etwas, was nicht sein dürfte in einer Welt, die auf den Prinzipien des Freihandels und des Wettbewerbs aufgebaut ist, in einer Welt, die aus der Asche des Zweiten Weltkrieges aufstieg.
Aber während alle Welt auf die protektionistischen Hindernisse starrt, die gegen die Japaner errichtet werden, werden innerhalb der Europäischen Gemeinschaft die schlimmsten Schäden angerichtet. Heutzutage ist es, was Grenzabgaben und Zölle anbelangt, ebenso schwierig, etwas von Frankreich in die Bundesrepublik wie von dort nach Australien zu befördern. In einer kritischen Zeit, da ungeheure Ressourcen benötigt werden, um den Übergang zu einer Serie neuer Technologien zu schaffen, fiel die Europäische Gemeinschaft in die Totenstarre.
Während die Arbeitslosigkeit jetzt etwa zehn Millionen Menschen erfaßt hat und einige Voraussschätzungen davon ausgehen, daß es in Europa 1985 an die 15 Millionen Menschen ohne Beschäftigung geben könnte, wenden sich die Politiker wie besessen nach innen, um ihre Länder und ihre eigene Haut zu retten. Sie sind besorgt, weil die Politiker überall in Europa von den Wählern aus ihren Ämtern gejagt werden. Stehen die Amtsinhaber links, laufen die Wähler nach rechts. Das geschah in Großbritannien, den Niederlanden, Schweden, Belgien und anderswo. Stehen die Amtsinhaber rechts, laufen die Wähler nach links. Dafür sind Frankreich, Griechenland und Spanien die besten Beispiele. Aber überall sind die Leute verängstigt, da die Jobs in den veralteten Industrien verlorengehen und in den hochtechnologischen Industrien neue Jobs nicht geschaffen werden.
Schlimmstenfalls wird die Europäische Gemeinschaft immer bedeutungsloser. Es handelt sich hier um eine Organisation, die 80 Prozent ihrer Gelder und 90 Prozent ihrer Zeit auf landwirtschaftliche Angelegenheiten verschwendet – eine Absurdität im Zeitalter der Hochtechnologie. Wenn sich der Gemeinsame Markt nicht nach vorne bewegt, wenn er nicht einen wirklich geeinten europäischen Markt

für hochtechnologische Güter des 21. Jahrhunderts schafft, wird er ganz gewiß auseinanderbrechen. Vielleicht war die Entscheidung Grönlands von 1982, den Gemeinsamen Markt zu verlassen, vielsagender, als die Leute damals dachten. Es ist nicht unwahrscheinlich, daß um das Jahr 2000 Frankreich die Nachbarstaaten Spanien, Portugal, Italien und Griechenland vom Gemeinsamen Markt weggeführt und zu einer neuen Mittelmeergemeinschaft formiert haben wird. Und die Bundesrepublik dürfte mit den Niederlanden, Dänemark und Österreich in eine andere Umlaufbahn ziehen, die sich möglicherweise enger an den Osten anlehnt.

Technologie zu finden, sie zu kopieren und im Ausland zu einem niedrigeren Preis zu verkaufen. Ironischerweise war der FBI-Mann, der die Japaner überraschte, ursprünglich auf Industriespione des KGB angesetzt. Die Japaner gingen jedoch als erste in die Falle.

Seit es Regierungen gibt, haben sie auch spioniert. Spionage oder das Sammeln von geheimen Daten ist eine wesentliche Komponente der Staatskunst. In der Vergangenheit waren militärische Einrichtungen und geplante oder bereits existierende Waffensysteme die üblichen Ziele. Die Sowjets beispielsweise setzten Spione ein, um an die Wasserstoffbombe heranzukommen. Und der israelische Kfir-Kampfbomber ist beinahe ein Duplikat der französischen Mirage.

Aber auch Industriespionage hat es schon vor Jahrhunderten gegeben. Die Engländer unternahmen zu Beginn der industriellen Revolution vielfältige Anstrengungen, um zu verhindern, daß ihre neue Technologie an die Konkurrenz gelangte. Die Feinspinnmaschine mußte als Gedankenskizze in den Köpfen tüchtiger englischer Arbeiter in die Vereinigten Staaten eingeschmuggelt werden. Die Maschinen selbst durften nicht exportiert werden. Heute beklagt sich in Amerika jedermann über die Verletzung der Patentrechte. Apple Computer hat andere Unternehmen vor Gericht gebracht, weil sie angeblich ihre Software kopiert hatten. Und IBM gibt jedes Jahr 50 Millionen Dollar für eine kleine Privatarmee früherer FBI-Agenten aus, die auf Firmengeheimnisse achten und die Loyalität der Angestellten überprüfen.

Gelegentlich überlappen sich die militärische und die kommerzielle Spionage. Das war zum Beispiel der Fall, als die Deutschen im Zweiten Weltkrieg hinter das Geheimnis des synthetischen Gummis kommen mußten und die IG Farben in die Sache verwickelt wurde. Aber gewöhnlich werden militärische Spione meist an Orten wie Langley/Virginia, dem Hauptquartier der CIA, oder auf Militärstützpunkten in der Bundesrepublik aktiv. Industriespione dagegen bevorzugen es, in Safes einzubrechen, um die Geheimnisse des Coca-Cola-Sirups auszuspähen, oder sich in Bars der San-Francisco-Bay aufzuhalten, die von Ingenieuren besucht werden. In der Vergangenheit hatten sich diese beiden Bruderschaften von Spionen im allgemeinen nicht miteinander vermischt.

Scheidung auf technologisch

Politische und kommerzielle Spione vermischten sich vor allem deshalb nicht, weil die meisten Industrieländer bis vor kurzem denselben Typ von Industrie hatten und sich auf dieselben Technologien stützten. Die eingesetzten Maschinen und Geräte haben sich in früheren Jahren nicht gravierend verändert. Die Technologie, auf der die Industrie weltweit basierte, wurde im 19. Jahrhundert entwickelt, und die zurückliegenden Jahrzehnte waren Phasen der Verfeinerung, nicht des dramatischen Wandels. Autos, Elektromotoren, chemische Produkte, Kunststoffe, Stahl, Telefon und so weiter – all dies reicht viele Jahrzehnte zurück.

Natürlich gibt es zwei Ausnahmen – die Luftfahrt und die Kernkraft. In der Tat ist eines der besten Beispiele für militärische Spionage der Verrat der amerikanischen Nukleargeheimnisse an Moskau. Und dadurch veränderte sich das Machtgleichgewicht in einem gewissen Maße. Dennoch haben die Menschen in den Vereinigten Staaten, in Japan, Europa und in der Sowjetunion bis vor kurzem auf demselben technologischen Niveau gelebt und stellten sehr ähnliche Produkte her.

Dies alles ändert sich nun. Zur Zeit erlebt die Welt eine technologische Scheidung, die alles auseinanderreißt und unsere Lebensbezüge neu arrangiert. Als die Welt vor Jahrhunderten von der Landwirtschaft zur Industrie überging, wurden neue Reiche geboren und alte Imperien zerstört, Nationen stiegen auf, andere fielen in die Bedeutungslosigkeit, Klassen zersetzten sich, und ebenso änderte sich die Struktur der Familie. Nichts von dem hatte man vorhersehen können. England wurde das mächtigste Land Europas, und Europa begann, das agrarische China und den Rest der Welt zu beherrschen. Die Macht verlagerte sich vom pazifischen Becken zum atlantischen Ozean und verblieb dort für die nächsten 300 bis 400 Jahre. Die zweite Phase der industriellen Revolution Mitte des 19. Jahrhunderts brachte einen anderen dramatischen Wandel hervor. Innerhalb Europas ging die Macht von England auf Deutschland über, wodurch die Bühne für zwei Weltkriege und die Heraufkunft einer bipolaren Welt bereitet wurde, die von den Vereinigten Staaten und der UdSSR beherrscht wird.

Der einäugige Jack

Da sich politische und kommerzielle Spione bei ihrem harten Geschäft immer häufiger gegenseitig ins Gehege kommen, wundert man sich kaum, daß sie nach Hilfe Ausschau halten. Man weiß jetzt, daß sich die Herren des KGB, die Creme der sowjetischen Gesellschaft, und die Mogule japanischer Unternehmen, die Creme ihres Landes, an amerikanische Strohmänner wenden, um Beistand zu erhalten. Gauner werden zu Vermittlern, indem sie hochtechnologische Artikel stehlen und an den Höchstbietenden verkaufen. Dies kann ein einheimisches Unternehmen sein, dessen Vorräte knapp geworden sind, eine japanische oder deutsche Firma, die mit den Amerikanern konkurrieren will, oder der KGB, der sich nach Möglichkeiten umsieht, wie man die Treffgenauigkeit sowjetischer Raketen verbessern kann. Hochtechnologie ist heute das wertvollste Gut Amerikas, und jeder will es haben – örtliche Ganoven, die Geld brauchen, einheimische und ausländische Konkurrenten sowie die politischen Gegner der Vereinigten Staaten.

Nichts illustriert diese neue Situation, in der sich die Grenze zwischen altmodischem Verbrechen und Spionage verwischt, besser als die bizarre Geschichte des »einäugigen« John Henry Jackson, eines Diebes mit einem schlimmen Auge, den man den König der Hochtechnologiebanditen nennen könnte. Jackson war im kriminellen Geschäft immer ein kleiner Fisch gewesen; man hatte ihn des Scheckbetruges, der Fälschung und des Einbruchs überführt. Mitte 1982 aber wurde er in San Jose/Kalifornien wegen eines großangelegten Diebstahls beziehungsweise einer »Verabredung zum Kauf, Erhalt und Besitz gestohlenen und veränderten Eigentums«, wie man bei Gericht sagte, angeklagt. Und besagtes Eigentum bestand nicht aus Goldmünzen, Hi-Fi-Ausrüstungen oder Tafelsilber. Es bestand aus heißbegehrten Mikrochips.

Jackson wurde beschuldigt, er habe eine Bande angeführt, die bei der Intel Corporation 10000 32k-Eprom-Chips stahl. Intel ist die Erfinderin des »Computer auf einem Chip«-Mikroprozessors und eine der größten Herstellerfirmen im »Silicon-Tal«. Wie viele technologische Erfindungen von heute sind auch die Eprom-Chips vielseitig verwendbar. Sie können in harmlose Videospiele, aber ebenso in die elektronischen Leitsysteme von Überschall-Kampfflugzeugen eingebaut werden. Der Ankläger warf Jackson vor, er habe bei Intel einen Sicherheitsbeamten bestochen, um in den durch Fernsehkameras und Spezialschlösser gesicherten Lagerraum zu gelangen. Laut Aussage der Polizei hatte er auch unter den leitenden Angestellten der Firma einen Komplizen. Dieser Mittäter veranlaßte die Herstellung von 10 000 Chips außer der Reihe, vernichtete dann die Unterlagen und ließ den Diebstahl der Chips zu, ohne über ihre Produktion oder ihr Verschwinden irgendeinen Vermerk anzufertigen.

Die Chips wurden von der Intel-Fabrik in Santa Clara nach Sunnyvale gebracht, wo Jackson eine Vertriebsfirma namens Dyno Electrics betrieb. Dyno soll die Intel-Chips dann an Space Age Metals in Gardenia/Kalifornien verkauft haben, was von Space Age aber bestritten wurde. Die Polizei will von Jackson gehört haben, daß Space Age die Chips daraufhin an Mormac Technology in Tarzana/Kalifornien sowie an Republic Electronics in Arlington/Virginia verkauft hat. Mormac und Republic sind in der Branche als sogenannte »Schlocker« bekannt – Chipmakler oder -zwischenhändler, die Kunden mit Chips versorgen, wenn sie mit diesen kostbaren kleinen Dingern knapp dran sind. Woher sie die Chips haben, kümmert ihre verzweifelten Klienten nicht, die deshalb gewöhnlich auch nicht zu viele Fragen stellen.

Wie es in den Gerichtsakten heißt, verkauften Mormac und Republic Electronics die gestohlenen Intel-Chips an einen anderen Makler – eine Firma in der Bundesrepublik namens E.D.V.-Elektronik. Diese veräußerte sie schließlich an Siemens. Der Elektronikkonzern erhielt von Intel bereits pro Monat ungefähr 1000 Eproms, aber das war nicht genug; er brauchte sehr viel mehr.

Das ist jedoch nur ein Teil der Geschichte. Während es als sicher gilt, daß ein deutsches Konkurrenzunternehmen die gestohlenen Chips erhielt, wird von einem anderen Rivalen der Vereinigten Staaten behauptet, er habe sie erhalten – Moskau. Neben John Henry Jackson wurde Patrick Ketchum in San Jose wegen derselben Sache angeklagt. Ketchum, ein leitender Mann bei Mormac, soll – wie Jackson der Polizei erzählte – einige der Chips an Anatoli T. Maluta und Werner J. Bruchhausen verkauft haben. Maluta ist ein in Rußland geborener amerikanischer Bürger, Bruchhausen stammt aus der Bundesrepublik. Die Anklage gegen Ketchum wurde später fallengelassen, weil man nicht beweisen konnte, daß er wußte, daß Jackson mit heißen Chips hausierte. Es gibt gute Gründe für die Annahme, daß die gestohlenen Intel-Chips ihren Weg nicht nur in die Verbrauchsgüter von Siemens fanden, sondern vielleicht auch in die sowjetischen Laboratorien, die sich mit der »umgekehrten Ingenieurskunst« befassen, oder sogar direkt in die MIG-Düsenkampfflugzeuge. Bruchhausen hat ein Geschäft daraus gemacht, amerikanische Hochtechnologie an die Russen zu verkaufen. Er besitzt nicht nur Häuser in der Bundesrepublik und in Monte Carlo, sondern auch in Wien, einem traditionellen Umschlagplatz für den Transit in die Sowjetunion. Eine amerikanische Anklagekammer beschuldigte ihn Ende 1980, er habe sieben Scheinfirmen in den Vereinigten Staaten dazu benutzt, Chips und andere elektronische Güter für den illegalen Export in den Ostblock zu erwerben. Er soll mindestens zwei Data-General-Computersysteme, drei Mikrowellenempfänger und andere Ausrüstungsgegenstände für die elektronische Überwachung sowie eine Anzahl von Xincom-Halbleiterspeichersystemen nach Rußland geschafft haben, die von Fairchild Camera und Instrument Corporation stammten. Nach Ansicht der Strafverfolger hat Bruchhausen über eine Scheinfirma auch Ausrüstungsgegenstände aufgekauft, die von der amerikanischen Kriegsmarine für die U-Boot-Aufklärung benutzt werden, und sie in den Osten befördert. Die Kisten trugen die Aufschrift »Elektrische Meßgeräte«. Während es in den USA nämlich legal ist, Meßgeräte zu exportieren, ist es ungesetzlich, Mikrowellengeräte auszuführen. Bruchhausen blieb ungeschoren, aber sein Partner Maluta wurde der Steuerhinterziehung überführt und 13 anderer Delikte, die in Verbindung mit illegalen Exporten standen.

Die »Japscam«-Affäre

Die Taten des »einäugigen Jack« beleuchten einige der Trends, die in den Verbrechen der achtziger Jahre zusammenfließen: die Auskundschaftung desselben Typs von hochtechnologischen Gütern durch kommerzielle und politische Spione; die Einschaltung örtlicher Gangster als Beschaffer dieser Güter; die Konzentration der Technologiespionage auf den Westen der Vereinigten Staaten.

Das Verbrechen des Chipdiebstahls beleuchtet aber auch eine andere bedeutende Tatsache im »Silicon-Tal«: Jedermann ist dort bereit, Informationen über Hochtechnologie zu kaufen. Es gibt Dutzende von »Beratern«, Vermittlern und Industrie-»Analytikern«, was anzeigt, daß Informationen über Konkurrenzunternehmen und deren Produkte gefragt und immer verkäuflich sind – nicht nur an die Japaner, sondern auch an die Hunderte von amerikanischen Firmen, die dort ihre Geschäfte machen.

Kauf und Verkauf hochtechnologischer Informationen sind Teil der kalifornischen Unternehmenskultur. Zum großen Teil rührt das von dem hohen Maß an Mobilität jener Wissenschaftler und Ingenieure her, die dort arbeiten. Für die bei den größeren Elektronikunternehmen beschäftigten Leute gehört es im »Silicon-Tal« zur Tradition, irgendwann selbst eine winzige Firma zu gründen. In der Tat sind heute so angesehene Großbetriebe wie Intel und National Semiconductor auf diese Weise entstanden. Aber gerade die Mobilität der Leute bedeutet, daß sie Informationen – wenn nicht in schriftlicher Form, so doch in ihren Köpfen – zur Konkurrenz mitnehmen.

In diesem explosiven Milieu werden die Unternehmen durch die heftige Rivalität häufig zu extremen Verhaltensweisen getrieben. In Kalifornien ist es üblich, Produktmanager und Ingenieure der Konkurrenzfirmen mit Hilfe von Saunen, Autos und sexuellen Vergünstigungen, von Geld ganz abgesehen, zu »kaufen«. Es ist sehr viel billiger, ein neues Produkt oder einen Satz neuer Entwürfe auspionieren zu lassen, aber wenn das nicht klappt, gibt es immer noch die Möglichkeit, den Mann oder die Mannschaft zu kaufen, die hinter dem Projekt steht.

Bei diesem Spiel sind die Beratungsfirmen wichtige Teilnehmer. Sie bringen die Geldleute und die risikofreudigen Unternehmer mit den Ingenieuren zusammen, die an Neuerungen arbeiten. Sie verkaufen auch detaillierte Geheiminformationen über Firmen und deren Produkte. Manchmal bauen sie für ihre Auftraggeber sogar völlig neue Gesellschaften zusammen. Integrated Circuit Engineering aus Arizona zum Beispiel hat für ihre japanischen Klienten ganze Teams von mit IBM Schritt halten können, solange sie diese Information nicht bekommen. Nur Fujitsu scheint in der Lage zu sein, mit IBM zu konkurrieren.

Im September 1981 begann das FBI mit seiner »Operation Pengem« (»Penetrate the Gray Electronic Markets« = Durchdringung grauer Elektronikmärkte), um sowjetische Spione beim Diebstahl von amerikanischer Hochtechnologie zu fassen. Einen Monat später wurde es von einem seiner früheren Agenten, der jetzt für IBM arbeitete, darüber informiert, daß die Japaner bereits vertrauliche Computerdokumente gekauft hatten und sich nach mehr umsahen. Im August fand IBM heraus, daß bestimmte Bände seines *Adirondack Hardware Design Workbook* den Weg zu Hitachi gefunden hatten.

Später sollte sich herausstellen, daß ein iranischer Bürger namens Barry Saffaie, der bei der National Semiconductor Corporation als Produktmanager arbeitete, elf Bände des *Adirondack*-Materials einem Angestellten von Hitachi übergeben hatte. National Semiconductor unterhält sehr enge Geschäftsbeziehungen zu Hitachi. Die Firma verkauft in den Vereinigten Staaten die großen, mit den IBM-Geräten kompatiblen Hitachi-Computer. Es stellte sich außerdem heraus, daß Saffaie als Assistenten Raymond J. Cadet angestellt hatte, einen ehemaligen IBM-Mann. Schließlich entdeckte man auch, daß der achtunddreißigjährige Saffaie ein Hochstapler war. Sein Doktortitel der University of Southern California war eine Fälschung. Aber bei National Semiconductor wurde er ebensowenig entlarvt wie bei Amdahl, Magnuson Computer und Xerox, die ihn alle als Ingenieur und Produktmanager beschäftigt hatten. Auch das Verteidigungsministerium war ihm nicht auf die Schliche gekommen. National Semiconductor ist ein bedeutender Hersteller von Mikrochips für das Pentagon.

Nachdem das FBI die Beweise für den Handel gesehen hatte, erklärte es sich zögernd damit einverstanden, die Zielrichtung der »Operation Pengem« zu ändern. Das Interesse verlagerte sich nun von den Sowjets auf die Japaner. Das FBI begann, zusammen mit dem IBM-Sicherheitsdienst, eine »Greifaktion« vorzubereiten. Eine Scheinfirma namens Glenmar wurde gegründet, die aussah wie eine typische Maklerfirma des »Silicon-Tals«. Der FBI-Agent Alan J. Garretson koordinierte die Aktion. Er traf sich mit Kenji Hayashi, einem leitenden Ingenieur von Hitachi, mehrmals an verschiedenen Orten. Hayashis Bedarf an Informationen nahm ständig zu. Am Ende wollten die Japaner mehr als nur den Mikrocode und andere Daten der neuen 3081-Computerserie. Sie baten Garretson, pensionierte IBM-Angestellte anzuwerben, die Hitachi als »Berater« dienen sollten. Für diese Ehemaligen besaß Hitachi einen Fonds von einer Million Dollar und war bereit, monatlich bis zu 40 000 Dollar auszugeben.

Die Falle schnappte schließlich in Juni 1982 zu, als Hitachi eine halbe Million Dollar telegrafisch auf ein unter Garretsons Namen geführtes Konto überwies. Mehrere Japaner wurden in Handschellen abgeführt. Nach langem Leugnen gaben Hitachi und Mitsubishi zu, daß sie das Geld gezahlt hatten, aber sie bestanden darauf, sie hätten nicht gewußt, daß sie irgend etwas Illegales täten. Am 8. Februar 1983 bekannte sich Hitachi schuldig, es auf den Diebstahl der IBM-Geheimnisse abgesehen zu haben.

IBM – der »Darth Vader« der Computerunternehmen

Die »Japscam«-Affäre beleuchtete eines der neuen Verbrechen der achtziger Jahre – den Technologiediebstahl – und machte zugleich die Anstrengungen sichtbar, die IBM unternahm, um seine kostbaren Geheimnisse zu wahren. Im September 1982 verklagte das Unternehmen drei seiner eigenen Ingenieure, die beschuldigt wurden, geheime Informationen über den beliebten neuen IBM-Personalcomputer verkauft zu haben. Die drei waren mit der Entwicklung des kleinen Computers befaßt gewesen und hatten Daten angeboten, die andere Firmen benötigten, um kompatible Zusatzgeräte zu bauen. Außerdem planten sie, IBM zu verlassen, ihr eigenes Unternehmen zu gründen und die Zusatzgeräte selbst herzustellen.

Hätten die drei Ingenieure mit der Weitergabe der Informationen gewartet, bis sie bei IBM ausschieden, wäre ihre Handlungsweise vielleicht legal gewesen. Das »Silicon-Tal« ist überschwemmt von Prozessen, die Firmen gegen frühere Beschäftigte anstrengen, welche sie verließen, um eigene Konkurrenzunternehmen zu gründen. Die meisten dieser Prozesse bleiben erfolglos, weil sich die Informationen in den Köpfen der Leute befinden, die in jene Fälle verwickelt sind

Es ist sehr schwer, zwischen dem Eigentum an Information und Kenntnissen zu unterscheiden, die jemand in seinem Kopf mit sich herumträgt. Aber die drei von IBM scheinen so geldgierig gewesen zu sein, daß sie es nicht abwarten konnten, ihre Geheimnisse zu verkaufen. Sie legten sich außerdem mit einer der größten und aggressivsten privaten Polizeitruppen der Welt an: mit dem 50-Millionen-Dollar-Sicherheitssystem von IBM. Geführt von früheren FBI- und Schatzamtsagenten, die nach wie vor über enge Beziehungen zur Regierung verfügen, sind diese hervorragend ausgebildeten privaten Garden unter dem euphemistischen Namen »Information Systems and Communications Group« innerhalb des Unternehmens organisiert. In dieser Abteilung sind mehr als 400 Menschen mit Sicherheitsfragen beschäftigt, und sie nutzt die Überlegenheit von IBM im Bereich der Computer, um in bezug auf Daten und Personal auf dem laufenden zu bleiben. Die Stärke der IBM-Sicherheitskräfte entspricht der Macht des Unternehmens. Im kalifornischen »Silicon-Tal« ist IBM als »Darth Vader« bekannt, eine Anspielung auf den Vertreter der Mächte des Bösen in George Lucas' Filmtrilogie *Der Krieg der Sterne*.

Computer als Detektive

Die gegenwärtige technologische Revolution bringt aber nicht nur ganz neue Straftaten hervor, sondern auch die Art und Weise, in der Verbrechen begangen werden, unterliegt einem weitreichenden Wandel. Aus Amerika wird rasch eine verkabelte Gesellschaft, in der alle möglichen Handlungen elektronisch ablaufen. Der Übergang von einer »Aktenordnerkultur« zu einer elektronischen Gesellschaft, in der Computer Informationen sammeln und Daten übertragen, spielt sich viel schneller ab, als es sich irgend jemand wirklich vorzustellen vermag. Und die Folgen sind zum Teil erschreckend.
So wachsen etwa die Möglichkeiten der Regierungen für Übergriffe in die Privatsphäre ungeheuer an. Washington verfolgt schon seit zwei Jahren das »Computer Matching Project«. Dabei handelt es sich um einen breitangelegten Versuch, durch den Vergleich von Ma-

gnetbändern Nassauer aufzuspüren. Diesem Ziel können natürlich viele Amerikaner applaudieren. Das Verfahren ist einfach. Zwei Magnetbänder mit Daten über Einzelpersonen werden auf Widersprüche hin miteinander verglichen. Zum Beispiel verglich die Kriegsveteranenverwaltung Magnetbänder, auf denen Leute vermerkt sind, die von ihr Geld bekommen, mit Bändern über Personen, die der Regierung Geld schulden. Sie entdeckte Tausende von Menschen, die insgesamt 40 Millionen Dollar schuldig geblieben waren, und begann sofort damit, dieses Geld von ihren Überweisungen abzuziehen. In Albany, der Hauptstadt des Bundesstaates New York, wurden Magnetbänder, die Informationen über Empfänger von Sozialunterstützung enthielten, mit Bändern der Finanzämter verglichen, um herauszufinden, wer Unterstützung bezog und gleichzeitig arbeitete. Auf diese Weise konnten fast 70 Millionen Dollar eingespart werden.

Aber die amerikanische Regierung will mehr als nur herausfinden, wer sie um die Gelder der Sozialunterstützung betrügt. Sie möchte die Daten der Finanzämter auch benutzen, um festzustellen, wer sich dem Wehrdienst entzieht. Das wäre eine Heranziehung von Daten, die den Steuerbehörden zur Verfügung gestellt wurden, für vollkommen andere Zwecke. Die Regierung will die Betrügereien von Sozialhilfeempfängern auch dadurch unterbinden, daß sie deren Zinseinkünfte überprüft. Solche Daten wurden von den Banken bisher nur für Steuerzwecke herausgegeben und haben nichts mit den Sozialbehörden zu tun. Gleichzeitig versucht Washington Geld einzusparen und die Effektivität der Verwaltung zu erhöhen, indem es durch Zentralisierung die Anzahl der in den Ämtern vorhandenen Computer und Dateien verringert. Dies ist zwar ein lobenswertes Ziel, aber es bedroht die Privatsphäre des einzelnen. Denn der Versuch, die Anzahl der Computer zu reduzieren, könnte leicht zu einem mächtigen zentralen Computerdienst der Regierung führen. Bisher hat die Opposition bestimmter Gruppen dafür gesorgt, daß dieses Projekt nicht über das Untersuchungsstadium hinauskam. Aber es könnte sein, daß Autofahrer eines Tages angehalten werden, weil sie das Schlußlicht eines anderen Wagens beschädigt haben, und daß sie von der Polizei nach kurzer Wartezeit zur Nachzahlung überfälliger Steuern gedrängt oder über einen Neffen befragt werden, der sich bisher der Musterung entzog.

Computer werden angezapft

Die Möglichkeiten für den Mißbrauch von Computern durch den Staat nehmen eindeutig zu. Aber das bleibt noch weit hinter dem zurück, was mitten in den privaten Haushalten geschieht. Personalcomputer, die nur noch etwa 100 Dollar kosten, strömen in die Wohnungen Amerikas und Japans wie die Fernsehgeräte der fünfziger Jahre. Und die Kinder führen die Computerrevolution in beiden Ländern an. Man kann dort in jedem Videogeschäft sehen, wie die Kinder ihre Väter an der Hand von einem Modell zum anderen führen. In Amerika greifen sie häufig zuerst zu den Videospielen von Atari oder Intellivision. Aber bald danach wollen sie etwas Richtiges – Personalcomputer mit dem Leistungsvermögen der Riesen, die vor 20 Jahren noch ein ganzes Zimmer füllten.

Just in unseren Tagen werden aus den Computern die Haushaltsgeräte der achtziger Jahre. Noch im Jahr 1980 konnte man in den USA nur wenige Heimcomputer finden. 1981 waren sie in einem halben Prozent aller Haushalte vertreten, ein Jahr später in zwei Prozent. Am Ende des Jahrzehnts werden 25 Prozent der amerikanischen Haushalte einen kleinen Computer haben, mit dem man spielen, arbeiten, konstruieren – oder stehlen – kann.

Im amerikanischen Schulsystem breitet sich Computerunterricht aus, und das Verstehen der Computersprache wird ebenso wichtig wie Lesen, Schreiben und Rechnen. Spezielle Computerschulen schießen überall aus dem Boden. Während früher nur Spezialisten wußten, wie man einen Computer bedient, kennen sich heute Millionen von Kindern in der Kunst der Datenverarbeitung aus. Selbst in den Gefängnissen wird – zum Schrecken vieler Polizeibehörden – das Programmieren der Computer gelehrt. Und in der amerikanischen Geschäftswelt versucht das »Büro der Zukunft«, vom Papier wegzukommen. Sehr bald wird jede Sekretärin, jeder Manager wissen, wie man einen Computer bedient.

Dadurch wird auch der Zugang zu den in Computern gespeicherten Informationen leichter. Die Apparate, die man braucht, um die Computer der Unternehmen, des Militärs oder der Regierung anzuzapfen, breiten sich ebenso schnell aus wie die Fertigkeiten, die man zur Benutzung der neuen elektronischen Maschinen benötigt.

Das wird für alle Aspekte des Lebens in Amerika enorme Konsequenzen haben, die Welt des Verbrechens eingeschlossen. Einige der größten Verbrechen der vergangenen fünf Jahre hatten mit Computern zu tun. Als Pioniere der Computerisierung traten natürlich die Banken auf. Die elektronische Überweisung von Geldern ist schon seit Jahren verbreitet. In der Tat laufen heute alle finanziellen Transaktionen über ein komplexes elektronisches System, das sowohl die Banken in den USA als auch eine große Anzahl ausländischer Geldinstitute miteinander verbindet. Es überrascht nicht, daß zu den ersten »Computerverbrechen« die elektronische Beraubung dieser Banken zählte.

Aber wir müssen heute weit über das Bankwesen hinausblicken. Computer erledigen die Entwurfsarbeiten für fast alle Produkte, von Flugzeugen über Raketen und Automobile bis hin zu Schuhen. Elektronische »Lichtstifte« werden für die Aufzeichnung von Entwürfen direkt auf den Bildschirmen der Terminals verwendet. Und die Technologie ist nicht so esoterisch, daß nur Ingenieure in der Lage sind, sie zu benutzen. Jedermann kann sich ein Apple-Gerät kaufen und einen »Lichtstift« nehmen, um Spielzeug, Kleidung oder vielleicht einen neuen Rubik-Würfel zu entwerfen. Computer sind sogar dazu geschaffen, Computer zu entwerfen. Die computergestützte Konstruktion ist die amerikanische Konstruktionsweise von morgen.

Amerikanische Mikrochipunternehmen wie Intel und Motorola eröffnen in Europa und Israel Konstruktionsbüros, um dort von den exzellenten und weniger teuren Ingenieuren zu profitieren. Die Kommunikation erfolgt über Satellit. Das bedeutet, daß jeder, der wissen möchte, was sein Konkurrent für die Zukunft plant, sein Vorgehen ändern muß. In der Vergangenheit hätte ein Dieb eine große Anzahl von Papieren mit Entwürfen stehlen müssen, ganz gleich, ob es sich um Konstruktionspläne für ein neues Auto aus Detroit oder um Entwürfe für ein neues Leitsystem von Kampfflugzeugen handelte. Heutzutage braucht ein Dieb nur den Computer anzuzapfen, mit dessen Hilfe der Ingenieur seine neue Schöpfung entwickelt. Er kann aber auch die Satellitenübertragung zwischen der Fertigungsstätte eines Unternehmens und seiner Zentrale abfangen.

Das verwundbare Netz

In der Tat, je mehr die Vereinigten Staaten verkabelt werden, desto anfälliger werden sie für Verbrechen im Bereich der Hochtechnologie. Schon heute experimentiert ihre Post mit einem elektronischen System namens E/Com, das Computer zur Übermittlung privater Mitteilungen benutzt. Unglücklicherweise ähneln diese mehr offenen Postkarten als geschlossenen Briefen, weil sie jeder, der Zugang zu E/Com hat, lesen kann. Und jedermann, der sie abfangen will, wird in der Lage sein, die Drähte anzuzapfen, über die die elektronische Post läuft.

Aber auch schon heute machen die Amerikaner mit dieser neuen elektronischen Verwundbarkeit ihre Erfahrungen. Das supergeheime Projekt zur Entwicklung des Hochgeschwindigkeits-Schaltkreises VHSIC ist ein konkretes Beispiel. Die Leistungsfähigkeit des VHSIC-Chips im Bereich der Datenverarbeitung wird hundertmal so groß sein wie die der heutigen Chips. Dieser neue Chip bildet das Herzstück in der Strategie des Pentagons, die auf die technologische Überlegenheit über die Sowjets zielt. Aus dem Projekt wird eine ganze neue Generation von Chips hervorgehen, die das Fundament für die elektronische Kriegführung bilden. Und der neue Chip könnte auch das Herzstück des amerikanischen Gegenangriffs gegen die japanische Konsumelektronik sein.

Das VHSIC-Projekt wird vom Pentagon finanziert und von der DARPA (Defense Advanced Research Project Agency = Behörde für Projekte fortgeschrittener Forschung im Verteidigungsbereich) koordiniert, aber die tatsächliche Arbeit wird fast ganz von amerikanischen Privatunternehmen und Universitäten geleistet. Um den Bau neuer Mikroschaltkreise zu beschleunigen, die Informationen hundertmal schneller als heutige Chips handhaben können, hat die DARPA ein spezielles elektronisches Netz namens »Arpanet« errichtet, das zwischen 20 Einrichtungen des Verteidigungsministeriums sowie 40 Universitäten und technischen Entwicklungslaboratorien Daten übermittelt. Auf diese Weise kann das Pentagon aus einem großen Reservoir an Begabungen schöpfen. Die Satellitenübertragung erlaubt es sowohl militärischen als auch zivilen Chipkonstrukteuren, vor ihren Terminals zu sitzen, eine besondere Software heranzuziehen, Entwürfe für neue Schaltkreise zu schaffen, sie zwecks Diskussion an andere Kollegen weiterzuleiten und die vervollständigte Konzeption an ein Institut der University of Southern California zu übermitteln. Wenn dieses damit zufrieden ist, können die neuen Chips in die Produktion gehen.

»Arpanet« ist ein wunderbares System; man kann damit viel Zeit sparen und die Produktion beschleunigen. Es könnte aber zum elektronischen Alptraum werden, wenn die Sowjets, die Japaner, die Franzosen oder irgend jemand anders eine Möglichkeit findet, das System anzuzapfen und die Daten, die dort entlangfließen, festzuhalten. In der Tat sind »Arpanet« und die von ihm übermittelten wichtigen Informationen über das VHSIC-Projekt heute erstrangige Spionageziele des KGB. Das Pentagon behauptet, daß das Netz dicht sei. In Wirklichkeit haben Teenager »Arpanet« seit Jahren angezapft und das System als elektronische Nachrichtenquelle benutzt. Und wenn Kinder in »Arpanet« eindringen können, dann sind auch die kommerziellen und militärischen Rivalen Amerikas dazu in der Lage.

Hochtechnologie und ausländische Arbeitskräfte

Das VHSIC-Projekt wirft auch ein Schlaglicht auf eine andere Verwundbarkeit der amerikanischen Techno-Trümpfe – ein Problem, das der ganzen Halbleiterindustrie geläufig ist. Ein Viertel bis ein Drittel aller Konstruktionsingenieure der Vereinigten Staaten sind Ausländer. Es gehört zu den größten Stärken Amerikas, daß es bei dem Wettlauf um die technologische Spitzenstellung das gesamte Intelligenzreservoir der Welt anzapfen kann. Keine andere Nation ist für Wissenschaftler und Ingenieure aus anderen Ländern so offen. Und keine Nation profitiert so viel davon. Weder die Japaner noch die Franzosen, noch die Deutschen und ganz sicher nicht die Russen können jemals hoffen, die Geisteskraft so vieler verschiedener Menschen zusammenzubringen.

Aber es könnte auch einen Preis geben, der für diesen Vorteil bezahlt werden muß. Tausende von Studenten aus dem Ausland haben ihren Abschluß als Ingenieure am Massachusetts Institute of Technology, in Stanford und Berkeley gemacht, um in den modernsten US-Firmen eine Beschäftigung als Chipkonstrukteure oder Produktingenieure zu erhalten. Viele kommen aus Europa. Hunderte stammen aus Pakistan und Indien, aus Libyen und dem Iran. Oft geben sie ihr Wissen weiter, wenn sie nach Hause zurückkehren. Häufig gelangen diese Informationen auch nach Moskau. Und nicht selten sind sie gegenüber Bestechung und Erpressung anfälliger und den Vereinigten Staaten und deren Unternehmen weniger verpflichtet, als es amerikanische Bürger sind.

Manager der Unternehmen versichern, sie würden Bürger fremder Staaten von Arbeiten an geheimen oder sensiblen Halbleitern und Computern fernhalten. Möglicherweise haben sie Erfolg. Aber es dürfte kein Zufall sein, daß der Iraner Barry Saffaie in dem erwähnten Spionagefall bei IBM das Werkzeug zur Beschaffung von hochtechnologischem Geheimwissen war.

Gefahren der internationalen Kooperation

Aber nicht nur durch das Personal können hochtechnologische Geheimnisse ins Ausland gelangen. Einige der amerikanischen Firmen, die am VHSIC-Projekt beteiligt sind, stehen in Verbindung mit ausländischen Unternehmen und Regierungen. Bis heute gibt es keinen Beweis dafür, daß Technologie über die Verbindungen irgendeiner US-Firma aus Amerika abfloß. Aber die Möglichkeit hierfür wächst jeden Tag, und eine wachsende Anzahl von Beamten in Washington erwägt Gesetze, die diese Art von Technologieabflüssen verhindern sollen.

Eine der üblichen Strategien europäischer Staaten und der Länder der Dritten Welt besteht darin, Technologie gegen den Zugang zu ihren Märkten einzutauschen. Ohne wichtige Technologien abzugeben, könnten amerikanische Unternehmen weder in Frankreich noch in Brasilien, weder in Singapur noch in Südkorea tätig sein.

Seit einiger Zeit arbeitet die Harris Corporation eng mit dem französischen Elektronikriesen Matra zusammen. Es geht dabei um den Entwurf und die Produktion von Halbleiterchips. Auch Intel kooperiert mit Matra auf diesem Gebiet. Kürzlich erst von den Sozialisten verstaatlicht, ist Matra in Frankreich einer der bedeutendsten Hersteller von Raketen und modernen Waffensystemen. Die Harris Corporation gehört zu jenem Dutzend amerikanischer Firmen, die tief im VHSIC-Projekt stecken. Sie ist Teil eines Unternehmensverbundes, der auch Control Data und National Semiconductor umfaßt und von Westinghouse angeführt wird.

Viele Regierungsbeamte in Washington glauben, daß Moskau durch Agenten und die Kommunistische Partei Frankreichs Zugang zur gesamten Technologie dieses Landes hat. Die Sowjets besaßen jenen Zugang schon, bevor die Sozialisten zusammen mit den Kommunisten 1981 die Macht übernahmen, und er hat sich seitdem verbessert. Es besteht bereits die Befürchtung, daß ein gewisser Typ von Technologie, der in den Vereinigten Staaten entwickelt wurde und gegen die bei einem Nuklearangriff auftretende Strahlung gefeit sein soll, dem Kreml in die Hände fallen könnte, weil Matra ihn aufgrund bestehender Verträge kaufen kann. Ein Beobachter, der mit dieser Szene gut vertraut ist, meint: »Die Sowjets werden Zugang zu dieser Technologie bekommen und sie sich in den nächsten zwei oder drei Jahren aneignen.« Aber das VHSIC-Projekt ist der dickste Brocken. Und wenn nun die Franzosen Zugang zu ihm erhalten? »Je mehr die Franzosen über VHSIC wissen, desto mehr wissen auch die Russen über VHSIC.«

Elektronische Kriegführung

Für die Sowjets ist VHSIC nur einer jener Teile, die in ein größeres Konzept eingehen – die elektronische Kriegführung. Die Zerstörung der aus Rußland stammenden SAM-Raketen im Libanon-Krieg des Jahres 1982 durch die Israelis ließ den sowjetischen Militärs einen Schauer über den Rücken laufen. An einem einzigen Tag vernichteten die Israelis an die 90 MIG's, ohne auch nur ein einziges ihrer eigenen, in den Vereinigten Staaten hergestellten Kampfflugzeuge zu verlieren. Und sie löschten nicht nur die alten SAM-6-Luftabwehrraketen aus, die ihnen im Krieg gegen Ägypten 1973 soviel geschadet hatten, sondern auch die moderneren SAM-8 und SAM-9.

Der israelische Sieg beruhte auf der Elektronik. Kleine, nicht sehr teure unbemannte Flugzeuge waren in das Bekaa-Tal des Libanon entsandt worden, wo die syrischen SAM-Stellungen lagen. Sie funkten Signale zur Erde, welche die Syrer glauben ließen, es handle sich um Düsenjäger. Daraufhin schalteten die Syrer ihre Radargeräte an, um diese Flugobjekte zu attackieren. Das ermöglichte den Israelis, von dem Radar »Fingerabdrücke« zu nehmen. Diese Informationen wurden zu einem von den USA gelieferten Kommandoflugzeug des Typs E-2C gefunkt, das man mit Computern vollgepackt hatte. Diese Maschine koordinierte die Radarstörgeräte an Bord der israelischen Kampfflugzeuge und dirigierte auch das Artilleriefeuer auf die SAM-Stellungen. Beim Anflug stießen die israelischen Düsenjäger kleine Raketen aus; diese verstreuten spezielle Aluminiumfolien, die das Bodenradar der Syrer noch weiter verwirrten. F-4-Phantom-Flugzeuge mit Störgeräten des Typs »Wild Weasel« kamen im Tiefflug heran und feuerten Raketen ab, die ihr Ziel genau auf den Radarfrequenzen der SAM-Raketen fanden. Als die Syrer entdeckten, daß ihr eigenes Radar der Vektor für die angreifenden Flugzeuge war, schalteten sie es ab. Daraufhin griffen die Israelis mit altmodischen Eisenbomben an und eliminierten die gegnerischen Radargeräte. Als die Syrer 100 MIG's losschickten, um die israelischen Düsenjäger abzuwehren, dirigierte das E-2C-Kommandoflugzeug die israelischen F-16- und F-15-Maschinen an einen Punkt, von dem aus sie ihre weitreichenden Luft-Luft-Raketen abfeuern konnten, bevor sie von den syrischen Jets entdeckt wurden.

Das Ganze war eine meisterliche Darbietung des Zukunftskrieges – eines Krieges, von dem die Sowjets nun erkannten, daß sie ihn ohne Elektronik nicht gewinnen können. Um an diese Elektronik heranzukommen, baut Moskau das Netz seiner Spione im Bereich der Hochtechnologie aus. Es hat seine Informationssammler, die es auf das VHSIC-Projekt und auf leistungsfähige Computer abgesehen haben, inzwischen nahezu verdoppelt. Rund 5000 Mann gehen jetzt diesem Geschäft nach. Ebenso bedeutsam ist es, daß sich die Agenten auf der Suche nach vielen dieser Innovationen direkt an die amerikanischen Unternehmen heranmachen, um sich die neuen Geräte zu verschaffen und sie in die Sowjetunion zu bringen, wo sie dann kopiert werden.

So bedeutende Unternehmen wie IBM sind immer ein Ziel der Industriespionage, wie die »Japscam«-Affäre zeigt. Aber die kleinsten

Firmen scheinen am verwundbarsten zu sein. Eine der amerikanischen Stärken im Bereich der Technologie liegt in der Fähigkeit einzelner Ingenieure und Wissenschaftler, ihre Erfindungen in kleine Geschäfte umzuwandeln. Sehr häufig gehören diese zusammengeschusterten Firmen zu den fortgeschrittensten der Erde, technologisch gesehen – und zu jenen, die finanziell am rückständigsten sind. Wissenschaftler sind nur selten gute Geschäftsleute. Geraten sie in Schwierigkeiten, stellen manche von ihnen nicht zu viele Fragen, wenn man ihnen »Hilfe« anbietet.

Heutzutage stellen die 900 kleinen hochtechnologischen Betriebe, die es im Westen und Südwesten der USA gibt, und die etwa 100 im Osten die Hauptziele der ausländischen Industriespionage dar. Die Sowjets haben es aber auch auf die großen hochtechnologischen Unternehmen Japans sowie auf Dutzende der winzigen Firmen in England, Skandinavien und Frankreich abgesehen.

Moskau bedient sich bei der Sammlung hochtechnologischer Daten einer standardisierten Methode. Das Staatskomitee für Wissenschaft und Technologie koordiniert das Programm. Zunächst identifiziert es eine bestimmte Technologie oder einen Ausrüstungsgegenstand, der für Rußland neu und möglicherweise nützlich ist. Vor allem an der Westküste sind die Sowjets auf diese Dinge aus. Alexander Chikvaidze, ihr Generalkonsul in San Francisco, ist Ingenieur und war früher Präsident des sowjetischen Komitees für Wissenschaft und Technologie.

Die erste Möglichkeit besteht darin, die Daten oder Ausrüstungsgegenstände legal auf dem offenen Markt zu erwerben. Fast 90 Prozent aller hochtechnologischen Artikel, welche die Sowjets haben wollen, kann man im Einklang mit den amerikanischen Gesetzen kaufen. Bei so niedrigen Hürden für den Technologietransfer und mit Spielzeugen und Haushaltsgeräten, die häufig mehr fortgeschrittene Elektronik enthalten als Kampfflugzeuge oder Raketen, kann Moskau normalerweise seine Bedürfnisse einfach dadurch befriedigen, daß es in harter Währung zahlt.

Sollte dies nicht möglich sein, machen die Sowjets den zweiten Schritt, indem sie irgendwo in Amerika oder in Europa eine Tarnfirma gründen. Diese Firma kauft dann zunächst nichtsensible Ausrüstungsgegenstände und Beratungsleistungen von einem ausgewähl-

ten kleinen Unternehmen, das auch die brisante Technologie besitzt. Das Ziel besteht darin, schrittweise eine finanzielle Abhängigkeit zu schaffen.
Irgendwann werden die Sowjets dann an der Angel ziehen. In der Vergangenheit geschah das am häufigsten in wirtschaftlich schweren Zeiten. Die Rezessionen der Jahre 1974/75 und auch die jüngste waren Perioden sehr hoher Aktivität. Nun, mit dem Beginn eines neuen Zeitalters der hochtechnologischen Entwicklung, wird auch die Industriespionage eine neue, hohe Ebene ständiger Aktivität erreichen.
Wenn das betreffende Unternehmen erst einmal an der Angel zappelt, wird der Wunsch nach dem speziellen hochtechnologischen Produkt vorgebracht. Die sowjetische oder osteuropäische Tarnfirma kauft es, aber da es ungesetzlich ist, solche Güter in den Ostblock auszuführen, muß der Artikel zunächst an die Adresse einer dritten Firma, die ihren Sitz außerhalb der Vereinigten Staaten hat, geschickt werden. Von dort aus kann er dann seinen Weg nehmen. Kanada ist für diesen Zweck ein bevorzugtes Land, weil man in den USA keine Exporterlaubnis für die Lieferung von Produkten nach Kanada benötigt, wenn sie für den dortigen Gebrauch bestimmt sind. Nach dem Eintreffen werden diese Güter jedoch umgepackt und Richtung Osten versandt. Ein anderer bevorzugter Kanal führt nach Finnland. Über Finnland haben die Sowjets Hunderte von Personalcomputern und andere elektronische Gegenstände der Firma Apple bezogen. Auch die Schweiz, Liechtenstein, Österreich und Schweden werden häufig für »Zwischenlandungen« benutzt, bevor die hochtechnologischen US-Güter in die Sowjetunion gelangen.
Alle diese Länder haben eines gemeinsam: Sie sind nicht Mitglieder von COCOM, einer Organisation, die nach 1945 aufgebaut wurde, um den Export sensibler Produkte in den Ostblock zu begrenzen. Ihnen steht es frei, in den Osten zu exportieren, was immer sie wollen.
Aber allen Mitgliedsländern der NATO und auch Japan steht dies nicht frei – sie gehören COCOM an. Unglücklicherweise ist die Organisation fast ein Fehlschlag, was aus ihr zunehmend einen Streitgegenstand zwischen dem aggressiveren Washington und dessen europäischen Alliierten macht. Nach der sowjetischen Invasion

in Afghanistan verhängten die Vereinigten Staaten unter Präsident Jimmy Carter ein totales Hochtechnologie-Embargo gegen Moskau. Die westeuropäischen Länder und Japan verhielten sich zögernd. Sie brauchten die Exporte für ihre Gewinne und Arbeitsplätze. Die Reagan-Administration hat nun einen Versuch unternommen, die Maßnahmen von COCOM auszuweiten und fast den gesamten Technologietransfer an die Sowjets und deren Alliierte zu unterbinden. Aber wiederum halten sich die Westeuropäer zurück.

Operation Exodus

Bestenfalls sind die nichtamerikanischen COCOM-Mitglieder widerwillige Partner. Als Caterpillar Tractor aufgefordert wurde, den Verkauf von Geräten zur Verlegung von Gas- und Ölröhren an die Sowjets zu unterlassen, stieg die japanische Firma Komatsu in die Verträge ein. Auch die Franzosen haben es sich angewöhnt, Geschäftsabschlüsse mit dem Ostblock zu übernehmen, wenn dessen Verbindung nach Amerika abgeschnitten ist. Und erst vor kurzem verkauften die Japaner spezielle »Logik«-Chips an die Russen. Diese kleinen Wunderwerke finden Anwendung in den Leitsystemen von Interkontinentalraketen und in Satelliten. Für viele Leute in Westeuropa ist der Handel weitaus wichtiger als eine einheitliche Politik gegenüber dem Ostblock. Wenn es je einen Zweifel daran gab, so hat ihn die Hartnäckigkeit beseitigt, mit der die Westeuropäer – trotz der Zerschlagung der Gewerkschaft »Solidarität« in Polen – die Lieferung von Röhren für die sibirische Erdgaspipeline fortsetzen.

Die Vereinigten Staaten bemühen sich gegenwärtig, die COCOM-Embargoliste so zu erweitern, daß sie anstelle einzelner Produkte ganze Technologien umfaßt. Bis jetzt ist es sogar erlaubt, Roboter in die Sowjetunion auszuführen. Und auch viele Arten hochentwickelter Technologien, kleiner Computer und Software können ungehindert nach Moskau geliefert werden. Aber ohne die Mitarbeit der Verbündeten wird es extrem schwierig sein, den Technologietransfer an die Sowjets zu stoppen. Wenn sich fortgeschrittene Elektronik nicht nur in Waffen, sondern auch in Spielsachen befindet, verspricht nur eine multilaterale Anstrengung Aussicht auf Erfolg. Es ist kein

Zufall, daß jedes Jahr Tausende elektronischer Spielzeuge im Erziehungsbereich, die von dem amerikanischen Halbleiterriesen Texas Instruments hergestellt werden, in die Sowjetunion verkauft werden. Die Mikroprozessoren in diesen Spielzeugen kann man für militärische Zwecke verwenden.
Der amerikanische Zoll hat eine eigene »Operation Exodus« begonnen, die illegale Exporte hochtechnologischer Güter nach Osteuropa unterbinden soll. Seitdem haben sich die Beschlagnahmen verzehnfacht. Mitte 1982 hielten die Zollbeamten die Versendung von vier Minicomputern an, die sich auf dem Weg in die Bundesrepublik befanden, weil sie fürchteten, die Maschinen seien für die Sowjetunion bestimmt. Die Beschlagnahme erfolgte nach einer Untersuchung durch amerikanische, kanadische und deutsche Fahnder, welche sich die Papiere für dieses Geschäft angesehen hatten. Hersteller der Computer war die Digital Equipment Corporation, und die Sowjets waren seit langem hinter ihnen her.

Opfer und Täter

Fragen der nationalen Sicherheit, des Geheimnisschutzes bei Unternehmen und der Wahrung der Privatsphäre vermischen sich in dem Maße, in dem die Welt in die verkabelte Gesellschaft hineinwächst. Die Verbrechen der achtziger und neunziger Jahre werden zunehmend den Diebstahl von Hochtechnologie durch das Anzapfen elektronischer Übertragungen umfassen. Die Bürger, die Unternehmen und die Regierungen selbst werden zugleich Opfer und Täter in dieser neuen elektronischen Landschaft des 21. Jahrhunderts sein. Der Glanz des computerisierten Lebensstils wird durch die Tatsache getrübt, daß die heraufziehende Welt der Hochtechnologie auch ein neues Zeitalter der permanenten Schnüffelei, der Spionage und des Verbrechens eröffnet.

8. KAPITEL

Japan – die bestimmende Macht im pazifischen Becken

Von allen Ländern der Erde bewältigt Japan den Übergang in die hochtechnologische Gesellschaft des 21. Jahrhunderts am schnellsten. Sein unglaubliches Wachstum und seine Dynamik in einer Zeit, da in Europa, im größten Teil der Dritten Welt und in weiten Bereichen Amerikas Stagnation und Verzagtheit herrschen, erschüttern bereits die ökonomische Achse des Planeten wie ein seismisches Beben. Und damit kündigt sich eine noch bemerkenswertere Verschiebung der internationalen Kräfteverhältnisse an.

Japan ist das Zentrum eines ökonomischen Wirbelwinds im Pazifik, um das die sich schnell entwickelnden Gesellschaften Hongkongs, Taiwans, Südkoreas, Singapurs, möglicherweise auch der amerikanischen Westküste, wirbeln. Japans kommerzieller Vorstoß ist so gewaltig, daß dagegen in naher Zukunft nur ein wiederbelebtes Amerika eine Chance hat. Europa spielt einfach keine Rolle.

In der gesamten industrialisierten Welt hinterläßt die japanische Explosion eine Spur wirtschaftlicher Zerstörung und Verzweiflung, wie man sie seit den frühen Tagen der industriellen Revolution nicht mehr gesehen hat, als Großbritannien die Welt mit billiger, maschinell gefertigter Baumwolle überschwemmte und Millionen von Menschen um Lohn und Brot brachte. Heutzutage fallen die Japaner, die Anführer einer anderen technologischen Revolution, überall in die Volkswirtschaften anderer Länder ein und reißen auf jedem Kontinent riesige Anteile der Binnenmärkte an sich.

Bevor noch das alte industrielle Zeitalter stirbt, ist Japan bereits als Endsieger aus dem internationalen wirtschaftlichen Wettbewerb hervorgegangen. Mitte der siebziger Jahre hatte es mit dem Westen in der Produktion von Stahl, Schiffen, Maschinen und, natürlich, Autos gleichgezogen und ihn schließlich überholt. Im neuen hochtechnologischen Zeitalter der achtziger Jahre ist Japan einer der großen Marktführer bei Robotern, der Biotechnik und in der Mikroelektronik. Seine Industrie für Konsumelektronik beherrscht Amerika und Europa. Seine Halbleiterindustrie kontrolliert den größten Teil des Weltmarktes. Und seine Computerhersteller haben IBM im eigenen Land bereits vom ersten Platz verdrängt.

Wie konnte dies geschehen? Wie konnte Japan fast ein Drittel des amerikanischen Automarktes kapern, bevor es unter ungeheurem politischen Druck aus Washington »freiwillig« zurücksteckte? Wie konnte es zwei Drittel des neuen 64k-Ram-Halbleitermarktes an sich reißen, obwohl man die Halbleiter sogar in den Vereinigten Staaten erfunden hatte? Wie konnte es sich in die Herzen von Zigmillionen amerikanischer Verbraucher einschleichen, die automatisch an Sony oder Panasonic denken, wenn sie Radios, Kameras, Fernsehgeräte oder Videorecorder kaufen?

Diese Fragen kamen Anfang der achtziger Jahre tief aus dem Bauch Amerikas, als der ungeheure Erfolg Japans den Neid einer Nation weckte, als sie sich der wirtschaftlichen Verwüstung ihres industriellen Herzlandes bewußt wurde. Für viele Amerikaner war Japans Erfolg der Grund für das Versagen ihres Landes. Überall tauchte die gewichtige Frage auf: Was ist ihr Geheimnis? Wie schaffen sie es, wir aber nicht?

»Japanophobie«

Aus der Antwort entstand in den Vereinigten Staaten und in Europa eine Miniaturindustrie. In rascher Folge erschienen Dutzende und Aberdutzende von Büchern, die Japan »erklärten«. Wissenschaftliche Experten sogen nachdenklich an ihren Pfeifen und versuchten aufzuzeigen, wie die Japaner in einem Zeitalter steigender Ölpreise und wachsender Inflationsraten zu ihren Erfolgen kamen, während es

jedem anderen Land nicht gelang. Die Erklärungen für Japans Erfolg überfluteten Amerika fast in derselben Weise, wie Japans Produkte das Land überschwemmten. Eine Flut von Gründen ergoß sich: Qualitätskontrolle; lebenslange Firmentreue; homogene Bevölkerung; Arbeitssüchtige; mysteriöse Beziehungen zwischen Regierung und Geschäftswelt; billige Arbeitskräfte; Dumpingpreise; Währungsmanipulationen. Selbst die Zerstörungen des Zweiten Weltkrieges wurden als zusätzlicher Vorteil betrachtet, weil sie Japan zum Wiederaufbau gezwungen haben, wodurch das Land moderne Fabriken und Ausrüstungen erhielt.
Diese Nation, die an zunehmender »Japanophobie« litt, erhielt eine eindrucksvolle Portion Shogun-ähnlicher Erklärungen, welche die Gründe für diesen Erfolg in der japanischen Gesellschaft sahen. Am Ende herrschten in allen Büchern, in allen Erklärungen zwei Themen vor: »Die Japaner schummeln« und: »Ihre Kultur ist einzigartig.«
Beide Erklärungen haben den Vorzug, Amerika von der Schuld für all seine ökonomischen Probleme freizusprechen. Es gibt nicht viel, was der einzelne gegen Betrüger tun kann, es sei denn, er drischt so lange auf sie ein, bis sie die Schummelei lassen. Und wenn ein Land eine einzigartige Kultur besitzt und deshalb Dinge tun kann, die andere Völker nicht tun können, so kann man daran ebensowenig ändern – außer vielleicht, man schließt dieses Land von der Völkergemeinschaft aus.
Die Japaner schummeln wirklich. Von Anbeginn ihres Wiederaufbaus nach dem Zweiten Weltkrieg an entfernten sie sich von den internationalen Regeln des Freihandels und des freien Kapitalaustausches. Sie schlossen ihre Wirtschaft für den internationalen Wettbewerb, begrenzten die Kapitalflüsse und nahmen die Hilfe ihrer Regierung für die Industrie in einem Ausmaß in Anspruch, wie es in den Vereinigten Staaten nicht möglich ist.
Zusätzlich wurden kürzlich zwei der größten japanischen Unternehmen, Hitachi und Mitsubishi Electric, als Mittäter in einem der größten internationalen Hochtechnologieverbrechen des Jahrhunderts entlarvt, nachdem das FBI sie beim Aufkauf geheimer IBM-Dokumente erwischte.
Aber nichts von alledem erklärt den Erfolg Tokios. Hitachi und Mitsubishi rangieren im japanischen Computergeschäft unter ›ferner

liefen«. Beide versuchen nicht nur, IBM einzuholen, sondern auch Fujitsu, das mächtigste Computerunternehmen des Landes. Fujitsu beherrscht das Computergeschäft in Japan, und es war nicht Fujitsu, das bei dem hochtechnologischen Verbrechen in Amerika erwischt wurde. Das war die zweite Garnitur.

Bis zu einem gewissen Grade hat jede Nation der Erde bei der Einhaltung internationaler Regeln geschummelt. Haben die Japaner mehr geschummelt als andere? Gewiß. Aber sicher nicht mehr als die Franzosen, im Vergleich zu denen die Japaner geradezu Musterschüler Adam Smiths sind. Verglichen mit den Amerikanern, selbst mit den Deutschen, haben die Japaner geschütztere Binnenmärkte, und sie haben die höheren Regierungssubventionen.

Aber das sind noch immer Marginalien. Nur ein Rückfall in westlichen Fremdenhaß und Rassismus kann den unglaublichen Erfolg Japans auf Schummelei zurückführen. Es ist möglich, daß ein wütender amerikanischer Fließbandarbeiter, der eben seinen Job verloren hat, ein Zeichen setzen möchte und alle Toyotas vom Firmenparkplatz verbannt, weil er glaubt, sie seien zu Dumpingpreisen in sein Land gelangt. Aber er wird beim Durchschnittsverbraucher nur wenig Unterstützung finden, der die niedrigeren Preise und die höhere Qualität des ausländischen Autos schätzt, nachdem er die »Montagsprodukte« satt hat, die von tranigen Arbeitern mit Vorschlaghämmern zurechtgebogen wurden.

Es ist verständlich, wenn ein verwirrter Einzelhändler, der amerikanische Radios und Fernsehgeräte verkauft, nach einem Boykott der ganzen japanischen Konsumelektronik ruft, weil sie die Technologie »made in USA« auswertet und Gewinne sowie Arbeitsplätze wegnimmt. Aber sind die Japaner wirklich dafür zu schelten, daß sie die Technologie anwenden, um attraktive neue Produkte herzustellen, die von Millionen Amerikanern freiwillig und gerne gekauft werden, beispielsweise einen Walkman oder ein Betamax-Gerät der Firma Sony?

Schummelei kann den ungeheuren Erfolg Japans nicht erklären, und die »Einzigartigkeit« kann es ebensowenig. Es ist wahr, daß Japans besondere Kultur den Menschen im Westen fremder ist als selbst die chinesische, die indische oder arabische Kultur. Sicherlich unterscheidet sich Japan sehr viel mehr von den Vereinigten Staaten als

Frankreich oder Deutschland. Es ist aber nicht wahr, daß Japan den Kampf um die technologische Spitzenstellung in den achtziger Jahren gewinnt, weil wir es hier mit einer Art homogener Nation von Arbeitssüchtigen zu tun haben, die alle in vollkommener Harmonie zusammenarbeiten. Und Japan verdankt seinen Erfolg auch nicht irgendeiner verborgenen Partnerschaft zwischen Regierung und Unternehmen oder irgendeiner Bereitschaft des japanischen Volkes, um des größeren Ruhmes des Vaterlandes willen für niedrige Löhne zu arbeiten.

Die »lebenslange« Firmentreue, die amerikanische Gewerkschaften als Beweis für die traditionelle familiäre Bindung an japanische Unternehmen heranziehen, wurde von niemand anderem als Douglas MacArthur nach dem Krieg eingeführt. Er wollte die Leute so schnell wie möglich wieder an die Arbeit bringen, um den wachsenden Einfluß der Kommunisten in den Gewerkschaften zurückzudrängen, und befahl im wahrsten Sinne des Wortes japanischen Unternehmen, Arbeiter anzustellen und neu auszubilden.

Die »Harmonie« des industriellen Lebens ist ein erst zwei Jahrzehnte altes Phänomen, dem ungeheure Streiks in den fünfziger Jahren und ein enormer Konflikt zwischen Industriellen und rechtsradikalen Militaristen während der dreißiger Jahre vorausgegangen war. Der Roman und der darauf basierende Fernsehfilm *Shogun* haben Millionen Amerikanern den enormen Konflikt vor Augen geführt, der in der Vergangenheit Teil des japanischen Alltagslebens war.

Was das spezielle Bündnis zwischen Regierung und Geschäftswelt angeht, so ist es vorhanden, und es hat ungeheuer geholfen. Es ist aber weniger vorherrschend als die Rolle der französischen Regierung – sowohl der konservativen als auch der sozialistischen – in der französischen Wirtschaft. Die bekannte Übereinstimmung der Wirtschaft mit dem japanischen Ministerium für internationalen Handel und Industrie ist erstaunlich effektiv, doch kann man die gleiche Situation in Großbritannien und Frankreich verzeichnen und, was vielleicht am wichtigsten ist, in den Vereinigten Staaten, wo das Pentagon im Wirtschaftsleben eine bedeutende Rolle spielt. Der Einfluß des japanischen Ministeriums auf die Hochtechnologie in Japan war nicht größer und nicht geringer als der Einfluß des Pentagons auf die Technologie in den Vereinigten Staaten. Ohne die Minuteman-

Raketen hätte es für Halbleiter nicht so früh einen Markt gegeben. Da sich das japanische Ministerium auf den kommerziellen Erfolg, das Pentagon aber mit Nachdruck auf die militärische Anwendung konzentrierte, haben die Vorgehen beider Institutionen unterschiedliche ökonomische Auswirkungen.

Zurück zu den Grundlagen

Was steckt dann hinter dem phänomenalen Erfolg Japans in einer Zeit, da Europa in kommerzieller Stumpfheit versinkt und Amerika schwankend zwischen der elektronischen Zukunft und der schwerindustriellen Vergangenheit steht? Wie bei vielen schwierigen Fragen ist die Antwort einfach. Die Japaner sind zu den Grundlagen der Produktion zurückgekehrt; sie haben sich wieder den Prinzipien des Frühkapitalismus zugewandt, um sich auf dem Weg in die hochtechnologische Zukunft voranzutreiben. Sie haben die Bedeutung der Fabrik, des Fließbandes und der Arbeiter als den wahren Schlüssel für höhere Produktivität wiederentdeckt. Sie haben den Wettbewerb als ein Feld wiederentdeckt, auf dem Unternehmen um Marktanteile kämpfen, wodurch sie Preise senken und die Qualität anheben. Und, am wichtigsten von allem, sie haben das grundlegende Prinzip jeder Produktion wiedererlernt: die Aufgabe des Herstellers ist, dem Rohmaterial etwas Wertvolles hinzuzufügen, um so bessere, billigere und neuere Produkte zu schaffen, welche die Leute haben und kaufen wollen. Wertsteigerung ist der Schlüssel aller erfolgreichen Produktionen, Wertsteigerung ist die soziale Komponente des Kapitalismus wie auch dessen entscheidende wirtschaftliche Basis.

Ohne die Wertsteigerung bei Produkten kaufen die Verbraucher nicht, fallen die Profite und gehen die Arbeitsplätze verloren. Als Kodak eine neue Kamera herausbrachte, die eine flache, runde Scheibe anstelle des sonst üblichen Films benutzt, steigerte es den Wert seiner Kamera, konnte höhere Gewinne erwirtschaften und schuf einige tausend zusätzliche Arbeitsplätze in den Fabrikanlagen in Rochester. Als Akio Morita, Mitbegründer und Präsident von Sony, sich, in Widerspruch zu allen seinen Marktforschungsexperten, für die Massenproduktion eines individuellen Stereoplattenspielers ent-

schied, den man aus bereits bestehenden Teilen zusammensetzen konnte, steigerte er den Wert. Als Apple den ersten Personalcomputer aus vorhandenen Schaltkreisen zusammenbaute, steigerte es den Wert. Als Detroit nach den Ölschocks der OPEC fortfuhr, Benzinschlucker herzustellen, steigerte es nichts. Japanische Importwägen, die dem Verbraucher 25 bis 30 Meilen mehr pro Gallone Benzin garantierten, das heißt zwei- bis dreimal höhere Leistung im Vergleich zu den Autos aus Detroit, gewannen Markt, Profite und Arbeitsplätze für ihre Firmen.
In Japan weiß jeder – Arbeiter, Manager, Regierungsbeamte –, daß der einzige Weg, zu überleben und zu prosperieren, darin besteht, Rohstoffe zu importieren und sie in Produkte zu verwandeln, die so viel Wertsteigerung enthalten, daß sie Verbraucher in aller Welt interessieren. Die Höhe der in ein Produkt gesteckten Wertsteigerung entscheidet über den Reichtum des Landes. Aus diesem Grunde, wie auch aus manch anderen, wußte Japan Jahre vor allen anderen Ländern, daß der Schlüssel für den kommerziellen Erfolg der Zukunft in der Hochtechnologie liegt. Es erkannte vielleicht fünf Jahre vor den Vereinigten Staaten, daß die Ölschocks der OPEC und das daraus resultierende Ansteigen der Energiepreise einen enormen Weltmarkt für energiesparende, hochtechnologische Produkte eröffnen würden. Die Japaner begriffen, daß der Übergang von billiger Energie zu teurer Energie umgesetzt werden mußte in die Verwandlung der modernen Gesellschaft von einer benzinschluckenden Maschinenkultur in eine energienippende Elektronikkultur, und sie sahen als erste ein, daß in einer solchen wirtschaftlichen Umgebung eine hohe Nachfrage sowohl nach Robotern und Automaten wie nach Computern und »Bakterienfabriken« bestehen würde.

Auf die Fabriken kommt es an

Ihr Hauptgewicht bei der Wertsteigerung legen die Japaner auf das Fließband. Während das Laboratorium oder das Büro in den Vereinigten Staaten und in Europa die Hauptarena für den Wandel und die Innovation zu sein scheinen, richten die Japaner ihre Anstrengungen auf das Fließband, die niedrigste Ebene der Produktion.

Auf dieser Ebene können die Japaner einige ihrer stärksten sozialen und kulturellen Charakterzüge zum Tragen bringen. Zum Beispiel sind japanische Arbeiter die am besten ausgebildeten und auch belesensten in der ganzen Welt. Verglichen mit Fließbandarbeitern in Detroit, die häufig nicht einmal das Abschlußzeugnis einer höheren Schule besitzen, haben die Männer, die den Honda und Toyota bauen, vier bis fünf Jahre zusätzlicher Schulung in Institutionen hinter sich, die auf rigorosen Prüfungen und Zensuren bestehen. Diese Ausbildung wird in den Fabriken auf zweierlei Weise genutzt. Zum einen werden den japanischen Arbeitern sehr viel mehr Aufgaben an ihrem Arbeitsplatz anvertraut als amerikanischen. Von ihnen wird erwartet, daß sie in der Bedienung komplizierter Maschinen selbständig denken. Sie wechseln ihre Tätigkeit oft. Das Niveau ihrer Fertigkeiten ist höher und das Ausmaß ihrer Langeweile sehr viel geringer. »Für meine Begriffe liegen die Vorteile der Japaner in der Fabrik. Die Qualität der Arbeiter ist in Japan sehr viel besser als in den Vereinigten Staaten«, sagt Naohiro Amaya, Berater des Ministeriums. »Japanische Arbeiter haben einen starken Willen, fast möchte ich sagen: eine Leidenschaft, gute Dinge herzustellen. Sie sind stolz darauf, qualitativ hochstehende Produkte zu fertigen.«

Zum anderen werden die Arbeiter sehr viel häufiger konsultiert, wenn es zu Veränderungen kommt. Bei einer Bevölkerung, die halb so groß ist wie in den USA, bringt Japan doppelt so viele Ingenieure hervor. Mehr als die Hälfte dieser Ingenieure arbeitet über lange Zeiträume direkt in den Fabrikhallen. Ihre Innovationen, ihre Veränderungen sind geringfügig, aber sie erfolgen ständig. Die Ingenieure sind in ständigem Kontakt mit den Arbeitern, können sie um Rat fragen und eigene Fähigkeiten anbieten.

In der Tat geschieht in Japan das meiste an Forschung und Entwicklung am Fließband und bleibt nicht einer exklusiven Kaste von Naturwissenschaftlern und Ingenieuren vorbehalten, die in abgelegenen Labors arbeiten. Indem sie sich auf die Fabrikationsstätte konzentrieren, bringen die Japaner ihren am stärksten ausgeprägten Charakterzug zum Tragen – die Fähigkeit, ausländische Ideen aufzugreifen und zu verbessern.

Seit der Meiji-Restauration von 1868 versucht Japan, den Westen einzuholen. Um das zu erreichen, hat es sich immer und immer weise des Unternehmens. Bei der lebenslangen Arbeitsplatzsicherheit, die ungefähr 40 Prozent der Arbeiter haben, ist der Verlust eines Jobs durch die Einführung von Automaten nicht annähernd so bedrohlich wie in Amerika. Man wird einen anderen Job bekommen. Diese Flexibilität innerhalb eines Kokons der Sicherheit ermöglichte es japanischen Unternehmen, in vielen Fabrikanlagen Roboter einzuführen, ohne daß es bei den Arbeitern einen nennenswerten Widerstand gab.

Der Nachdruck, den Japan auf Fabrik, Fließband, Arbeiter und Ingenieure legt, verleiht diesem Land bei der Massenherstellung von Qualitätsprodukten eine ungeheure Stärke. Das reicht von Autos bis zur Glasfaser. Japans Stärke sind sogenannte Gebrauchsartikel, die millionenfach hergestellt werden, hochtechnologische Gebrauchsartikel eingeschlossen. Diese fortgeschrittene, grundlegende Produktionstechnologie erlaubte es Japan in den siebziger und frühen achtziger Jahren, die Märkte für ihre Automobil-, Stahl- und Schiffbauindustrien zu gewinnen. Und diese grundlegenden Faktoren führen nun Japan im Rennen um die Hochtechnologie an die Spitze des Rudels.

Die Tugend des Sparens

Aber wie die Japaner einige Wahrheiten über den Fabrikationsprozeß wiederentdeckt haben, so sind sie auch zu einer anderen Wahrheit über die Investitionen zurückgekehrt: Ohne Kapital kann man nichts aufbauen. Um seine ungeheure ökonomische Maschine anzutreiben, hat sich Japan eine Organisationsstruktur zugelegt, die seiner Bevölkerung die Ersparnisse entzieht und diese an die Industrie umverteilt. Japan hat die höchste Sparquote der industrialisierten Welt. Mit 18 Prozent liegt sie dreimal höher als die amerikanische Durchschnittsquote von sechs Prozent, wenn auch niedriger als die unglaubliche 24-Prozent-Rate aus dem Jahr 1975.

Es ist wahr, daß die japanische Bevölkerung traditionsgemäß einen großen Teil ihres Einkommens spart. Aber das tun die Europäer auch. Was Japan von anderen Ländern beim Sparen unterscheidet, ist die Regierungspolitik, die zur Ermutigung und Verstärkung jener Angewohnheit eingeführt wurde.

Die Regierung benutzt das früher auch in den Vereinigten Staaten übliche Postsparsystem als nationales Kanalsystem für Kapital. Indem sie die Zinsen von Konten, die von den einzelnen Mitgliedern der Familien gehalten werden, von der Steuer befreit, werden die Menschen ermutigt, ihr Bargeld diesem nationalen Treuhandvermögen hinzuzufügen. Zur gleichen Zeit werden Zinsen auf zeitlich befristete Spareinlagen bei Geschäftsbanken mit 35 Prozent besteuert. Darüber hinaus handhabt die Regierung die Bestimmungen des Postsparsystems bewußt lax. Die Bürokratie verfolgt einfach nicht, ob zum Beispiel Personen größere Anteile nutzen, als ihrer Familie legalerweise zustehen. So läßt Tokio eine institutionalisierte Schummelei im Interesse der Kapitalerzeugung zu.

Diese Handhabung der Ersparnisse versorgt die Regierung mit ungefähr 40 Milliarden Dollar pro Jahr, die sie alsdann in langfristige Kredite zu niedrigen Zinsen für das Wachstum und die Exporte der Industrie umwandelt. Etwa die Hälfte des Geldes geht in die Finanzierung kleinerer Unternehmen. Die Export-Import-Bank, welche die Exporte mit Hilfe von Subventionen finanziert, bekommt ungefähr fünf Milliarden Dollar. Und die Japan Development Bank erhält auch fünf Milliarden Dollar. Darüber hinaus gibt die Regierung jedes Jahr für naturwissenschaftliche und technologische Forschung zwei Milliarden Dollar aus.

Diese Sparstruktur wurde von den Japanern nach dem Zweiten Weltkrieg eingeführt, um ihren damals im Wiederaufbau befindlichen Unternehmen einen steten Zufluß an billigen Krediten zu sichern. Sie hat Japan außerdem einen Extravorsprung im weltweiten Wettbewerb verschafft. Denn in den vergangenen 35 Jahren hatten japanische Firmen für die Modernisierung ihrer Fabrikanlagen und -ausrüstungen Zugang zu extrem billigem Kapital zu extrem niedrigen Zinsen. Noch vor kurzem waren einige amerikanische Automobilfabriken fast 50 Jahre alt. Japanische Fabriken sind zwei, drei oder vier Jahre alt. Sie werden ständig von innen nach außen neu gebaut.

Fast ebenso bedeutsam ist es, daß sich japanische Unternehmen nicht um die Unwägbarkeiten des Aktienmarktes zu sorgen brauchten, wenn sie ihre Investitionspläne erstellten. Sie haben genügend flüssiges Kapital, mit dem sie arbeiten können, und nur wenige Aktionäre, die für ihre Investitionen rasche Erträge erwarten. Mit Hilfe ihres

Spar- und Kapitalzuteilungssystems konnten die Japaner für die Zukunft planen. Und das taten sie auch.

Zukunftsvision

Aber für welche Zukunft? Seit fast 120 Jahren spielt Japan mit dem Westen das »Aufhol«-Spiel. Es hatte ein einziges Ziel – Parität mit Europa und Amerika. Dies war die treibende Kraft, und sie war günstig für die Nation. Japan hat nicht nur gleichgezogen, es dürfte sogar darüber hinausgelangt sein.
Bei ihrem zielstrebigen Drang nach Parität setzen sich die Japaner ständig kurzfristigere Ziele. Sie tun dies für bestimmte Industriezweige, besondere Unternehmen und individuelle Technologien. Die Japaner betrachten sich als kleines Inselvolk, das darum kämpft, trotz ungeheurer Widerstände von Zeit zu Zeit einen Schritt nach vorn zu machen. Sie befinden sich auf einem unbekannten Meer, und sie müssen sich besonders vorsehen, bei ihren Manövern nicht unterzugehen. Sie meinen, sie müßten ein ausgezeichnetes Geheimdienstnetz besitzen, das ihnen sagt, welch ungewöhnliche Dinge sie erwarten und welche neuen Dinge sie adaptieren können, um sie zu verkaufen. Und immer müssen sie nach vorne drängen.
Die Vision, wo Japan in Zukunft stehen könnte, ist eine ständige Beschäftigung der Japaner. Sie beinhaltet keinen standardisierten Fünfjahresplan, wie er in kommunistischen Ländern üblich ist, sondern die Vorstellung, wo sich die japanische Gesellschaft im Jahre 1990 oder 2000 befinden wird. Diese Vision enthält ein langfristiges Konzept, welches Ziel die Nation ansteuern muß. Sie bringt außerdem Regierung, Industrie und das Volk im allgemeinen dazu, ihre Energien gemeinsam einzusetzen. Es war die Vision Japans von sich selbst und von dem Ziel, das es zu erreichen galt, die es zur ersten Nation werden ließ, die die tiefere Bedeutung hinter den Ölpreisschüben der OPEC wirklich verstand. Es war die Vision Japans von sich selbst, die ihm die Erkenntnis eingab, daß die Ära billiger Energie zu Ende ging und einer neuen Periode Platz machte, in der ungeheurer Wert auf hochtechnologische Produkte gelegt würde.

Made in Japan

Das galt für Japan nicht immer. Noch vor drei Jahrzehnten bedeutete »made in Japan« billige, schäbige Spielsachen und kleine Papierschirmchen, die sich die Kinder auf ihre Eisbecher steckten. Für die Japaner war jedoch selbst diese Errungenschaft wichtig. Denn die erste Vision, welche die Japaner nach dem Krieg hatten, bestand aus dem Wiederaufbau ihrer Wirtschaft. Und sie taten es, indem sie sich auf die Leichtindustrie konzentrierten – Textilien, Spielsachen, billige Maschinen. Es war die schnellste und leichteste Methode, die Zerstörung hinter sich zu lassen. Die Anordnung von Douglas McArthur, die Arbeitslosigkeit solle dadurch beendet werden, daß die großen Unternehmen ihre Beschäftigten unter Vertrag behielten, selbst wenn sie nichts zu tun hatten, verlieh Japan das Grundmuster lebenslanger Beschäftigung. Um die Löhne und Gehälter ihrer Beschäftigten zu erwirtschaften und um die Fabriken zu einer Produktion auf dem zivilen Sektor zurückzuführen, entschieden sich die Japaner für die Leichtindustrie; es war eine Entscheidung, die unter dem Druck der Amerikaner zustande kam. Diese nämlich setzten alles daran, die Schaffung einer wirtschaftlichen Basis für eine Wiederbewaffnung zu verhindern, was nahezu die gesamte Schwerindustrie betraf.

Die amerikanische Besetzung Japans dauerte sehr lange – 13 Jahre. Als sie 1958 endete, wechselten die Japaner rasch die Richtung ihrer Wirtschaft. Ihre neue Vision war die Schwerindustrie. Von den Produkten der Schwerindustrie war eine sehr viel höhere Wertsteigerung zu erwarten, und die Japaner versuchten diese zu erlangen, nachdem die Amerikaner ihre Küsten verlassen hatten. In den sechziger Jahren hatten sie nur mäßigen Erfolg, ihr Land auf Weltniveau zu bringen. Anfang der siebziger Jahre konnte man ihre schwerindustriellen Exporte nach Preis und Qualität mit denen des Westens vergleichen. Aber Japan war noch nicht jene Supermacht, die es heute ist.

Es bedurfte erst der Ölpreisschübe der OPEC, um Japan auf die nach oben weisende Spirale des wirtschaftlichen Erfolges zu setzen. Der OPEC-Schock von 1973 traf Japan härter als jedes andere Industrieland. Die Inflation stieg auf 30 Prozent, eine scharfe Rezession setzte ein, die Gewinne fielen. Bevor noch irgend jemand anders erkannte, was geschah, änderten die Japaner abermals ihre nationale Vision. Sie wußten, daß alles, was mit Energie hergestellt wird, und alles, was Energie benötigt, infolge der OPEC-Aktion im Preis unerhört steigen würde. Die Japaner begannen daher sofort mit einem Energiesparprogramm. Schon ein Jahr nach 1973 hatte Sony sein »Trinitron«-Farbfernsehgerät so umgebaut, daß es weniger Energie verbrauchte. Monate später veränderte es das ganze Chassis dergestalt, daß weniger Teile und weniger Metall benötigt wurden. Die Automobilwerke begannen, zusätzlich benzinsparende Autos für den Export in die Vereinigten Staaten auszustoßen. Stahl- und Zementfabriken veränderten ihre Fertigungsprozesse und Befeuerungsanlagen so, daß sie ihren Energieverbrauch um 20 bis 30 Prozent senken konnten, wodurch der japanische Stahl auf dem Weltmarkt sehr viel wettbewerbsfähiger wurde. Die Vision für Japan Mitte der siebziger Jahre bestand darin, energiesparende Industrieprodukte herzustellen, nach denen die Welt verzweifelt verlangte. Zusätzlich legte das Land das Fundament für seinen Übergang zur Hochtechnologie.

Nach dem zweiten Ölschock von 1979 veränderte sich die Vision des Landes wieder einmal. Dieses Ereignis überzeugte die Japaner, daß das gesamte Industriezeitalter infolge der gestiegenen Energiepreise seinem Ende zugeht. Und mit seinem Ende würde auch das Maschinenzeitalter und die Chemie-Ära enden. Die neue Vision für Japan, die in einem Bericht des japanischen Wirtschaftsministeriums 1980 niedergelegt wurde, bestand aus einer hochtechnologischen Zukunft der Elektronik, der Roboter, der Automation, der Biotechnik, der Computer und der Telekommunikation.

Da in der Zukunft die größte Wertsteigerung in diesen neuen, energiesparenden Technologien liegen würde, mußte ein neues technologisches Niveau erreicht werden, und ein altes mußte man hinter sich lassen. Diese Zukunftsvision verschaffte Japan gegenüber allen seinen Mitbewerbern einen Frühstart.

Die großen Unternehmen Japans begannen sogleich, ihre Ressourcen zu verlagern. Elektrizitätsunternehmen wie Hitachi, die sich auf schwere Kraftwerksturbinen konzentriert hatten, stopften riesige Geldsummen in Computer und Halbleiter. Aus Fujitsu, das die deutsche Siemens gegründet hatte, damit es elektrische Ausrüstungen für die Schwerindustrie baute, wurde die Nummer eins aller japanischen Computerhersteller. Kawasaki Heavy Industries, in den sechziger und siebziger Jahren einer der größten Schiffbauer der Welt, wurde der größte Roboterproduzent des Landes. Toray, eines der größten Chemieunternehmen der Nation, das synthetische Fasern herstellte, warf sich auf Pharmazeutika und Produkte der Biotechnik. Die gesamte Wirtschaft wechselte zur neuen Vision einer hochtechnologischen Gesellschaft über – einer Gesellschaft des 21. Jahrhunderts.

Bei ihrer technologischen Forschung lassen sich die Japaner von starken kulturellen Normen leiten. Einfachheit und Liebe zum Detail sind immer ein bedeutender Faktor der japanischen Ästhetik gewesen. Ihre Stiche und Malereien, besonders ihre Felsengärten, die für Menschen aus dem Westen so unergründlich sind, sind ohne übertriebene Vielgestaltigkeit und lenken den Blick auf die Schlichtheit des Schönen.

Die Aufmerksamkeit für das Detail zahlt sich bei der Qualitätskontrolle und der Fertigung von Konsumartikeln wirtschaftlich in hohem Maße aus. Hunderte von japanischen Exporten in die Vereinigten Staaten passen besser in das Leben der Verbraucher als Produkte »made in America«. Daß sie klein, kompakt und von so hoher Qualität sind, gefällt den Amerikanern.

Auch daß sie so einfach sind. Die Japaner machen ihre Roboter und Chips sehr einfach – und sehr kostengünstig. Während die Amerikaner eine höchst komplizierte Technologie fabrizieren und diese bis zum äußersten Extrem treiben, nur um zu sehen, was machbar ist, achten die Japaner auf Funktionalität. Die ersten Werkzeugmaschinen, die sie in die Vereinigten Staaten exportierten, wurden dort gern angenommen, weil sie ihre Aufgaben zu sehr viel niedrigeren Kosten bewältigten. Japanische Roboter werden in der Modulbauweise gefertigt, mit sehr einfach gehaltenen Grundmodellen und Zusatzausrüstungen, die man für neue, kompliziertere Aufgaben bekommen kann. Die japanischen Chipentwürfe sind weniger kompliziert – und weniger störanfällig – als die amerikanischen. Die Betonung, die die Japaner auf Schlichtheit und Detail legen, paßt gut zur Betonung, die sie auf die Grundprinzipien der Produktion legen.

eigenen Interessen der Industrien. Als nächstes veröffentlicht das MITI eine Erklärung über die allgemeine Politik, die in die Zukunft weist. Das Ministerium skizziert die Technologien, die entwickelt werden müssen, und beginnt, Geld in die Forschung zu pumpen. Üblicherweise geht das so vor sich, daß das MITI über die Japanische Entwicklungsbank 200 bis 300 Millionen Dollar für ein Projekt lokkermacht und eine ausgewählte Gruppe von Unternehmen einlädt, sich daran zu beteiligen. Die Firmen schießen dann ihre eigenen Gelder ein.

Als zum Beispiel IBM 1970 mit seiner 370er-Serie großer Computer herauskam, entschloß sich das MITI, die Herstellung von Computern zur Priorität für die Industrie des Landes zu erheben. 1972, ein Jahr vor dem OPEC-Preisschub, startete es ein Vierjahresprogramm, das die japanische Technologie an den Standard von IBM heranführen sollte. Als die Auswirkungen der erhöhten Energiepreise deutlich spürbar wurden, erkannte man, daß das MITI den richtigen Weg eingeschlagen hatte. Aus verschiedenen Gründen wurde die Herstellung von Computern nach 1973 noch sehr viel stärker vorangetrieben:

1. Es handelte sich um eine hochtechnologische Industrie, die große Wertsteigerungen erzielte (das heißt die Differenz zwischen dem Preis, den die Unternehmen für die Rohstoffe zahlten, und dem Preis, den sie für die Fertigprodukte verlangten, war extrem hoch).
2. Es handelte sich um eine energie- und ressourcensparende Industrie.
3. Sie trug dazu bei, daß auch andere Industriezweige Energie und Ressourcen sparen können.
4. Sie hatte bedeutende Folgewirkungen für die gesamte Industrie, die dadurch in Richtung auf die Hochtechnologie vorwärtsgetrieben wurde.

Das MITI gliederte sechs Unternehmen in drei Gruppen. Alle sechs waren zu jener Zeit stark im Bereich der Ausrüstung für Elektrizitätswerke engagiert. Hitachi und Fujitsu sollten von nun an in großem Stil die kompatiblen Computer von IBM kopieren. Mitsubishi Electric Company und Oki Electric Industry Company beschäftigten sich mit den kompatiblen Kleincomputern von IBM. NEC und Toshiba durften Computer in entschieden eigenständiger Bauart, verschieden von den IBM-Typen, entwickeln. Das MITI setzte 300 Millionen Dollar für das Projekt ein, das von 1971 bis 1976 laufen sollte.

Die Projekte des MITI konzentrieren sich immer auf die Grundlagenforschung, nie auf den Verkauf irgendeines speziellen Produkts. Es gibt hier keine Produkt- oder Marketingabteilungen, nur Forschung und Entwicklung. Die beteiligten Unternehmen ihrerseits durchstreifen die Vereinigten Staaten und Europa auf der Suche nach Informationen über die neue Technologie, und das MITI assistiert. Aber die Tausende von Japanern, die in den frühen siebziger Jahren die Horchposten im »Silicon-Tal« besetzt hielten, arbeiteten für die großen Unternehmen, nicht für die Regierung. Die Hunderte von Lizenzverträgen und Dutzende von Gemeinschaftsunternehmen, in die sich die Japaner mit amerikanischen Firmen begaben, um die begehrte Technologie zu bekommen, wurden auf privater Basis abgeschlossen und eingeleitet. Nach dieser Phase wird die Rolle des MITI kleiner. Was als nächstes passiert, würde das Herz von Adam Smith vor Freude hüpfen lassen. Wenn erst einmal ein ausreichendes Reservoir an neuer Technologie verfügbar ist, wird es zwischen den Teilnehmern an dem Gesamtvorhaben aufgeteilt. Und dann begibt sich jedes Unternehmen mit seinem Anteil auf den Markt und versucht die Konkurrenz zum Teufel zu jagen.

Eine wahre Orgie intensivsten Wettbewerbs findet statt, wenn neue Produkte, auf welche die neue Technologie angewendet wurde, herauskommen. Jedes Unternehmen versucht dann, seine Erzeugnisse billiger und besser als die der anderen zu machen. Dutzende anderer Firmen steigen häufig in dieser Phase ein, wenn der Zugang zu der neuen Technologie breiter wird. Der gnadenlose Wettbewerb dauert mehrere Jahre. Am Ende bleibt nur eine Handvoll von Unternehmen übrig. Im Bereich der Computer hat Fujitsu den Markt vollständig unter seine Kontrolle gebracht, in jenem der Halbleiter ist NEC der klare Sieger. Das MITI hatte 1972 bis 1979 ein Programm aufgelegt, das Japan im Bereich der Halbleitertechnologie an die Spitze führen sollte. Das Ziel bestand in der Herrschaft über den Weltcomputermarkt, was dadurch erreicht werden sollte, daß man die Produktion von Chips kontrollierte, die das Herz der Computer darstellen.

NEC, Hitachi, Fujitsu und Toshiba beteiligten sich an diesem Programm, so daß Japan als erstes Land, vor den Vereinigten Staaten, zur Massenproduktion des 64k-Ram-Speicherchips überging. Dabei führt NEC, dicht gefolgt von Hitachi.
Während dieses Wettbewerbs hält sich das MITI im Hintergrund. Nur gelegentlich spielt es eine Rolle in der Öffentlichkeit. Um von Zeit zu Zeit die Produktion und den Verkauf spezieller hochtechnologischer Produkte zu stimulieren, gründet es dann ein eigenes Unternehmen, das dieses Produkt von einem Hersteller aufkauft und es zu niedrigen Leasingraten an Verbraucher vermietet. Das MITI bedient sich dabei der Japanischen Entwicklungsbank, um die Finanzierung sicherzustellen. Auf diese Weise bietet das MITI dem Hersteller eines neuen Produkts einen Mindestabsatzmarkt und dem Verbraucher einen Preiseinbruch.
Zum Beispiel ortete das MITI in den späten siebziger Jahren die Roboter als einen »strategisch wichtigen Industriezweig« für Japans Zukunft. Im April 1980 war es behilflich, die Japan Robot Lease Company (JAROL) zu gründen, die sich aus 24 Mitgliedern der Japan Industrial Robot Association (JIRA) und zehn Versicherungsgesellschaften zusammensetzt. JAROL verbreitet hauptsächlich Roboter in kleinen und mittelständischen Unternehmen. Sie kauft Roboter von den Herstellern und vertreibt sie dann im Leasingverfahren zu sehr niedrigen Preisen an kleine Geschäftsleute. Der Etat von JAROL wird fast vollständig zu sehr niedrigen Zinsraten von der Regierung zur Verfügung gestellt, weshalb die Gesellschaft in der Lage ist, Roboter zu unglaublich niedrigen Preisen zu vermieten. Im Endeffekt verschafft JAROL den Robotern einen Massenmarkt und fördert die Herstellung.
Das MITI hat jenes Leasingsystem auch auf Computer angewendet. 1980 vergab es 263 Millionen Dollar an die Japan Electronic Computer Company, die Computer aufkauft und sie dann an Verbraucher vermietet. Diese staatliche Unterstützung fiel 1981 auf den Betrag von 218 Millionen Dollar und 1982 auf ungefähr 100 Millionen Dollar zurück. Nachdem die Computerhersteller geringere staatliche Subventionen erhielten, bauten sie ihre eigenen Leasinggesellschaften auf. Die Roboterhersteller werden dasselbe in den nächsten Jahren tun.

All dieses geschieht, Jahre bevor das MITI bei der Verwirklichung der japanischen Zukunftsvision den nächsten Schritt tut. Sobald feststeht, welche Unternehmen im Wettbewerb auf dem Binnenmarkt am erfolgreichsten sind, begeben sie sich ins Ausland. Japan hat es fertiggebracht, seinen riesigen Binnenmarkt hermetisch gegen alle ausländischen Unternehmen abzuschotten, die es hinhalten will. Jene Unternehmen, denen der Zutritt gewährt wird, verfügen über Technologien, die Japan im Ausland weder unter Lizenz nehmen noch kaufen kann. IBM ist das beste Beispiel dafür. Doch dann bedient sich Japan der gleichen Strategie wie Frankreich und andere europäische Länder und besteht darauf, für den Zutritt zum eigenen Binnenmarkt die fremde Technologie zu erhalten. IBM mußte seine fortgeschrittene Forschung in beträchtlichem Umfang mit Japan teilen, um sich das Privileg einzuhandeln, dort geschäftlich tätig werden zu können. Andere Unternehmen, die nach Japan gingen, wie Coca-Cola oder Kentucky Fried Chicken, haben für die Wirtschaft jenes Landes nur eine geringe Bedeutung. Es ist undenkbar für jedes ausländische Unternehmen, eine japanische Firma von Bedeutung aufzukaufen. Es besteht keine Möglichkeit, jemals Fujitsu oder Honda erwerben zu können.

Indem sie ihren Binnenmarkt unter Verschluß halten, können die Japaner das Produktionsvolumen bei ihren neuen Produkten steil nach oben fahren und dadurch die Preise einschneidend senken. Nach einer genauen Marktanalyse beginnen sie dann mit dem Export. »Die Japaner exportieren, wie sie Krieg führen«, sagt ein englischer Handelsexperte. Die Anstrengungen japanischer Unternehmen im Exportbereich sind einem Blitzkrieg vergleichbar. Kaum haben sie aufgrund ihrer Marktforschung jenseits der Grenzen eine kleine Marktlücke entdeckt, füllen sie diese mit hochwertigen, niedrigpreisigen Artikeln. Wenn sie vorher nicht durch bestimmte Gegenmaßnahmen aufgehalten werden, geben die Japaner nicht eher Ruhe, bis sie den engen Markt zu 100 Prozent erobert haben. Dann weiten sie die Marktlücke aus und strengen sich an, den größeren Markt zu gewinnen, indem sie ihre Produkte verfeinern und verbessern. Sony begann mit billigen Transistorradios, ging zu hochwertigen Farbfernsehgeräten über und führte schließlich seinen Betamax-VTR ein, der auf einer großen Anzahl von Halbleiterchips beruht. Honda begann

mit Motorrädern, baute dann Kleinstkraftwagen und bringt neuerdings Autos der Mittelklasse auf den Markt.
Das Ziel ist immer der größere Marktanteil, und der Zeitrahmen ist immer langfristig. Die Japaner sind wilde Preisbrecher, die entschlossen sind, sich in die Märkte einzukaufen, selbst wenn sie sich dadurch dem Vorwurf des Dumping aussetzen.
Mit ihrer äußerst ergiebigen Herstellungstechnologie, mit ihren gebildeten und fähigen Arbeitern und mit ihrer Zukunftsvision marschieren die Japaner in fremde Binnenmärkte mit dem festen Willen ein, von diesen möglichst große Anteile zu erobern, bevor sie auf wirtschaftlichen oder politischen Widerstand treffen. Wenn dies geschieht, sind die Japaner um Schlichtung bemüht, was dadurch zum Ausdruck kommt, daß sie sich zurückziehen und über Marktanteile verhandeln. Ein Teil dieser Versöhnung besteht aus der Errichtung von Fabriken in Übersee zur Befriedigung der örtlichen Märkte. Indem sie ihrem Gastland Arbeitsplätze verschaffen und dessen Zollbestimmungen zu umgehen versuchen, hoffen die Japaner, einen gegen sie gerichteten Protektionismus zu verhindern. Aber das ist erst das letzte Mittel. Japan zieht es vor, zu exportieren und Arbeitsplätze sowie Gewinne zu Hause zu behalten.

Die Zukunftsvision des MITI

Für die unmittelbar vor uns liegende Zukunft hat das MITI bereits mehrere bedeutende neue Bereiche für die wirtschaftliche Betätigung Japans ausgemacht. Japan oder zumindest Fujitsu, der führende Computerhersteller, hat im Bereich der Computerhardwaretechnologie gleichgezogen mit den Vereinigten Staaten – das heißt im Bereich der Herstellung verwickelter Computerbauformen. Noch immer gibt IBM das Tempo an und lenkt den Computerweltmarkt, doch solange das amerikanische Unternehmen bei seinen derzeit gängigen Bauformen bleibt, besteht die Gefahr, daß diese von den Japanern nachgeahmt werden können.
Wo die Japaner zurückliegen, ist der Bereich der Software, jene Instruktionen, die den Computern sagen, was sie zu tun haben. Software ist der Schlüssel zum Erfolg eines jeden Computerherstellers.

Es bedurfte der Entwicklung eines einzigen Softwareprogramms, um den Apple-Personalcomputer wie auch die gesamte Industrie voranzubringen. Das Entwickeln der Software ist in den Vereinigten Staaten bis heute fast so etwas wie eine Heimindustrie. Nicht selten werden diese Programme von Aussteigern der sechziger Jahre in deren Berghütten erstellt. Das Schreiben der Software haben die Japaner bisher noch nicht in den Griff bekommen, und darunter haben auch ihre Computerexporte gelitten.

Um die Entwicklung von Software voranzutreiben, vergibt das MITI 150 Millionen Dollar an die führenden Computerhersteller des Landes und weitere 30 Millionen Dollar an unabhängige Gesellschaften, die zu diesem Zweck gegründet wurden. Es gewährt außerdem Unternehmen eine vierzigprozentige Steuerfreiheit bei Einkünften aus Softwareprogrammen für die ersten vier Jahre eines neuen Programms. Die Tatsache, daß sich das Programm nur über den Zeitraum von drei statt der sonst üblichen acht bis zehn Jahre erstreckt, macht den Druck deutlich, den das MITI auf japanische Unternehmen ausübt, eigene Software zu entwickeln.

Wie immer erhalten die Privatunternehmen den entscheidenden Wink vom MITI, gehen dann aber selbständig vor. Sie haben 1500 amerikanische Softwarespezialisten angeheuert, die Programme schreiben und Japaner ausbilden sollen. Sie haben ihre »Horchposten« im »Silicon-Tal« alle wieder besetzt. Sie werben Tausende von Japanern, besonders Frauen, an, damit diese zu Hause Programme schreiben. Und sie statten Hunderte von »unabhängigen« Softwarefirmen mit Geldern aus.

Außerdem hat das MITI Programme im Bereich der Roboter und der Biotechnik aufgelegt. Japan steht kurz vor dem Beginn eines Siebenjahresplans – veranschlagt sind 140 Millionen Dollar –, der die Forschung bis zur Entwicklung der nächsten Generation intelligenter Roboter, die sehen und fühlen können, vorantreiben soll. Das MITI strebt den Bau eines Universalroboters an, der fast alles überall montieren kann. Mit der Fähigkeit, richtig sehen zu können, und einem leistungsfähigeren Computergehirn werden diese Roboter Millionen fähiger Arbeiter ersetzen. Zur Zeit baut bei Hitachi eine Arbeitsgruppe von 500 Menschen an einem standardisierten Roboter, der sehen und fühlen kann, ein leistungsfähiges Mikrocomputergehirn hat und zu gewissen Bewegungen fähig ist. Er wird in der Lage sein, von Fließband zu Fließband zu fahren. Hitachi plant die Fertigstellung des neuen Roboters bis 1985 und will 60 Prozent der Fließbandarbeiten innerhalb des eigenen Multimilliardenunternehmens bis 1986 roboterisiert haben.

Das MITI treibt die Biotechnik innerhalb eines 110-Millionen-Dollar-Programms mit einer Laufzeit von zehn Jahren voran. Ausgewählte Unternehmen werden in drei Gruppierungen zusammengefaßt, von denen eine sich auf die neuen genspaltenden Techniken konzentriert, eine zweite eine neue Art von »Töpfen« baut, in denen sich die neuen Bakterien entwickeln können, und die dritte vor allem um die neuen »Suppen« bemüht, in denen die Kulturen wachsen können. Etwa zwei Dutzend Unternehmen sind daran beteiligt, und alle sind mit einem oder mehreren amerikanischen oder europäischen Unternehmen verbunden, um den Zugriff auf die neue Technologie zu erhalten.

Aber das ungewöhnlichste und möglicherweise weitreichendste Projekt, welches das MITI vorlegt, besteht darin, Japans fünfte Computergeneration zu schaffen. Dieses Vorhaben, auf zehn Jahre angelegt, hat kein geringeres Ziel, als Computer mit einer künstlichen Intelligenz zu bauen.

Der Computer der fünften Generation wird dem Menschen sehr viel mehr ähneln als jeder andere, der bisher gebaut wurde. Anstelle der üblichen Programme wird er die menschliche Sprache nutzen, Urteile fällen und Entscheidungen treffen. Er wird auf nichtlineare Weise nichtnumerische Informationen wie etwa Bilder verarbeiten – etwas ganz anderes, als es die Datenverarbeitungsgeräte von heute können. Die neue Maschine wird der intelligente »Kumpel« der Leute zu Hause sein, bei der Arbeit oder auf dem Golfplatz. Sie wird beim Abfassen der Steuererklärung beraten und Vorschläge machen, wo man neue Fabriken bauen soll.

Um dies alles zu erreichen, setzen die Japaner auf technologische Durchbrüche im Bereich der Software, auf Halbleiter, welche die menschliche Sprache entschlüsseln können, und auf etwas, was nach Science-fiction klingt und sich »Josephson Junction« nennt: integrierte Hochgeschwindigkeitsschaltkreise, die außerordentlich stark gekühlt werden müssen. Die neuen Maschinen werden nicht nur schneller funktionieren, sondern kleiner sein als die heutigen Personalcomputer. Vielleicht werden sie nicht einmal die Größe dieses Buches haben.

Dies ist das erste Projekt, mit dem Japan versucht, sich vor dem Westen an die Spitze der technologischen Entwicklung zu setzen. Alles andere waren Versuche gewesen aufzuholen. Dies ist die größte Herausforderung Japans und seine größte Prüfung.

Sind die Japaner schöpferisch veranlagt?

Geschäftsleute und Politiker in aller Welt fragen sich zur Zeit, was schon bald die wichtigste Frage unserer Zeit werden könnte: Sind die Japaner in der Lage, Erfindungen zu machen? Die Japaner haben nämlich neuerdings bei den meisten westlichen Technologien gleichgezogen und benötigen nun nicht länger überlegene Ideen aus dem Ausland, um kommerziell Erfolg zu haben. Seit sie ihren Konkurrenten technologisch ebenbürtig sind, sehen sich die Japaner einer Aufgabe gegenüber, mit der sie, als Kulturnation, im größten Teil ihrer Geschichte noch nie zu tun hatten: der Erfindung vollkommen neuer Dinge, die man zu Produkten umformen und danach zu Hause und im Ausland verkaufen kann.

Bis heute stimmen fast alle, die die japanische Herausforderung an die Vereinigten Staaten und Europa beobachten, darin überein, daß es für die Inselnation schwierig sein wird, ihre Kultur zu verändern, um in der Lage zu sein, Erfindungen machen zu können. Die Gruppe als Teil der sozialen Ordnung blockiert Japan. Das Bedürfnis nach Übereinstimmung und Konsens mit der Gruppe und der Wunsch, niemals vor irgend jemand anderem zu sein, wirkt auf die Kreativität des einzelnen im höchsten Maße abschreckend. Wichtig ist auch, daß die Gruppe gewöhnlich vom *sensei* beherrscht wird, einem Führer oder Lehrer, dem man folgen muß. In japanischen Labors und Universitätsseminaren ist der *sensei* häufig nichts weiter als ein Mann, der einfach schon länger dabei ist als seine Kollegen. Persönliche Kenntnisse stehen an zweiter Stelle hinter dem Prinzip des höheren Dienstalters. Für einen Individualisten kann das lähmend sein. Naohiro Amaya vom MITI spricht es mit brutaler Offenheit aus: »Die Japaner arbeiten als Gruppe, nicht als Einzelwesen. Der kreative Einzelgänger verläßt Japan und geht in die Vereinigten Staaten, wo er sich wohler fühlt.« Das ist Japan schon teuer zu stehen gekommen. In seiner langen Geschichte wurde der Nobelpreis erst von fünf Japanern gewonnen.

Man denke nur einen Moment an die ungeheuren kommerziellen Erfolge, welche die Japaner im vergangenen Jahrzehnt errungen haben – bei Autos, Stahl, Schiffbau und nun im Bereich der Konsumelektronik, Halbleiter und Computer. Bei keiner Erfindung war japanischer Erfindungsgeist oder japanische Originalität einbezogen. Alle hatten ihre Wurzeln in den Laboratorien oder Werkhallen Amerikas oder Europas gehabt. Transistor und Siliconchip kamen aus amerikanischen Laboratorien. Der Videorecorder stammte von RCA. Japan übernahm erfolgreich westliche Technologien, steigerte die Produktivität in einem ungeheuren Maße, verstärkte die Qualität, paßte sich an ausländische Märkte an und verkaufte die Waren unterhalb der Preisschwelle der Konkurrenz. Dies alles tat Japan mit unglaublichem Erfolg, aber ohne den Einsatz eigener Innovation. Viele Japaner räumen ein, daß dies einfach eine Tatsache ihres kulturellen Lebens ist, und selbst Keiichi Takeoka, Präsident der Matsushita Electric Corporation of America, gibt zu: »Japanische Ingenieure verstehen es nicht, etwas aus dem Nichts zu entwickeln, aber wenn sie erst einmal etwas haben, können sie daraus alles machen.«

Das japanische Bildungssystem selbst beleuchtet einige der schwerwiegenden kulturellen Behinderungen für Innovationen. Ehrerbietung gegenüber älteren Fakultätsmitgliedern und Auswendiglernen sind für japanische Studenten Zwillingsnormen, und beide bilden den Gegensatz zur Originalität. Man müßte erst einmal das gesamte Bildungssystem radikal ändern, bevor Japan auch nur hoffen kann, neue Technologien und neue Produkte hervorbringen zu können. Vom ersten Semester an sind japanische Studenten darauf programmiert, die entscheidenden Universitätsexamen zu bestehen, in denen gewaltige Bestände an Wissen geprüft werden, selbständiges Denken aber nicht gefordert wird. Allein schon wegen der Anzahl der Prüflinge bestehen die Prüfungen aus einfachen Fragen, die kurze und einfache Antworten verlangen. Auf Originalität des Denkens wird nicht Wert gelegt. So sagt Matsushita-Präsident Takeoka: »Für jemand, der etwas aus nichts entwickeln will, wirkt das japanische Bildungssystem entmutigend. Wir müssen die Absolventen der Universitäten umschulen.«

Natürlich können sich die Japaner bezüglich ihrer Fähigkeit, zu erfinden, auch irren. Nicht jeder glaubt, Japan werde nicht in der Lage sein, den kulturellen Sprung von der Aneignung von Technologien zu deren Erfindung zu machen. Die Japaner bauen gerade eine ganze »Wissenschafts-Stadt«, wo 10 000 Naturwissenschaftler und Ingenieure versuchen werden, eine ungeheure Anzahl neuer Erfindungen zu machen. Darüber hinaus geben die riesigen japanischen Unternehmungen erstmals große Beträge für die Grundlagenforschung aus. In der Privatindustrie haben sich die Ausgaben für Forschung und Entwicklung in den vergangenen fünf Jahren verdoppelt, wobei mehr und mehr Geld in die Grundlagen-, nicht in die angewandte Forschung geht. Sony hat seine Ausgaben für Forschung und Entwicklung seit 1977 um 169 Prozent, Toyota um 179 Prozent und Hitachi um 110 Prozent gesteigert. Sollten die Japaner auf der Suche nach ihrer neuen Kreativität scheitern, dann nicht aus einem Mangel an Versuchen.

Es könnte ebensogut anders sein: daß die neue Technologie selbst einen neuen, innovativen Typ des Japaners hervorbringt. Im Sommer 1982 aß ich mit mehreren Angestellten der Nippon Electric Corporation zu Mittag. Nach einem sechsgängigen Essen – Sushi, Tempura und andere schmackhafte Exotica nebst einigen japanischen Bieren – begannen wir uns über die sozialen Implikationen der neuen Technologie zu unterhalten. Ein Japaner, der mir gegenübersaß, platzte mit den Sätzen heraus: »Sie sollten die neuen Leute sehen, die jetzt an die Arbeit gehen! Die, die man an die Computer setzt! Ihre Gesichter haben keinen Ausdruck, sie haben keine Gefühle. Sie wollen mit niemandem zusammenarbeiten. Für sie gibt es nur den eigenen Terminal!« Vielleicht zeigt sich hier ein neuer Typ von Japaner, einer, der es vorzieht, sich außerhalb der Gruppe aufzuhalten und alleine zu arbeiten, und der vielleicht, wenn Japan Glück hat, seinen eigenen Weg finden kann, um schöpferisch werden zu können.

Frührentner

Aber selbst wenn Japan dieses äußerst ernste Problem meistert, wird es noch mit genügend anderen zu tun haben. Bis jetzt war es in der Lage, in seinen Fabriken ein ausgedehntes Automatisierungsprogramm durchzusetzen, ohne von irgendeiner Seite unter Feuer zu geraten. Ohne größere Unannehmlichkeiten wurden die Leute innerhalb der Unternehmen hin und her geschoben.
Doch diese Mobilität der Arbeiter gab es zu einer Zeit hohen wirtschaftlichen Wachstums, die nun zu Ende zu gehen scheint. Selbst als die japanische Wirtschaft sich Anfang der achtziger Jahre wie die aller anderen Länder der Welt binnenwirtschaftlich verlangsamte, wuchs sie noch immer durch den Export. Aber zum erstenmal seit 30 Jahren fiel das Bruttosozialprodukt tatsächlich um einen erheblichen Betrag, nämlich um 3,5 Prozent im ersten Quartal 1982. Die Exportstrategie funktionierte nicht mehr, das Wachstum verlangsamte sich, und die japanischen Arbeiter wurden wegen der Arbeiter mit dem Stahlkragen nervös. Bis jetzt versuchte die Regierung, dem ganzen Problem dadurch aus dem Wege zu gehen, daß sie jenen, die ihre alten Jobs an die Roboter verlieren, neue und bessere Jobs versprach. Für diese Menschen hat sie aber keine Pläne.
Während die Arbeitslosigkeit eben erst den Horizont zu verdunkeln beginnt, taucht ein neues Sozialproblem auf: das Alter. In den vergangenen 30 Jahren erfreute sich Japan eines ungewöhnlichen Vorzugs gegenüber dem Rest der industrialisierten Länder. Es besaß zwei- bis dreimal mehr junge, produktive Arbeiter pro Rentner als die Vereinigten Staaten oder Europa. Das befreite Regierung wie Privatunternehmen von der riesigen Last der Sozialkosten. Es schuf auch viele der Ersparnisse, mit denen sich die Menschen auf ihr Alter vorbereiteten. In dem vor uns liegenden Jahrzehnt wird sich das Verhältnis zwischen Arbeitern und Rentnern verändern, und Japan wird dann nicht anders als irgendein anderes Land dastehen. Die zusätzliche Belastung für die Regierung wird gewaltig sein. Wenn die Zeitplanung funktioniert, könnten sich die beiden Probleme der Arbeitslosigkeit und der frühen Pensionierung gegenseitig aufheben, weil die Personen, die ihre Arbeitsplätze an die Roboter verlieren, ihr Arbeitsleben einfach aus Altersgründen beenden. Wenn das nicht

geschieht und eine zeitliche Lücke eintritt, könnte es Schwierigkeiten geben.
Das andere Problem, mit dem sich Japan bereits konfrontiert sieht, ist das steigende Haushaltsdefizit der Regierung. Bis zum ersten Ölschock der OPEC hatte Japan jedes Jahr einen Haushaltsüberschuß. Danach verlegte sich die Regierung auf das Schuldenmachen in großem Stil. Das Haushaltsdefizit pro Kopf ist nun größer als in Amerika. Und wegen der hohen Bankzinsen wird mit Kapital eher spekuliert, als daß es in produktive Investitionen fließt.
Um diese Entwicklung anzuhalten, setzte sich die Regierung unter Premierminister Suzuki dafür ein, das Budget auszugleichen und die beachtliche Neuverschuldung der Regierung bis zum Jahre 1984 zu beenden. Sein Nachfolger, Yasuhiro Nakasone, verfolgt dieselbe Politik. Aber um sein Ziel zu erreichen, versucht Nakasone, die Sozialleistungen zu kürzen, die Gesundheitskosten zu drücken und vor allem den Aderlaß zu stoppen, den die Regierung durch das japanische Eisenbahnnetz erleidet, das für 18 Prozent des staatlichen Defizits verantwortlich ist. Um die japanische Eisenbahn zu sanieren, muß Nakasone sich mit der von Kommunisten beherrschten Eisenbahnergewerkschaft anlegen, der militantesten und mächtigsten Gewerkschaft Japans. Wenn Nakasone hier weiter vorgeht, bedeutet dies eine Periode harter Arbeitskämpfe für die Nation und ein Ende der Harmonie, die in den letzten drei Jahrzehnten geherrscht hat.
Schließlich wird Japan schon bald mit der wachsenden Flut des Protektionismus fertig werden müssen, die dieses Land jetzt direkt bedroht. Mehr als die Hälfte aller japanischen Exporte wird zur Zeit von formellen oder informellen Vereinbarungen beschränkt, und das ist einer der Gründe für das schwindende Wachstum der japanischen Wirtschaft. Japan stellt nichts her, was andere Nationen verzweifelt brauchen. Seine Unfähigkeit zur Innovation ließ dieses Land zum Giganten im Export von Waren werden, die jedes fortgeschrittene Land herstellt, wenn es muß, ohne die es aber auch auskommen kann, wenn es will. Gewiß produzieren die Japaner niedrigpreisige Güter von hoher Qualität. Aber schließlich, wer braucht einen Sony Walkman wirklich?
Die Lösung für Tokio liegt natürlich darin, den Binnenmarkt zu öffnen und die riesigen Defizite der Vereinigten Staaten und Europas

auszugleichen. Die Strategie, den eigenen Markt verschlossen zu halten, während man ins Ausland exportiert, wird man ändern müssen, sofern Japan den Export überhaupt aufrechterhalten möchte.
Trotz dieser Probleme liegt Japan beim Rennen um die hochtechnologische Gesellschaft des 21. Jahrhunderts klar in Führung. Seit dem Russisch-Japanischen Krieg von 1905 hat der Westen Japan gewöhnlich unterschätzt, und sich jetzt auf die Schwierigkeiten des Landes zu konzentrieren, wäre närrisch. Sicher hat Japan Probleme, die in den vor uns liegenden Jahrzehnten wachsen werden. Aber keine Nation hat solch eine Vision der Zukunft gezeigt wie die Japaner. Nur ein anderes Land hat eine vergleichbare wirtschaftliche Stärke in den Feldern der Hochtechnologie: Amerika.

9. KAPITEL
Die Wiedergeburt Amerikas

Stan T. lebt mit seiner Frau und vier Kindern in Youngstown/Ohio. Er hatte die Highschool nicht abgeschlossen und ging im Alter von 18 Jahren direkt in ein Stahlwerk. Die nächsten drei Jahrzehnte war Stan dort als gutbezahlter Facharbeiter beschäftigt. Seine Gewerkschaft handelte hohe Löhne für ihn aus, und als das Jahr 1977 kam, besaß er ein Haus, zwei Autos und einen Campingwagen. 1981 verlor er seinen Arbeitsplatz. Das Stahlwerk schloß und wird seine Pforten nie wieder öffnen. Im ersten Jahr bekam Stan Arbeitslosenunterstützung und eine Beihilfe seiner Gewerkschaft. Einige Monate lebte er von Zuwendungen der Wohlfahrt, jetzt arbeitet er als Tankwart. Seine Frau nahm, zum ersten Mal in ihrem Leben, letztes Jahr eine Ganztagsstelle bei McDonalds an. Seine beiden Söhne arbeiten als Teilzeitangestellte ebenfalls bei McDonalds. Sie wollen zur Armee gehen, um Youngstown zu entkommen, und sie hoffen, bei den Streitkräften etwas Neues zu lernen und dadurch später Arbeit zu finden.
Stan T. ist ein Amerikaner, dessen Fertigkeiten nicht mehr gebraucht werden, einer jener Millionen US-Bürger, die von den steigenden Ölpreisen der siebziger Jahre und der dadurch ausgelösten technologischen Revolution um ihre Arbeit gebracht wurden. Seine Fähigkeiten sind obsolet geworden, sein Einkommen hat sich um zwei Drittel verringert, seine Arbeitsplatzsicherheit ist dahin, und seine Beziehungen zur Gewerkschaft sind, wie die vieler seiner Kollegen, zerrüttet. Seinen Campingwagen mußte er verkaufen, und die beiden Autos sind fast schrottreif. Stan T. ist nun 48 Jahre alt.

Bob T. lebt mit Frau und zwei Kindern in Sunnyvale/Kalifornien, in der Gegend der San-Francisco-Bay. Nach seinem Abschluß als Ingenieur fand er bei einem der größten Halbleiterhersteller des Landes Arbeit. Er konnte hier jede Menge Vorzugsaktien kaufen. Letztes Jahr hatte Bob eine Idee, deren Realisation Fortschritte auf dem Gebiet der Telekommunikation mit sich bringen würde. Er verhandelt jetzt mit zwei Risikokapitalgebern, um Geld für den Aufbau einer eigenen Firma zu bekommen. Bob möchte eine Million Dollar machen – genau wie sein Nachbar, der nach einer Erfindung vor vier Jahren eine eigene Firma gegründet hatte. Und wie dieser möchte Bob eine Yacht, eine Villa und einen Ferrari besitzen. Bobs Kinder wollen das alles auch haben. Einer seiner Söhne ist so ungeduldig, daß er die Stanford University verließ, um Programme für Computerspiele zu entwickeln, wobei er hofft, einen Hit wie »Pac-Man« zu landen. Bob T. ist 39 Jahre alt.

Amerikas neues Zentrum der Macht

Diese beiden Familien verkörpern den wichtigsten Trend im heutigen amerikanischen Leben – den Niedergang der industriellen Hegemonie, die der Nordosten und der Mittlere Westen bisher im Land hatten, und die Verschiebung des wirtschaftlichen und politischen Schwerpunkts in den Westen und Südwesten. Wie sich das industrielle Herz Europas gegenwärtig in einer Periode der Stagnation befindet, so verfällt auch die alte industrielle Basis Amerikas, der Nordosten und der Mittlere Westen. Und wie das gesamte pazifische Becken hinsichtlich Wachstum, Technologie und Zukunftsoptimismus geradezu explodiert, strotzt auch der amerikanische Westen und Südwesten vor Dynamik, jene neue hochtechnologische Region also, die an den Pazifik grenzt.

Diese pazifische Region ist Amerikas einzige Chance, Japan im hochtechnologischen Rennen des nächsten Jahrzehnts abzufangen. Europa, die Sowjetunion und der größte Teil der Dritten Welt haben in den kommenden Jahren kaum Chancen aufzuholen. Diese Ecke Amerikas garantiert den einzigen Weg zur Prosperität.
Sein Wachstum aber wird unausweichlich auch Schmerzen verursa-

chen. Der Übergang von der Schwerindustrie zur Hochtechnologie bedeutet den Tod von Gemeinden, die Zerstörung von Arbeitsplätzen und die soziale Deklassierung vieler Menschen. Während in Kalifornien und Texas von Naturwissenschaftlern und Ingenieuren neue Industrien aufgebaut werden, während Tausende in der pazifischen Region den Traum von ungeheuren Reichtümern realisieren, wird die Hälfte des Landes durch den technologischen Wandel zerrüttet. Schon bald wird es die wichtigste Sache einer jeden Regierung in Washington sein, die damit verbundenen Schmerzen zu lindern und schließlich zu heilen, indem sie Amerika durch diese schwierige Übergangsperiode in die Zukunft führt. Ohne klare Pläne und Programme könnte es leicht möglich sein, daß die Dynamik und der Schwung der hochtechnologischen Region am Pazifik von der Reaktion der verzweifelten Arbeitslosen und Armen erstickt werden.

Die Verlagerung der ökonomischen und politischen Macht an den Pazifik ist unvermeidlich. Und der Wandel – insbesondere ein Wandel, den eine technologische Revolution auslöst – ist immer verwirrend. In den kommenden Monaten und Jahren müssen wichtige Entscheidungen getroffen werden, wenn die Vereinigten Staaten die technologischen Höhen der achtziger Jahre erklimmen wollen. Die Art und Weise, wie sich der Übergang von einem schwerindustriellen Land, dessen Politiker aus dem Nordosten und Mittleren Westen stammen, zu einer im Westen und Südwesten beheimateten, hochtechnologischen Wirtschaft vollzieht, wird darüber entscheiden, welche Regionen prosperieren und welche nicht, welche gesellschaftlichen Gruppierungen an Macht gewinnen und welche verlieren. Ein zweiter »Bürgerkrieg« ist bereits mehr als bloßes Partygerede.

Das verpaßte Rendezvous mit dem Schicksal

Eine Zeitlang schien es so, als hätte Amerika gar keine Wahl, was diese Zukunft anbelangt. Es sah so aus, als seien die USA von einem unausweichlichen Niedergang ihrer Macht erfaßt. In den siebziger Jahren zerrütteten der innenpolitische Konflikt über Vietnam und die furchtbare Niederlage das Land und hinterließen ein Volk, das vor lauter Selbstzweifel wie gelähmt war. Der Watergate-Skandal und

Richard Nixons Rücktritt erschütterten den institutionellen Rahmen des Gemeinwesens. Die Inflation und der fallende Wert des Dollars verführten die Bürger dazu, ihre traditionelle Sparsamkeit aufzugeben und sich in Spekulationen und Verschuldung zu stürzen. Die Zahl der Verbrechen stieg, die Schwarzen blieben außerhalb des »American Way of Life«, und die teuren sozialen Experimente der »Great Society« schienen im Sand zu verlaufen.

Unter dieser Oberfläche fand eine noch schlimmere Erosion statt, welche die Fundamente der Nation ins Wanken brachte. Der erste OPEC-Ölschock im Jahr 1973, in Washington von der mit Vietnam vollauf beschäftigten, siechen Nixon-Kissinger-Administration auf tragische Weise unterschätzt, sog bald alle Kraft aus dem industrialisierten Amerika, hauptsächlich aus dem Mittleren Westen und Nordosten.

Sicher, es hatte schon vorher Anzeichen für eine Erosion gegeben. Der Sonnengürtel zog schon in den sechziger Jahren die Industrie an. Aber 1973 war Detroit immer noch das Zentrum der Automobilindustrie der ganzen Welt, Ohio war immer noch die Stahlhauptstadt Amerikas, und über die Wasserstraßen der Großen Seen, des Ohio und des Mississippi gelangten die riesigen Mengen an Stahl, Autos, Gummi, chemischen Erzeugnissen und anderen Industriegütern in das gesamte Land und rund um den Globus.

Die Erhöhung der Energiepreise um das Fünfzehnfache in den nächsten zehn Jahren beendete das alles. Die 110 Jahre während Herrschaft der amerikanischen Schwerindustrie war so schnell beseitigt, daß Wissenschaftler Mühe haben, dieses Ereignis zu analysieren. Die Fließbänder, die Zigmillionen Autos ausgestoßen hatten, kamen zum Stillstand. In nur drei Jahren – in der Zeit von 1979 bis 1982 – legte sich eine Depression über jene Städte, die das Land zu seiner Größe geführt hatten.

Die ersten Anzeichen wurden sichtbar, als immer mehr japanische Autos auf den Straßen auftauchten. Bald darauf wurden japanische Fernsehgeräte, Kameras, Hifi-Anlagen und Radios in den Geschäften angeboten. Werkzeugmaschinen, Schiffe und Stahl kamen ins Land. Dann elektronische Rechner und Uhren – eine Flut japanischer Erzeugnisse ergoß sich über die Industrien Amerikas und ertränkte sie in niedrigen Preisen und hoher Qualität.

Plötzlich wußte jeder, daß irgend etwas nicht stimmte. Wäre die amerikanische Wirtschaft wie in den Siebzigern immer noch um fünf bis sechs Prozent pro Jahr gewachsen, hätten die Importe nichts geschadet. Ein größer werdender wirtschaftlicher Kuchen nützt jedem, ausländische Firmen eingeschlossen. Aber die OPEC verlangte für ihr Öl einen hohen Preis. In den siebziger Jahren wurde von Amerika eine Energie-»Steuer« in Höhe von fast zweihundert Milliarden Dollar erhoben. Dieser Geldabfluß wirkte sich auf die Vereinigten Staaten so ungünstig aus, daß die Realeinkommen wärend des ganzen Jahrzehnts stagnierten – zum erstenmal in der Geschichte des Landes. So wurde der wirtschaftliche Kuchen nicht größer, und mit dem Ansturm ihrer Exporte eroberten die Japaner riesige Teile des amerikanischen Binnenmarktes.

Das Management versagte

Paradoxerweise wurde der Niedergang der amerikanischen Schwerindustrie, den die OPEC einleitete, unterstützt und verstärkt von einem einheimischen Virus: dem Versagen des Managements. Als der sich in schwindelnde Höhen bewegende Energiepreis vielen US-Unternehmen die industrielle Basis entzog, erwiesen sich ihre Manager als völlig inkompetent.
Der Schock war ungeheuer. Seit 1945 hatte die ganze Welt neidisch auf das amerikanische Management geblickt. Tausende von Europäern waren an die amerikanischen »Business schools« geschwärmt, um die Fähigkeiten zur Leitung großer Unternehmen zu erwerben.
Aber als in den siebziger Jahren die amerikanische Industrie durch die Politik der OPEC vor die größte Herausforderung des Jahrhunderts gestellt wurde, hatten die Manager keine Rezepte. Sie zeigten sich unfähig, harte Entscheidungen jener Art zu treffen, die es Japan in diesen Jahren ermöglichten, sich umzustellen und zu gedeihen.
Was war schiefgelaufen? Die Manager verloren ganz einfach die Tatsache aus den Augen, daß es ihre Aufgabe war, Dinge herzustellen, nach denen die Leute verlangten. Sie dachten nicht mehr an Produkte und an Qualität, sondern waren von kurzfristigen Gewinnerwartun-

gen besessen. Ihre Zukunftsperspektive verkürzte sich. Anstatt Investitionen über die Dauer von drei oder fünf Jahren zu planen, Geld für Forschung und Entwicklung auszugeben und neue Märkte zu erschließen, wandten sich die amerikanischen Manager vierteljährlichen Erfolgsberichten zu, die ihnen von ihren Finanzabteilungen präsentiert wurden. Die Entscheidungen begannen sich darum zu drehen, wie sich diese vierteljährlichen Bilanzen verbessern ließen. Der Aktienmarkt favorisierte jene Unternehmen, die ständig steigende Umsatzzahlen pro Vierteljahr vorweisen konnten. Und die Gehälter der Manager wurden mit den kurzfristigen Gewinnsteigerungen verbunden. Unter solchen Umständen bedeutet »Zukunft« nichts anderes als das nächste Quartal.
Wie gesagt, die Giganten des amerikanischen Kapitalismus wandten sich immer mehr von den langfristigen Erfordernissen des Marktes ab und den verführerischen Zahlen der Bilanzen zu. Deshalb mußte jede einzelne Produktionsabteilung der großen Unternehmen beweisen, daß in ihr vorgenommene Investitionen sich rasch amortisierten, oder sie wurde abgeschafft. Betriebseinheiten, die große Profite erwirtschafteten, wurden »gemolken«; man verwendete diese Erträge zur Finanzierung neuer Projekte, die, wenn sie nicht ebenfalls sehr schnell Gewinne abwarfen, wieder aufgegeben wurden. In dem gesamten Finanzgebaren der Unternehmen drückte sich ein unausgesprochenes Vorurteil gegen die zukunftsträchtige Verwendung von Kapital aus. Das Geld wurde als zu kostbar für langfristige Investitionen angesehen.
Da sich das Interesse des Managements in den siebziger Jahren immer stärker auf die Finanzen konzentrierte, bekamen in den großen Unternehmen die Finanzexperten das Sagen. Gewiß, es gab gute Gründe, damals Leute mit einem finanzwirtschaftlichen Hintergrund einzusetzen. Der Wert des Dollars fiel, die Zinsen stiegen, und die Inflation nahm ständig zu. Aber es war ein schrecklicher Fehler, Manager, die im Ingenieurswesen, in den Naturwissenschaften oder in der Verkaufspolitik Bescheid wußten, durch »Oberbuchhalter« zu ersetzen. Und die »Business schools« des Landes machten es noch schlimmer. Insbesondere die Harvard Business School war geradezu verliebt in Zahlenspiele und Analysen. Andere Institute dieser Art versuchten »Manager« auszubilden, die sowohl Regierungs- als auch

Unternehmensbürokratien zu leiten wußten – als wäre es genau dasselbe.

Am Ende wurde die amerikanische Industrie von Männern geführt, die nichts von einer vernünftigen Unternehmenspolitik verstanden. Diese Leute waren völlig unvorbereitet, als die Energiepreise in den siebziger Jahren explodierten und sich in der Produktion ein grundlegender Wandel vollzog. Der Niedergang des industriellen Herzens Amerikas wurde von der Inkompetenz seiner Managerelite beschleunigt.

Nichts illustriert dies besser als das Geschick von U.S. Steel, des weitaus größten amerikanischen Stahlproduzenten. Im Verlauf der siebziger Jahre hatte das Unternehmen große Anteile des US-Stahlmarktes an europäische, japanische und Hersteller aus der Dritten Welt verloren, die billiger anboten. Seine Stahlküchen waren, verglichen mit den modernen Anlagen in anderen Ländern, die reinsten Antiquitäten. Anstatt zu modernisieren, wandte sich U.S. Steel an Washington um Hilfe. Die Firma argumentierte, Stahl würde für die Verteidigung des Landes gebraucht, und wenn sie auch nur zeitweilig Unterstützung bekäme, könnte sie ihre Fabrikanlagen verbessern und wieder wettbewerbsfähig werden. Washington gab dem Drängen nach, schützte die Stahlindustrie durch Zölle, welche die Importe verringerten, und verschaffte diesem Industriezweig durch die Möglichkeit einer beschleunigten steuerlichen Abschreibung alter Anlagen und Fabrikausrüstungen sogar zusätzliche Liquidität. U.S. Steel zeigte sich für die Hilfe aus Washington sehr dankbar. Die erste Handlung der Unternehmensleitung bestand darin, den größten Teil der neuen Gewinne aus der Firma zu entnehmen und die Ölgesellschaft Marathon Oil für sechs Milliarden Dollar zu kaufen.

Der Präsident von U.S. Steel behauptet, die höheren Einnahmen aus den Ölgeschäften kämen der Stahlproduktion zugute. Doch durch den Kauf der Ölgesellschaft hält U.S. Steel jetzt 62 Prozent seiner Aktivposten außerhalb des Stahlgeschäfts. Außer in Öl hat sich die Firma auch noch in Einkaufszentren und Grundstücken engagiert, und man kann den Verdacht nicht unterdrücken, daß sie sich auf der Suche nach Gewinnen weiter und weiter von ihrem eigentlichen Geschäft entfernt. Im Grunde liquidiert sich U.S. Steel als Stahlunternehmen selbst – mit Hilfe der Regierung, die Steuererleichterungen gewährt, und des Verbrauchers, der für alles, was aus Stahl gemacht wird, mehr bezahlen muß.

Die heiße Mischung

Während sich der Abstieg der amerikanischen Basisindustrien im Nordosten und Mittleren Westen vollzog, entwickelte sich auf der anderen Seite jenes Kontinents ein unerwartetes Wirtschaftswunder. Dort, rund um die San-Francisco-Bay, trafen plötzlich Leute, Ideen, Geld und Märkte zusammen, um den Gründergeist des amerikanischen Kapitalismus neu zu beleben und die Nation ins 21. Jahrhundert zu tragen. Diese Faktoren hatten schon seit Jahren, wenn auch isoliert voneinander, existiert. Es bedurfte der OPEC-Preisschübe von 1973/74 und 1979/80, um sie wie durch einen Katalysator in Aktion zu versetzen und um das »Silicon-Tal-Phänomen« zu schaffen. Wegen der höheren Energiepreise erwiesen sich die dort entstandenen Innovationen und Konzepte zum ersten Mal als wirtschaftlich. Zum ersten Mal bestand nach den energiesparenden Produkten, die von dort kamen, eine ungeheure Nachfrage. Und zum ersten Mal konnten durch die praktische Anwendung der hochtechnologischen Erfindungen phantastische Reichtümer angesammelt werden.

Was Ende der siebziger, Anfang der achtziger Jahre in Kalifornien seinen Ausgang nahm, ist einzigartig. Es gibt in Europa kein »Silicon-Tal«; es gibt auch keines in Japan. Nichts dergleichen existiert in der Sowjetunion. Eine vergleichbare ökonomische Dynamik hat es seit dem Boom der Schwerindustrie im Ruhrgebiet oder in Amerika in der Gegend um die Großen Seen und im Ohio-Tal nicht mehr gegeben.

Das »Silicon-Tal-Phänomen« ist eine »heiße Mischung« origineller Ideen, individueller Innovationen, des Unternehmungsgeistes und freier Märkte. Charakteristisch ist die hohe Risikobereitschaft, die einen absoluten Gegensatz zu der im amerikanischen Big Business üblichen Politik der Risikovermeidung bildet. Selbst etwas Neues zu schaffen und sich nicht mit der Verwaltung des Alten zu begnügen: diese Einstellung liegt der »heißen Mischung« zugrunde.

Die Universitäten sind das Herz der für die neuen Technologien wichtigen Region am Pazifik. Während im Zeitalter der Schwerindustrie die Lage der Rohstoffvorkommen sowie Transportwege darüber entschieden, wo die Fabriken und die Städte entstanden, ist in der hochtechnologischen Nach-OPEC-Ära der Verstand ausschlaggebend. Individuelle Kreativität, analytische Fähigkeiten, überragendes Können und Geisteskraft bringen die Industrien, Unternehmen und Gemeinwesen der Zukunft hervor. Und die Naturwissenschaftler und Ingenieure arbeiten an den bedeutenden Universitäten Amerikas und in den großen Laboratorien der Bell Company und von IBM, wo die Grundlagenforschung betrieben wird.

Eine neue Generation von Firmengründern

An der amerikanischen Westküste sind heute die Stanford University, die University of California in Berkeley und das California Institute of Technology (Cal Tech) die entscheidenden Zentren. William Shockley beispielsweise lehrte Elektrotechnik in Stanford, bevor er die Shockley Transistor Corporation gründete. Sein Beispiel löste eine Kettenreaktion aus. Einige Shockley-Transistor-Angestellte verließen die Firma und gründeten die Fairchild Camera and Instrument Corporation, einen Giganten auf dem Gebiet der Halbleiter. Und Dutzende von Fairchild-Leuten verließen diese Firma, um selbst andere Unternehmen zu gründen, Intel eingeschlossen. Nun scheiden bei Intel junge Leute aus, die noch modernere Elektronikunternehmen aufmachen wollen.
Die neue Generation amerikanischer Firmengründer kommt von den Universitäten und ist nun auch an der Entwicklung der Biotechnologie maßgeblich beteiligt. Dr. Charles Boyer von der University of California und Dr. Stanley N. Cohen von der Stanford University erreichten gemeinsam bei der Genchirurgie den Durchbruch. Ihre Technik eröffnete ein völlig neues Feld: Es ist nun möglich, Bakterien so zu manipulieren, daß durch sie eine ganze Palette neuer Produkte billiger als je zuvor hergestellt werden kann. »Gene nach Maß« konnten zum ersten Mal in den Laboratorien der Stanford University geschaffen werden.
Aber das war nur der Anfang. Acht Jahre nach dem Beginn ihrer

Zusammenarbeit meldeten Boyer und Cohen ihre Entdeckung 1980 zum Patent an. In der Vergangenheit hätten große chemische oder pharmazeutische Unternehmen über die kommerzielle Nutzung der neuen Technik entschieden. Diesmal geschah das nicht. Noch im selben Jahr überredete der damals achtundzwanzigjährige Robert Swanson den Wissenschaftler Boyer zur Gründung eines gemeinsamen neuen Unternehmens: Genentech.

Wissenschaftler und Kapitalisten

Swanson gehört zu jenen Risikokapitalgebern, die in der »heißen Mischung« des »Silicon-Tals« eine ebenso bedeutsame Rolle wie die Wissenschaftler spielen. Denn die Entwicklung in Europa zeigt deutlich, daß der technologische Wandel mehr verlangt als nur Erfindungen – er erfordert die Umsetzung der aus den Labors kommenden Innovationen in Produkte, für die Bedarf besteht. Ohne Kenntnis dieser komplizierten Interaktion zwischen individueller Kreativität und wirtschaftlicher Realität kann man nicht begreifen, warum einige Nationen im Kampf um die technologische Spitzenstellung der achtziger Jahre Erfolg haben und andere scheitern. Denn der Besitz von komplizierter Technologie garantiert noch nicht, daß ein Land auch fähig ist, Innovationen in wirtschaftliches Wachstum, Arbeitsplätze, Exporte und internationalen Einfluß umzuwandeln. Die Engländer zum Beispiel können Düsenflugzeuge und CAT-Scanner entwickeln, sind aber nicht in der Lage, sie zu vermarkten. Die Grundlagen des wirtschaftlichen Erfolges der Japaner aber stammen aus amerikanischen Labors – Transistoren, Halbleiterchips, Mikroprozessoren und nun auch die Gentechnik.

Der Risikokapitalgeber ist das entscheidende Bindeglied zwischen dem an einer Hochschule forschenden Erfinder und der Wirtschaft. Er stellt das Geld für das »Baby«-Unternehmen bereit, er macht den Wissenschaftler zum Unternehmer und stellt erfahrene Geschäftsleute ein, die die Firma leiten können. Das Unternehmen ist »erwachsen«, wenn seine Aktien an der Börse gehandelt werden. Die Risikokapitalgeber sind im »Silicon-Tal« die unentbehrlichen Vermittler, und in keinem Land der Welt findet man diese Leute so häufig wie dort.

Ohne Risikokapitalfirmen wie Hambrecht & Quist, Brentwood Associates und L.F. Rothschild, Unterberg, Towbin würde es wahrscheinlich Unternehmen wie Apple Computer oder Cetus nicht geben. Und ohne die Tätigkeit der Risikokapitalgeber könnte Walter Gilbert, ein Wissenschaftler an der Harvard University, der für seine Arbeit über DNS den Nobelpreis erhielt, wahrscheinlich nicht an der Spitze des wissenschaftlichen Beirats von Biogen stehen, jenes neuen Biotechnikunternehmens, das zum ersten Mal das aus Bakterien gewonnene Interferon kommerziell nutzte. Noch wäre David Baltimore, ein Biologieprofessor vom Massachusetts Institute of Technology und Nobelpreisträger für Physiologie und Medizin, als Wissenschaftler bei der Collaborative Genetics Inc., einer neuen biotechnischen Gesellschaft, tätig.

Das letzte Ingrediens der »heißen Mischung« ist die Gier nach Geld. Als Hambrecht & Quist 1980 mit der Neugründung Genentech an die Börse ging, verwandelte sich Dr. Boyers ursprüngliche Investition von 12 500 Dollar in ein Vermögen von 40 Millionen Dollar. Die Nachfrage nach Genentech-Aktien war so groß, daß die Anteile, die Boyer an seiner kleinen Firma hielt, im Wert ungeheuer stiegen und ihn zum Multimillionär machten. Auch Steven Jobs und Stephen Wozniak, die 1976 ihren ersten Personalcomputer in einer Garage gebaut hatten, wurden sofort Millionäre, als 1980 zum ersten Mal Aktien der Firma Apple Computer an der New Yorker Börse gehandelt wurden.

Das »Silicon-Tal« als Vorbild

Der Erfolg der »heißen Mischung« im »Silicon-Tal« spornt überall in den Vereinigten Staaten zur Nachahmung an. Leute mit einem Blick für Zukunftsträchtiges versuchen, das Konglomerat aus Universitätsforschung, Innovation, Risikokapital und Unternehmertum an anderer Stelle zu etablieren. In der Gegend rund um Dallas und Ford Worth/Texas ist eine »Silicon-Prärie« entstanden, in der Unternehmen wie Texas Instruments und National Semiconductor ihre Hauptniederlassung errichtet haben. Auch die Nippon Electric Company ist dort. Rund um Phoenix findet man eine »Silicon-Wüste«, und Nordkarolina setzt seine Hoffnungen auf das »Forschungsdreieck« zwischen den Städten Raleigh, Durham und Chapel Hill. Boston besitzt die Route 128, der Bundesstaat New York ist bereits die Heimat von IBM und General Electric, Kodak und Corning Glass. Und auf Long Island wächst ein Komplex heran, dessen neue Firmen sich auf Universitäten wie Cornell und das Rensselaer Polytechnic Institute stützen.

Aber ebenso wichtig ist die Tatsache, daß der Geist des »Silicon-Tals« nun auch in die Vorstandsetagen der großen amerikanischen Unternehmen anderer Branchen einsickert. Angeführt von der Automobil- und der Konsumgüterindustrie, schenkt eine wachsende Anzahl von Unternehmen mit Umsätzen in Milliardenhöhe den Lektionen aus dem amerikanischen Westen Beachtung und wendet sich der Hochtechnologie als Mittel zur Lösung ihrer Überlebensprobleme zu. Nichts beleuchtet diesen Trend besser als ein Blick auf die Ausgaben, die amerikanische Firmen 1982 in den Bereichen Forschung und Entwicklung getätigt haben. Trotz sinkender Gewinne erhöhten die Unternehmen in jenem Jahr ihre Aufwendungen für Forschung und Entwicklung um erstaunliche 17 Prozent. Das kam nach der ebenfalls fast unglaublichen 16-Prozent-Steigerung des Jahres 1981. Es gilt als sicher, daß die Ausgaben auf diesem Gebiet bis 1985 um weitere 35 Prozent auf fast 82 Milliarden Dollar erhöht werden. Selbst den federhalterschwingenden Managern Amerikas wird allmählich bewußt, daß langfristige Investitionen außerordentlich rentabel sind. Man bemüht sich deshalb, Leute mit Erfahrung in den Sparten Produktion und Verkauf einzustellen. Auf Geschäftsleitungsebene sind plötzlich Manager mit technischen und nicht mehr mit ökonomischen Hintergrund gefragt.

Die Entwicklung neuer hochtechnologischer Produkte ist »in«. Während die Stadt Buffalo im Bundesstaat New York in derselben Depression wie die schwerindustriellen Städte des Mittleren Westens versinkt, deren Stahlwerke schließen, erlebt Rochester im Bundesstaat New York gerade eine Renaissance. Die neue Disk-Kamera von Kodak hat wie eine Bombe eingeschlagen. Die noch kleinere und leichtere Kamera ist im Bereich der Konsumelektronik einzigartig, und Kodak hat seine Belegschaft um 6000 Arbeitskräfte verstärkt, um mit der Nachfrage Schritt zu halten. Rochester zieht auch viele andere hochtechnologische Firmen an, unter ihnen die Harris Corporation und Xerox.

Amerikanische Unternehmen sind zum erstenmal seit einem Jahrzehnt im technologischen Handelskrieg gegen die Japaner wieder erfolgreich. Und es gibt gute Aussichten, daß sich die japanischen Siege früherer Jahre – beispielsweise bei Autos, Stahl und Schiffen – im hochtechnologischen Zeitalter nicht wiederholen.

Auch aus der Schlacht um den Personalcomputermarkt werden die USA als Gewinner hervorgehen. Zwar mußte man lange Zeit befürchten, daß eine Woge billiger japanischer Personalcomputer den amerikanischen Markt erobern würde, wie dies bei den Fernsehgeräten und Radios der Fall gewesen war, wo sie als Meister der Konsumelektronik über amerikanische Produzenten triumphiert hatten. Aber dieses Mal mühte sich der japanische Moloch vergebens. Nach jahrelangen Anstrengungen haben die Japaner bloße 2,5 Prozent des Marktes eingenommen. Ihre riesigen Unternehmen scheiterten im Wettbewerb mit amerikanischen Herstellern. Die Nippon Electric Company, im Besitz von 40 Prozent des japanischen Marktes, hatte gegen Apple, IBM, Commodore und Tandy nur kärglichen Erfolg.

Den Japanern gelang es nicht, Maschinen anzubieten, die leistungsfähiger waren als die ihrer amerikanischen Konkurrenten. Und meist waren sie auch teurer. Am wichtigsten war jedoch, daß sie nicht jene Art von Software-Instruktionen besaßen, die für die Benutzer der Maschinen absolut notwendig sind. Die Konzentration der Japaner auf die Massenproduktion von elektronischen Maschinen hat sie den individuellen Bedarf an jenen Instruktionen übersehen lassen, die diese Apparate erst wirklich brauchbar machen. Zur Zeit beeilen sie sich deshalb, mit ausländischen Computergesellschaften in Verbindung zu treten, um deren Software zu erhalten. Matsushita versucht, sich an IBM anzuschließen, Fujitsu hat Verbindungen mit Siemens in Deutschland, mit Amdahl in den Vereinigten Staaten und mit ICL in Großbritannien. Hitachi arbeitet mit NAS und BASF zusammen. Aber trotz dieser Verbindungen konnten die Japaner im Bereich der Personalcomputer bisher keinen entscheidenden Vorstoß unternehmen. Und dasselbe gilt für die Großcomputeranlagen. IBM beherrscht hier weiterhin den Weltmarkt. Japanische Hersteller fertigen nach wie vor Kopien von IBM-Maschinen an, noch immer versuchen die Japaner die Geheimnisse von IBM auszuspionieren und nicht umgekehrt.

Arbeitsplatzvernichtung durch Automatisierung

Aber ehe Amerika hoffen kann, den Kampf um die technologische Spitzenstellung zu gewinnen, muß es mit den häßlichen Problemen fertig werden, welche die neue Entwicklung mit sich bringt. Die sozialen und politischen Konsequenzen der heute zu beobachtenden hochtechnologischen Revolution sind gewaltig. Dennoch sind nur wenige Politiker in Washington sich der Schmerzen bewußt, die auf die Nation zukommen werden, geschweige denn, daß sie Lösungen anzubieten hätten. Und es sieht ganz so aus, daß es lange dauern wird, bis diese Schmerzen in einer Weise gelindert werden, daß sie für die große Mehrheit der amerikanischen Bevölkerung politisch akzeptabel sind.

Der weitaus härteste Schock, der die Vereinigten Staaten demnächst treffen wird, ist der Marsch der Roboter durch die Städte und Gemeinden. In sämtlichen Industriezweigen findet eine Revolution am Arbeitsplatz statt, und jedermann verdrängt, daß diese schmerzhaft ist. Die Automation wird mehr Leute entwurzeln als je zuvor seit dem Übergang der USA von einer Agrar- zur Industriegesellschaft im 19. Jahrhundert. Ein ähnlicher technologischer Tornado wie jener, der Millionen von Menschen aus ihren ländlichen Gemeinden in die städtischen Fabriken fegte, wird die Massen nun für immer aus den Fabrikhallen vertreiben. Roboter und die unbemannte Fabrik werden die Arbeitsweise von Zigmillionen Menschen verändern – und Millionen andere für immer von jeglicher Arbeit abschneiden. Die meisten, die schon heute ohne Beschäftigung sind, glauben, daß dies auf die Rezession zurückzuführen sei. Wenn sie eines Tages entdecken, daß ihre Arbeitslosigkeit struktureller Natur ist – und vielleicht für immer währen wird –, also nicht von den sich selbst korrigierenden Wellenbewegungen der Konjunktur herrührt, sondern von einem vollständigen Wandel der gesamten Nach-OPEC-Wirtschaft, wird es Schwierigkeiten geben.

Gegenwärtig trösten sich die meisten Automatisierungsexperten, Industriellen, Wirtschaftswissenschaftler und Gewerkschaftsfunktionäre noch mit dem Glauben, die Automation werde mehr Jobs schaffen als zerstören, und die Menschen, die heute ihren Arbeitsplatz verlieren, könnten leicht umgeschult werden. Sie behaupten, der ungeheure Zugewinn an Produktivität werde das wirtschaftliche Wachstum und die Lage auf dem Arbeitsmarkt positiv beeinflussen. Data Resources Inc., ein berühmtes amerikanisches Institut für Wirtschaftsprognosen, sagt voraus, daß im aufwärtsstrebenden Dienstleistungssektor der USA am Ende dieses Jahrzehnts zusätzlich 7,5 Millionen Menschen beschäftigt würden. Das wäre mehr als die bloße Kompensation für verlorene Arbeitsplätze in Fabriken, in denen Roboter eingesetzt werden. Die National Commission on Technology, Automation and Economic Progress, die der Kongreß Anfang der sechziger Jahre mit der Untersuchung dieser Fragen betraute, behauptete sogar, es gebe keine direkten Beziehungen zwischen Arbeitslosigkeit und Automatisierung.

Im Gegensatz zu solchen Aussagen aber plant General Electric, bis 1990 die Zahl seiner 37 000 Fließbandarbeiter durch die Einführung von Robotern zu halbieren. 1978 waren bei General Motors erst 200 Roboter eingesetzt, 1980 bereits 425, 1981 sogar schon 1200, und im Jahr 1990 werden wahrscheinlich 20 000 Roboter Punktschweiß- und Lackierarbeiten sowie die Montage ausführen. Tausende von Menschen, die wegen des gegenwärtigen Tiefstandes in der Automobilproduktion ihren Job angeblich nur vorübergehend verloren, werden feststellen, daß, wenn sie in die Fabriken zurückkehren wollen, ihre Arbeitsplätze von Unimates, Trallfas und anderen Robotern besetzt sind.

Bis zu 75 Prozent aller gegenwärtig in amerikanischen Fabriken ausgeübten Tätigkeiten können bis zum Ende des Jahrzehnts von Robotern übernommen werden. Nach einer Studie der Carnegie-Mellon University mit dem Titel *Die Auswirkungen der Roboter auf die Arbeitskraft und den Arbeitsplatz* werden in der Industrie dann mehr als 20 Millionen Arbeiter ihren Job verloren haben, die heute noch in den stärksten Gewerkschaften des Landes organisiert sind. Die United Auto Workers, die International Brotherhood of Electrical Workers und die International Association of Machinists wird die Inva-

sion der Arbeiter mit dem Stahlkragen als erste treffen. Diese Gewerkschaften bilden das Rückgrat der Demokratischen Partei; und wenn sie eines Tages von den marschierenden Robotern zertrampelt werden, wird sich auch die Parteipolitik in den USA grundlegend ändern.
Unglücklicherweise ist dies nur der Anfang jener Verwüstung, die die Arbeitsplätze in Amerika trifft. Denn zum ersten Mal erreicht die Automatisierung alle größeren Bereiche der Wirtschaft zur gleichen Zeit. In der Vergangenheit hatte immer nur ein Sektor den Hauptansturm der Automatisierung zu tragen, während andere in der Lage waren, die überschüssigen Arbeitskräfte aufzufangen. Dies gilt heute nicht mehr. Die Automatisierung breitet sich in den Büros mindestens mit der gleichen Geschwindigkeit wie in den Fabrikhallen aus. Zwar wird es bei der Anzahl der Büroangestellten keine ähnlich dramatischen Einschnitte wie bei den Fabrikarbeitern geben, dennoch werden nach der Carnegie-Mellon-Studie insgesamt 38 Millionen Menschen in den Büros von der Automatisierung betroffen sein. Ihre Tätigkeiten werden sich gravierend ändern, und auch hier wird es viele Entlassungen, hauptsächlich von Frauen, geben. Ein Beispiel hierfür sind die Sekretärinnen, die man an computerisierten Arbeitsplätzen nicht mehr benötigt.
Befürworter der Automatisierung behaupten, daß jeder, der seinen Arbeitsplatz in der Produktion an einen Roboter verliert, mit Leichtigkeit einen neuen in den aufblühenden Dienstleistungsbranchen bekommen wird. Alles in allem, so führen sie aus, seien in den USA die Jobs im Produktionsbereich zwar seit Jahren stark zurückgegangen, doch hätten dafür die Stellen im Dienstleistungssektor explosionsartig zugenommen. Tatsächlich hat sich in der Zeit von 1940 bis 1981 der Anteil der Arbeitsplätze im Dienstleistungsgewerbe in Beziehung zur Gesamtwirtschaft von 50 auf 73 Prozent erhöht. McDonalds zum Beispiel beschäftigt inzwischen 350 000 Menschen – weitaus mehr als U.S. Steel.
Diese Schönredner übersehen jedoch, daß die Zeit der rapide zunehmenden Arbeitsplätze im Dienstleistungssektor der Vereinigten Staaten 1980 endete. Der größte Arbeitgeber in den vergangenen Jahren war der Staat. Im Oktober 1980 hatte die Beschäftigung im öffentlichen Dienst mit 16,3 Millionen Jobs einen Höhepunkt erreicht. (1970

waren es 12,6 Millionen, 1960 noch 8,6 Millionen und 1920 lediglich 2,6 Millionen.) Dann aber kam die Wende. Im Zeitraum von Oktober 1980 bis Anfang 1982 verschwanden hier 600000 Arbeitsplätze. Und das Ende ist noch nicht in Sicht. Manche dieser Jobs fielen der Rezession zum Opfer, die meisten aber den tiefgreifenden Veränderungen in Wirtschaft und Gesellschaft. Die fast 20 Jahre währende Unfähigkeit, zu sparen und zu investieren, wirkte sich Anfang der achtziger Jahre auch auf der staatlichen Ebene aus.
Andere große Arbeitgeber im Dienstleistungssektor waren in der Vergangenheit Schnellgaststätten und Krankenhäuser. Eine Wissenschaftlerin der Harvard University hat dargelegt, daß während der siebziger Jahre in den Schnellgaststätten mehr Arbeitsplätze geschaffen wurden als in jedem anderen Geschäftszweig der Vereinigten Staaten. Aber auch ein Großteil dieser Jobs dürfte bald vernichtet sein. Die Roboter sind drauf und dran, bei McDonalds einzudringen. Amerikanische wie japanische Ingenieure sind intensiv damit beschäftigt, die Roboter zu verfeinern – und sie werden damit bald Erfolg haben. Mit Sprache, Augen, Fingern und leistungsfähigeren Minicomputergehirnen werden Roboter Arbeiten ausführen können, die zur Zeit noch von Millionen Menschen – die meisten in niedrigen Lohnstufen – geleistet werden. Nippon Electric zum Beispiel experimentiert an einem Roboter, der auf Befehl einer menschlichen Stimme Coke oder Pepsi ausschenken und über den Tresen reichen wird. Es ist auch nicht schwer, sich einen Roboter vorzustellen, der Hamburger und Milch-Shakes fabriziert und das Wechselgeld herausgibt. Schnellgaststätten ohne Personal könnte es schon ab 1990 geben.
Ende 1980 veröffentlichte die Japan Industrial Robot Association (JIRA) einen Bericht über den langfristigen Bedarf an Robotern in den Dienstleistungsbranchen. Nach einer Untersuchung von 444 Dienstleistungsunternehmen prognostizierte die JIRA, daß es am Ende des Jahrzehnts »Pflegerroboter« in Hospitälern und »Straßenfegerroboter« geben werde, sowie »Bauernroboter«, die Kühe melken, Bäume beschneiden und die Saat ausbringen. Und Roboter werden auch die Tankwarte, die Kartenverkäufer in den Kinos und die Kassiererinnen in den Lebensmittelgeschäften der Zukunft sein.
Dies alles wird dazu führen, daß in den Vereinigten Staaten bestimmte Fertigkeiten verlorengehen. Hochqualifizierte Arbeitskräfte mit

jahrzehntelanger Erfahrung verlieren ihre Jobs. Ohne neue Fertigkeiten und neue Wertvorstellungen müssen sich diese Menschen auf der Suche nach einem Arbeitsplatz dem stagnierenden und sogar zurückgehenden Dienstleistungsgewerbe zuwenden. Und selbst wenn sie das Glück haben, eine Beschäftigung zu ergattern, wird dies kaum den Preis wert sein, den sie dafür bezahlen müssen. Ein ausgebildeter Arbeiter, der seinen Job verliert, wird erkennen müssen, daß seine Kenntnisse und Fähigkeiten wertlos sind, sein Einkommen dramatisch sinkt, seine sozialen Bindungen an die Kollegen zerstört werden und er sein Selbstbewußtsein verliert.»Es ist für einen qualifizierten Automobilarbeiter kein Trost, bei McDonalds arbeiten zu dürfen«, sagt W. W. Winpisinger, Vorsitzender der Gewerkschaft International Association of Machinists.

Kybernetik-Phobie

Die Automatisierung wird nicht allein die Arbeiter treffen. Auch den amerikanischen Managern, die jetzt noch auf bequemen Sesseln in ihren klimatisierten Büros sitzen, steht ein schwerer Schock bevor. Denn zehn bis 20 Prozent von ihnen werden außerstande sein, sich den Computern anzupassen, die man demnächst in ihren Büros installieren wird. Sie leiden nämlich an einer neuen, mysteriösen Krankheit, der Kybernetik-Phobie, das heißt der Angst vor Computern. Diese Krankheit tritt unausweichlich in jeder Firma auf, kurz nachdem man die Computer in Betrieb genommen hat. Und auch die meisten mittleren und höheren Manager können diese Krankheit bekommen.

Die Feindseligkeit gegen Computer resultiert aus der Furcht, den Anforderungen der Maschine nicht gewachsen zu sein, und der Sorge, der eigene Job könnte von einem Bildschirm beseitigt werden. In jedem Unternehmen, das auf Computer umstellt, geht die Macht in dramatischer Weise auf jene über, die das neue System beherrschen. Der Zugang zu unterschiedlichen Ebenen des Systems erzeugt eine neue Hierarchie, und die Furcht vor dem Verlust der Privatsphäre breitet sich sofort unter sämtlichen Angestellten aus.

Aber die Kybernetik-Phobie resultiert nicht nur aus realen struktu-

gend Freiraum für Wachstum und Reife gibt, während sich das Gravitationszentrum des Landes von der Schwerindustrie zur Hochtechnologie verschiebt. Die große Debatte, die gegenwärtig über die amerikanische Wirtschaftspolitik stattfindet, geht darum, ob eine spezifische Industriepolitik betrieben werden soll, um das Land zu »re-industrialisieren«. Wie es scheint, hat sich die Reagan-Administration zu dieser Politik nicht entschlossen, da sie nämlich ein großangelegtes Programm der Steuersenkungen sowohl für die Geschäftswelt als auch für die Bürger favorisiert. Davon erhofft sie sich einen Wiederaufschwung der Wirtschaft. Sie glaubt, daß eine restriktive Geldpolitik die Inflation beenden wird, und verlagert die Ausgaben des Bundes von den Sozialprogrammen auf den militärischen Bereich. Sie setzt auf eine Wirtschaftspolitik, die den Kräften des Marktes Raum verschaffen soll, um auf diese Weise das so bitter benötigte Wachstum zu erreichen. Dieses Programm mag funktionieren. Aber die Zeichen dafür stehen nicht gut. Nach Jahren der »Reaganomics« ist die wirtschaftliche Tätigkeit nach wie vor schwach. Die Inflationsraten bewegen sich nach unten, aber das hätte jede starke Rezession auch bewirkt. Dafür braucht man keine angebotsorientierte Wirtschaftspolitik. Außerdem stellt sich heraus, daß hinter Reagans Programm ein Plan steht, welcher der Öffentlichkeit bisher verborgen blieb. Es scheint, als gäbe es in Washington eine inoffizielle Industriepolitik. Reagans Steuerpläne sind eher dazu bestimmt, den alten, untergehenden Industriegiganten zu helfen, als die neuen hochtechnologischen Unternehmen am Pazifik zu ermutigen. Reagan ist offensichtlich ein wirklichkeitsfremder Nostalgiker, der auf jene Zeit zurückblickt, in der die Stärke Amerikas auf Stahl und Eisen basierte. Er wirft keinen Blick nach vorn, auf das elektronische Zeitalter. Schon die Idee einer »Re-Industrialisierung« Amerikas ist eigentlich archaisch. Das Land bedarf einer neuen Vitalität, nicht einer Re-Industrialisierung. Der Konservativismus der Reagan-Administration ist in sich selbst überholt.
Letztlich wird sich auch erweisen, daß die Steuerpolitik Reagans zwar notwendig, aber nicht ausreichend ist. Er wird gute Zensuren dafür bekommen, daß der einzelne mehr von seinem hartverdienten Geld behalten kann und mit größerem Ansporn an die Arbeit geht.

Reagans Hilfe für das industrielle Herz der USA wird den Übergang erleichtern, den dieses hinter sich bringen muß, um ein viel kleinerer, fortschrittlicher und immer noch notwendiger Teil der amerikanischen Wirtschaft zu werden. Seine Bemühungen, das Land von der hohen Konsumrate abzubringen und auf eine größere Kapitalakkumulation hinzulenken, sind lobenswert, aber nicht ausreichend.
Um zu gewährleisten, daß sich die »heiße Mischung« aus dem Westen in der gesamten Gesellschaft ausbreitet, muß Washington einen nationalen Technologieplan erstellen. Denn der Glaube an die Wunderkräfte des freien Marktes reicht nicht aus, um die Probleme von Zigmillionen entwurzelter Arbeiter zu lösen, die von Robotern aus ihren Jobs verdrängt wurden, von Gemeinden, die von den Sozialleistungen erdrückt werden, sowie von inkompetenten Unternehmern, die das Geld des Steuerzahlers nicht dazu benutzen, ihre Firmen sinnvoll zu modernisieren.
Eine wirkungsvolle Technologiepolitik erfordert die Vereinigung von Geist und Tat. Sie verlangt gemeinsame Anstrengungen, die darauf abzielen, Amerika in eine hochtechnologische Zukunft, nicht in eine nostalgische Vergangenheit zu führen. Heute kreist die Debatte in Washington um eine »industrielle« Politik. In Wirklichkeit gibt es nur die Wahl zwischen der schwerindustriellen Politik der Reagan-Administration und einer hochtechnologischen Politik, komme sie nun von den Republikanern oder den Demokraten.
Damit eine nationale Technologiepolitik überhaupt funktionieren kann, ist vor allem eine neue Form der Bildung erforderlich. Der Übergang zu einer hochtechnologischen Kultur verändert vollkommen die Fertigkeiten und Werte, die die Menschen in Zukunft für ihre Arbeit benötigen. Geistige Beweglichkeit, Kreativität und analytische Fähigkeiten sind für die neuen Tätigkeiten ausschlaggebend. Kenntnis der Computersprachen, Programmieren, Logik, Mathematik und Fremdsprachen für den Wettbewerb auf dem Weltmarkt – dies alles wird immer wichtiger.

Das Superlumpenproletariat nimmt zu

Heute zieht sich durch das amerikanische Bildungssystem ein abgrundtiefer Riß. Viele private und öffentliche Schulen in wohlhabenden Gegenden nehmen jeden Tag Tausende von Personalcomputern in Betrieb. Die Stunden in Mathematik und Naturwissenschaften mehren sich. Qualität und Allgemeinbildung werden neuerdings wieder stärker betont. Dies gilt besonders für Kalifornien.

Aber von den meisten öffentlichen Schulen der USA kommen Leute, die nicht einmal die Fertigkeiten und Kenntnisse besitzen, um in der alten industriellen Gesellschaft Fuß zu fassen, geschweige denn in der hochtechnologischen Welt. Mangelhaft Ausgebildete verlassen in großen Scharen die Schulen der amerikanischen Großstädte und finden, wenn sie Glück haben, einen Job am Tresen einer Schnellgaststätte. Wenn sie kein Glück haben, landen sie in der Schlange vor dem Arbeitsamt. Ihre Arbeitskraft wird schon heute nicht benötigt, noch viel weniger morgen, wenn sie es mit den Robotern aufnehmen müssen.

Diese Jugendlichen gesellen sich zu einem wachsenden Superlumpenproletariat, das die Vereinigten Staaten bald in Angst und Schrecken versetzen wird. Es handelt sich größtenteils um Schwarze und Lateinamerikaner; für sie wird in der Welt von morgen kein Platz sein, sofern nicht drastische Maßnahmen ergriffen werden, um ihnen zu helfen.

Und sie sind nicht allein. Dieses neue Superlumpenproletariat wird bald um die Millionen Facharbeiter von den Fließbändern der Automobilindustrie Detroits, aus den Stahlküchen von Youngstown und den Gummifabriken von Akron vermehrt werden. Nach Jahrzehnten, in denen diese Fachkräfte hochangesehene, gutbezahlte Jobs hatten und der »Aristokratie« der Arbeiterbewegung angehörten, werden sie sich plötzlich mit schwarzen Wohlfahrtsempfängern aus der Bronx im Wettbewerb um Arbeitsplätze wiederfinden, die bereits heute eine Sackgasse darstellen.

Bei diesen »Techno-Opfern« gibt es für die USA nur zwei Möglichkeiten: ihre Umschulung zu bezahlen oder ihnen Sozialhilfe zu gewähren. Die Kosten für die Umschulung würden nur einen Bruchteil jener Kosten ausmachen, die man aufwenden müßte, um ihnen und ihren Familien den Lebensunterhalt zu ermöglichen. Sollte die Arbeitslosenquote die 20-Prozent-Marke erreichen, was bald geschehen könnte, wäre eine Revolte gegen die arbeitsplatzvernichtenden Roboter und Computer durchaus möglich.

Die Regierung muß ein umfangreiches Programm vorlegen, das sich auf neue Fertigkeiten konzentriert. Um zu expandieren, braucht die Wirtschaft hochqualifizierte Arbeitskräfte mit speziellen Kenntnissen; um zu wachsen, braucht sie Kapital, das sonst der Wohlfahrt zufließen würde.

Eine technologisch befähigte Arbeiterklasse ist das wichtigste Element, um das sich die Regierung kümmern muß, wenn sie die Vereinigten Staaten in die Zukunft führen will.

Eine Hochschulreform ist nötig

Entscheidend ist auch die Mobilität der neuen Zukunftsindustrien. Es gibt keine geographischen Gründe, warum nicht irgendwo anders in den USA weitere »Silicon-Täler« entstehen sollten. Notwendig dafür sind nämlich nur exzellente Universitäten, eine große Anzahl Naturwissenschaftler und Ingenieure, Risikokapitalgeber und eine Bevölkerung, die willens ist, ihre Chance zu ergreifen. Es besteht für die Firmen keine Notwendigkeit mehr, sich in der Nähe von Kohle oder Eisen beziehungsweise eines Flusses anzusiedeln, denn die Industrien der Zukunft sind Industrien des kreativen Geistes.

Eine der besten Methoden, neue »Silicon-Täler« aufzubauen, besteht in der Reform des amerikanischen Hochschulsystems. Universitäten sind der eigentliche Dreh- und Angelpunkt der neuen Technologien und der Zukunftsindustrie. Beispielhaft hierfür sind Stanford und die University of California, die von Boyers und Cohens Arbeiten im Bereich der Genchirurgie profitieren, Harvard, die sich mit Hoechst zusammengetan hat, um für 50 Millionen Dollar eine Abteilung für Biotechnik aufzubauen, und Yale, die für die Celanese Corporation Enzymforschung betreibt.

Im letzten Drittel des vergangenen Jahrhunderts unterstützte die Regierung überall im Lande die Gründung von Colleges, um Forschung und Ausbildung im Bereich der Landwirtschaft zu verbes-

Protektionismus beantwortet. Japanern, die auf der Suche nach Software und Verfahren der Biotechnik sind, sollte es untersagt werden, in den USA Firmen zu erwerben. Schließlich hat man aus Japan noch nie gehört, daß dort einheimische Unternehmen an Ausländer verkauft werden dürfen.

Amerikanische Firmen gehen häufig in die Hände von Ausländern über, wenn die Aktienkurse niedrig sind und ihnen kein Kapital zur Verfügung gestellt wird. Um den Ausverkauf kleiner hochtechnologischer Betriebe zu verhindern, muß ein Weg gefunden werden, auf dem man ihnen billiges Kapital zuleitet, damit sie sich ihre Unabhängigkeit bewahren können. Das könnte zum Beispiel durch die Gründung einer speziellen Investmentbank geschehen, die Kapital nicht den maroden Stahl- und Autoindustrien verschafft, sondern den IBMs von morgen.

Ein anderer Weg, den Kapitalzufluß an hochtechnologische Firmen zu vergrößern, könnte die völlige Abschaffung der Kapitalertragssteuer auf Gewinne sein, die man an den Aktienbörsen erzielt. Als der Kongreß im Jahr 1969 diese Steuer von 25 auf 49 Prozent erhöhte, verringerte sich die in neugegründete Gesellschaften fließende Kapitalsumme von 171 Millionen Dollar in jenem Jahr auf zehn Millionen Dollar im Jahr 1975. Als aber der Kongreß 1978 die Kapitalertragssteuer auf 28 Prozent ermäßigte, war ein Boom beim Risikokapital die Folge. Bis 1981 erhöhte sich der Betrag, der für Neugründungen zur Verfügung stand, auf 1,3 Milliarden Dollar. Das Ganze ist eine einfache Methode, die Baby-IBMs zu füttern, und die Kosten für den Staat sind gering.

Die neue Unternehmensphilosophie

Die Leute, die das hochtechnologische Amerika aufbauen, besitzen ein besonderes Wertsystem, das sie vom früheren industriellen Herzen der USA – dem Nordosten und Mittleren Westen – völlig unterscheidet. Sie haben sehr viel mehr gemein mit dem Pioniergeist der zweiten Hälfte des 19. Jahrhunderts als mit dem Managerstil des heutigen Big Business. Die neue Sorte von Unternehmern schafft eine neue Form des vorwärtsstürmenden Kapitalismus, wie man ihn seit jenen Tagen nicht mehr gesehen hat, als Vanderbilt, Rockefeller, Ford und Mellon die industriellen Fundamente des Landes legten.

Ihr Optimismus ist der Optimismus der offenen Grenze. Für die Leute in der hochtechnologischen Pazifikregion sind der Verfall der Städte und die Massenarbeitslosigkeit Probleme der »alten« industriellen Basis, des verrottenden Nordostens und Mittleren Westens. Die Pioniere am Pazifik betrachten diese Probleme als typisch nicht nur für die ehedem wichtigen Gebiete der USA, sondern auch für Europa, die Alte Welt – typisch also für alle Länder, die an den Atlantik grenzen. Sie kehren diesem ökonomischen und sozialen Abstieg den Rücken und wenden sich der Zukunft im turbulenten und erregenden pazifischen Becken zu.

Denn der mit der Hochtechnologie verbundene, dynamisch-expandierende Kapitalismus hat nichts mit Bequemlichkeit und Passivität zu tun. Er besteht aus einem knisternden Streben, neue Dinge zu schaffen, so schnell es nur geht. Die Erzeugung von größerem Reichtum und mehr Kapital durch die Umwandlung von Innovationen in Produkte, die sich auf dem Markt verkaufen lassen, ist im »Silicon-Tal« das höchste Ziel. Die Schaffung von Reichtum, nicht dessen Umverteilung, motiviert die Leute in Santa Clara County/Kalifornien. Schnelles und unbegrenztes Wachstum veranlaßt die Menschen, sich an den Pazifik zu begeben. Sie sind besessen von der Vision des »mehr« und »besser«, nicht von dem Defätismus jenes Berichts, den der Club of Rome 1972 unter dem Titel *Die Grenzen des Wachstums* veröffentlichte. Dieser hatte von einem gleichbleibenden globalen ökonomischen Kuchen gesprochen, der von Bürokraten gleichmacherisch verteilt werden muß.

Die meisten der von dieser neuen Gründergeneration geschaffenen Firmen sind weniger als ein Jahrzehnt alt. Apple Computer entstand 1976 und verkaufte seine ersten Aktien im Jahr 1980. Der Großvater der modernen hochtechnologischen Unternehmen, Intel, wurde von Robert Noyes in den sechziger Jahren gegründet und ging 1971 an die Börse. Diese jungen Unternehmer haben mehr gemein mit Byung-Chull Lee, dem Gründer der Samsung Industries in Südkorea, oder mit Akio Morita, dem Mitbegründer von Sony, als mit den farblosen Absolventen der Harvard Business School, denen man beibringt, wie man etwas managt, was andere Leute geschaffen haben.

Ihr Amerikabild besteht aus offenen Märkten, offener Ausbildung, offenen sozialen Möglichkeiten, bei denen der einzelne Erfolg haben oder scheitern kann, ganz wie es seinen persönlichen Fähigkeiten und nicht seiner Gruppenzugehörigkeit entspricht. Ihre Vorstellung von der internationalen Arena ist sehr ähnlich. Sie wollen einen fairen, keinen freien Handel. Sie glauben, daß sie in einem fairen Wettbewerb gewinnen können. Sie brauchen ausländische Märkte und internationalen Handel, aber sie verlangen, daß alle nach denselben Regeln spielen. Die neuen Pioniere erwarten von Washington, daß es die Steuern senkt, strangulierende Verordnungen aufhebt und die Firmen im Grunde sich selbst überläßt. Dennoch wird diese Haltung zunehmend von der Erkenntnis bestimmt, daß sie Washington mehr und mehr brauchen, um neue Spielregeln des internationalen Handels durchzusetzen. Außerdem verlangen sie vom Kongreß eine Reihe von Gesetzen, die ihnen helfen, dem Wettbewerb mit dem Ausland standzuhalten. Und da sich die Verteidigungsausgaben vor allen anderen erhöhen, erwarten sie von dieser Politik Washingtons steigende Profite.

Den Kern des hochtechnologischen Wertsystems bildet ein starker Nationalismus. Für Unternehmer, die oft gegen die Japaner gekämpft und verloren haben, sind die Vereinigten Staaten auf den internationalen Märkten fast so etwas wie ein Underdog. Sie stellen nicht mehr die Supermacht vergangener Jahrzehnte dar. Nach Ansicht dieser Unternehmer müssen die USA die wenigen in der Hochtechnologie erfolgreichen europäischen Firmen scharf im Auge behalten und den japanischen Großkonzernen, die das 21. Jahrhundert zu dem ihrigen erklärt haben, entschieden entgegentreten. Darüber hinaus sind die »Techno-Leute« stolz darauf, daß ihre Firmen weltweit zu den fortgeschrittensten zählen. Sie expandieren, während die alten Industrien verfallen und in der postindustriellen Epoche zum historischen Anachronismus werden. Die Männer der pazifischen Region identifizieren das Amerika der Zukunft mit ihren eigenen Anstrengungen, ihrem eigenen Streben und ihrer fortgeschrittenen Technologie. Das Amerika der Vergangenheit, der jammervollen siebziger Jahre, der verlorenen Kriege, der Inflation, des wirtschaftlichen Niedergangs versinkt mit der alten Wirtschaft des Nordostens und Mittleren Westens im Orkus der Geschichte.

Die engen Beziehungen zwischen dem »Silicon-Tal« und dem Pentagon verstärken diesen Nationalismus. Ebenso wie die Ausgabenpolitik des japanischen MITI hat die des amerikanischen Verteidigungsministeriums bei der Förderung komplizierter Elektronik immer eine entscheidende Rolle gespielt.

In einer von Individualismus, Nationalismus, dem Bekenntnis zu Wachstum und den Ressentiments gegenüber einer zu mächtigen Regierung geprägten Unternehmensphilosophie bleibt für die Gewerkschaften wenig Raum. Alle, die im »Silicon-Tal« arbeiten, verbindet eine Abneigung gegen die Gewerkschaften, die ihrer Meinung nach ohnehin wenig für sie tun können. Das »job hopping«, das schnelle Wechseln der beruflichen Positionen, gehört in Kalifornien zum Lebensstil. Die neuen Unternehmer können die Gewerkschaften noch weniger gebrauchen. Sie betreiben ihre Firmen in einem patriarchalischen Stil, der stärker an japanische Unternehmen erinnert als an General Motors. Gewinnbeteiligung, Swimmingpools und andere firmeneigene Sportanlagen sind allgemein üblich. Familiensinn wird geschätzt, der Glaube an die eigene Mission eingetrichtert. Jede Firma fordert den Rest der Welt heraus.

Ronald Reagan und das »Silicon-Tal«

Das hochtechnologische Amerika ist im Grunde konservativ. Hier gewann Ronald Reagan 1980 die meisten Stimmen, und umgekehrt symbolisiert seine Präsidentschaft den Aufstieg der Pazifikregion zur Macht. Ihre Stimmen gewann Reagan, indem er seiner Hoffnung und seinem Glauben an Amerika Ausdruck verlieh und versprach, das Schicksal des Landes positiv zu wenden. Reagans angebotsorientierte Politik konzentrierte sich auf Wachstum und Kapitalakkumulation, nicht auf Umverteilung und Konsum. Seine Steuerermäßigungen und Kürzungen am Sozialetat sollten die Märkte von der Einmischung des Staates befreien. Beides kam im »Silicon-Tal« gut an. Auch Reagans Einsatz für höhere Verteidigungsausgaben fand Beifall. Vielleicht war es aber am wichtigsten, daß das Image des Präsidenten als eines Mannes auf dem Pferderücken, der aus dem Westen angeritten kommt, um die »bösen« Burschen im Osten – von den

»dekadenten« Liberalen bis hin zu den Sowjets – zu bekämpfen, ihn und die Republikanische Partei zum Hort für die politischen Glaubensinhalte des hochtechnologischen Amerika machte. Denn in mancher Hinsicht teilen die Leute der Pazifikregion kleinkarierte »Amerika über alles«-Haltungen, die bei den Republikanern schon immer vorhanden waren.

Aber es wird ihnen nun bewußt, daß die Republikanische Partei der frühen achtziger Jahre eine besondere Koalition von Gruppen darstellt, mit denen sie nur sehr wenig gemein haben. In der Tat gibt es für sie gute Gründe, sich gegenüber vielen ihrer republikanischen Parteifreunde offen feindselig zu verhalten. Denn Ronald Reagan wurde von einer zerbrechlichen Koalition gewählt. Sie umfaßt sowohl die fundamentalistische religiöse Neue Rechte; die Moralische Mehrheit, die sich über den kulturellen und moralischen Verfall Amerikas sorgt; die aus ehemaligen Liberalen bestehende neokonservative intellektuelle Rechte; die ökonomische Neue Rechte der angebotsorientierten Richtung, welche die Wirtschaft des Landes in die Zeit vor der Präsidentschaft Franklin D. Roosevelts zurückführen möchte; als auch die traditionellen Kräfte der Republikanischen Partei, nämlich das Big Business und das kleinstädtische Amerika.

Die »Silicon-Tal-Leute« fanden zwar, daß sie mit den Vorstellungen der religiösen Rechten leben können, obwohl diese der rationalen und naturwissenschaftlichen Grundlage der hochtechnologischen Gesellschaft total widersprechen, aber sie entdeckten sehr schnell in der Republikanischen Partei etwas viel Bedrohlicheres. Ronald Reagan, so stellte sich nämlich heraus, ist ein Konservativer, der nach rückwärts schaut, und keineswegs ein Mann der Zukunft, der die USA in den elektronischen Krieg der Sterne führen kann. Sein Konservatismus beruht auf der Vorstellung von einem Amerika der Schornsteine, einer mächtigen Nation, die weiterhin Stahl, Autos und chemische Produkte hervorbringt – alles Produkte der vergangenen schwerindustriellen Epoche.

Reagans konservatives Image wurde in eine angebotsorientierte Wirtschaftspolitik eingebracht, die, wie sich herausstellte, das Big Business und nicht die blühenden neuen Firmen des Westens und Südwestens bevorzugte. Schlimmer noch, es zeigte sich, daß seine Politik die angeschlagenen, untergehenden Industrien des Nordostens und Mittleren Westens sogar mehr als alles andere begünstigte. Gewiß, der Grundtenor der Ausgabenkürzungen wurde begrüßt, und es gab ein paar symbolische Wohltaten für Forschung und Entwicklung, die auch halfen. Aber im großen und ganzen war Reagans Steuerpaket so geschnürt, daß es den archaischen, überholten Industrien der Vergangenheit erheblich nützte. Nimmt man noch die unglaublichen Defizite im Staatshaushalt von jährlich 100 bis 200 Milliarden Dollar hinzu, die alles Kapital aufzufressen drohen, das die hungrigen Unternehmer benötigen, wird verständlich, daß sich in der Region am Pazifik sehr schnell Mißvergnügen breitmachte. Plötzlich erkannten die neuen Pioniere, daß die Lobby des Big Business das Ohr des Präsidenten hat. Und nun wurde auch klar, daß das hochtechnologische Amerika in Washington über keine wirksame Stimme verfügt. Im Bereich der binnenwirtschaftlichen Politik sprechen weder die Republikaner noch die Demokraten für die Techniker aus dem Westen. Und diese verachten jenen Teil der Republikanischen Partei, der mit den verfallenden Industrien des Nordostens und Mittleren Westens verbündet ist; sie haben keine Gemeinsamkeiten mit der religiösen Rechten; sie betrachten die politischen Ergüsse der New Yorker Neokonservativen mit Nachsicht; und sie verstehen die konservative Nostalgie des Präsidenten, weisen sie aber gleichwohl zurück. Es könnte deshalb möglich sein, daß die Wählerschaft aus dem »Silicon-Tal« Ronald Reagan bei der Präsidentschaftswahl 1984 nicht mehr unterstützt.

Eine neue Machtkonstellation

Ein schwächer werdendes Europa, ein aufsteigendes Japan, ein von Unordnung bedrohtes sowjetisches Imperium und ein Amerika, das sich von seinen atlantischen Alliierten zu entfernen beginnt: all das verändert die nach dem Zweiten Weltkrieg entstandene Machtbalance drastisch. Wir erleben zur Zeit einen jener historischen Augenblicke, in denen sich entscheidende Veränderungen auf der weltpolitischen Bühne bereits deutlich abzeichnen. Niemand weiß, wann das politische Erdbeben eintreten und welche Neuordnung ihm folgen wird.

Zwei Szenarien sind möglich. Sie hängen in hohem Maße vom Tempo des technologischen Wandels ab sowie von den politischen Antworten in den Hauptstädten der Welt und den dadurch verursachten Reaktionen auf das Gleichgewicht der Kräfte.

Das »dunkle« oder »pessimistische« Szenario beschreibt ein Europa, das in den späten achtziger Jahren im wirtschaftlichen Morast versinkt. Die Regierungen sind unfähig, eine Politik zu betreiben, die neue hochtechnologische Industrien fördert und stärkt. Statt dessen schütten sie Zigmilliarden Dollar über veraltete Schwerindustrien aus, um die Arbeiter und Wähler zu beruhigen. Die Arbeitslosigkeit steigt steil an, in den Straßen kommt es zu Gewalt, und eine politische Polarisierung ist unvermeidbar. Die Europäische Gemeinschaft zerbricht, und die NATO besteht nur noch auf dem Papier, wenn sich die Bundesrepublik mit der Stationierung der amerikanischen Pershing II und der Cruise Missiles auf ihrem Boden nicht abfindet. Bonn unterzeichnet mit Moskau einen Vertrag, der die Wiedervereinigung Deutschlands um das Jahr 2000 herum in Aussicht stellt, sofern die Bundesrepublik sich als neutral erklärt. Am Mittelmeer entsteht ein von Frankreich angeführter Gemeinsamer Markt. Zur gleichen Zeit fällt die sowjetische Wirtschaft weiter hinter den Westen zurück. In der Ukraine entsteht eine Organisation nach dem Muster der polnischen Gewerkschaft »Solidarität«, die schon nach kurzer Zeit von den sowjetischen Truppen zerschlagen wird. Zu ähnlichen Vorgängen kommt es in den baltischen Republiken. Moskau verstrickt sich in ein militärisches Abenteuer gegen China oder im Mittleren Osten, um durch einen wiederbelebten Nationalismus von der wachsenden Unruhe im Innern abzulenken.

Japan vergrößert seinen hochtechnologischen Vorsprung vor Europa und den Vereinigten Staaten durch neue Durchbrüche auf dem Gebiet der Computer, der Telekommunikation, der Biotechnik und der Konsumelektronik. 1985 erzielt es im Handel mit Amerika einen Überschuß von 50 Milliarden Dollar. Tokio beginnt, komplizierte militärische Waffensysteme zu exportieren, und die Überlegenheit des Landes in der Elektronik verschafft ihm eine klare Führung auf dem globalen Waffenmarkt, wobei es den USA, Frankreich und der Sowjetunion die Verträge wegschnappt.

In den Vereinigten Staaten setzt die Regierung ihre nostalgische Politik fort und unterstützt weiterhin die verfallende Schwerindustrie. Es gibt nach wie vor riesige Haushaltsdefizite; eine zweistellige Inflationsrate und hohe Zinssätze sind wieder an der Tagesordnung, und das wirtschaftliche Wachstum kriecht so um die ein bis zwei Prozent dahin. Die Arbeitslosigkeit erhöht sich bis 1985 sprunghaft auf 18 Prozent. In den Fabriken und in vielen Städten kommt es zu Krawallen und Aufständen, der Rassismus wird erneut ein schwerwiegendes politisches Problem. Die hochtechnologischen Industrien im Westen und Südwesten gedeihen, wenn auch mit geringeren Wachstumsraten als in den frühen achtziger Jahren. Die Rüstungsausgaben nehmen in starkem Maße zu, weil man der sowjetischen Herausforderung begegnen will, und die Pazifikregion wird vom Pentagon immer abhängiger.

Wenn sich die Welt in diese Richtung entwickelt, ist es möglich, daß sich in den USA ein autoritäres Regime etabliert. Ein fahnenschwenkender Nationalismus wird sich ausbreiten und den extremen Gruppierungen der Neuen Rechten größere Macht verschaffen. Enge Beziehungen zwischen den hochtechnologischen Firmen am Pazifik und dem Pentagon einerseits sowie zwischen der alten Schwerindustrie des Nordostens und Mittleren Westens und dem Kongreß andererseits werden einen Staatskapitalismus hervorbringen, wobei Washington eine immer bedeutendere Rolle zukommt. Der Riß zwischen den verschiedenen Regionen des Landes wird sich verbreitern.

Eine Welle des Protektionismus wird über die internationalen Märkte hinweggehen, und Washington wird, wenn auch inoffiziell, gegen japanische Waren einen Boykott verhängen.

Polizei und Armee werden die Aufstände des Superlumpenproletariats und der Maschinenstürmer gewaltsam niederschlagen, und man wird die bürgerlichen Freiheiten einschränken. Diese Bedingungen werden für den Rest des Jahrhunderts herrschen. Dann könnte der Übergang in die hochtechnologische Gesellschaft vollzogen sein. Mit sinkender Arbeitslosigkeit werden die USA zu demokratischeren Zuständen zurückkehren.

Es gibt aber auch ein »helles« oder »optimistisches« Szenario für die unmittelbar vor uns liegende Zukunft, ein Szenario, das mindestens ebenso gute Aussicht auf Verwirklichung hat wie das »dunkle«.

Nach dieser Vorstellung schafft Europa unter Mühen den Übergang von der schwerindustriellen zur hochtechnologischen Wirtschaft und erholt sich allmählich. Seine Arbeitslosenrate steigt zwar von gegenwärtig etwa zehn auf 14 Prozent, aber die neuen Industrien haben genügend Kraft, den jungen Leuten wieder Beschäftigungsmöglichkeiten zu eröffnen. Die Europäische Gemeinschaft bleibt bestehen, wenn auch angekränkelt. Die Bundesrepublik akzeptiert die Stationierung einer begrenzten Anzahl neuer US-Raketen, und die NATO bleibt heil. Frankreich, die Bundesrepublik, Großbritannien und Italien weiten ihre technologischen Verbindungen zu US-Firmen aus, und steigende Rüstungsausgaben spornen die einheimischen Elektronikindustrien zu neuen Fortschritten an. Frankreich schafft den Übergang zu einer hochtechnologischen Gesellschaft, und die Macht innerhalb Europas verlagert sich nach Paris.

In Moskau wird eine neue politische Führung durch einen Krieg im Mittleren Osten oder in Asien geschockt, der ihr deutlich vor Augen führt, daß die modernsten Waffensysteme der Sowjetunion kein ernsthafter Gegner für die neue, mit Elektronik vollgestopfte Hardware der Vereinigten Staaten sind. Diese Gruppierung gewinnt einen internen Machtkampf gegen den KGB und den militärisch-industriellen Komplex, und sie wendet sich einer Politik zu, die auf die Wiederbelebung der sowjetischen Wirtschaft zielt. Sie argumentiert, ohne massive Veränderungen in der Wirtschaft werde die Sowjetunion dem Kapitalismus zum Opfer fallen.

In diesem Szenario bleibt Japan die mächtigste hochtechnologische Nation. Seine Exporte im militärischen Bereich wachsen. Aber es wird von seinen Problemen eingeholt. Durch eine alternde Arbeiterklasse, die Unfähigkeit zur Innovation und zunehmende Arbeitslosigkeit wird die Führung des Landes ausgehöhlt. Immer neue Forderungen der älteren Leute und der Verbraucher führen zu einer größeren Umverteilung des Reichtums. Japan behält, wenn auch geschwächt, die Führung. Alles in allem findet im pazifischen Bekken nach wie vor ein sehr viel schnelleres Wachstum als in jedem anderen Teil der Welt statt, und Japans Verbindungen zu den Vereinigten Staaten werden deutlich enger.

In den USA erzwingt die Hochtechnologie eine neue Öffnung der Grenzen. Ein Kurswechsel in der Finanzpolitik Washingtons reduziert die gigantischen Haushaltsdefizite, und die Zinssätze fallen stark. Außerdem verabschiedet der Kongreß ein zukunftsweisendes Technologieprogramm. Hochtechnologische Industrien, »befruchtet« von den reformierten Universitäten des Nordostens und Mittleren Westens, breiten sich auch außerhalb der Pazifikregion im Land aus. Die Roboterindustrie ersetzt die Automobilindustrie in Ohio und Michigan. Hohe Wachstumsraten verringern die Arbeitslosenquote auf acht Prozent. Von der Regierung geförderte Programme zur Umschulung der entlassenen Arbeiter werden verabschiedet und bewähren sich.

Die Verteidigungsausgaben der Vereinigten Staaten gehen langsam zurück. Die hochtechnologischen Firmen am Pazifik konzentrieren sich auch weiterhin auf Güter für die Verbraucher statt für das Militär; sie orientieren sich am Markt und nicht am Pentagon. Diese Marktorientierung macht die Unternehmen effizienter und konkurrenzfähiger gegenüber den Japanern.

Eine Explosion individueller Kreativität erzeugt eine Flut neuer Produkte. Ein Goldenes Zeitalter der Erfindungen bricht an. Die amerikanische Handelsbilanz wird wieder positiv. Der Wert des Dollars steigt drastisch, und der Trend zum Protektionismus kehrt sich um.

In der Welt entsteht eine neue Machtbalance. Die USA und Japan werden die führenden Staaten sein, weil sie den Sprung in die Nach-OPEC-Gesellschaft der Hochtechnologie als erste schaffen. Ein »progressiver Konservatismus« entflammt den Einfallsreichtum der Amerikaner, und die Wertschätzung der individuellen Kreativität entspricht der sozialen Verantwortung gegenüber den Opfern der größten technologischen Revolution der letzten 100 Jahre. Der Übergang zur neuen Wirtschaftsform verläuft friedlich. Der Vorhang vor dem 21. Jahrhundert geht auf, und eine neue Ära beginnt.

Zwei Szenarien für die Welt – ein dunkles und ein helles. Für beide stehen die Chancen 50 : 50.

Register

Adenauer, Konrad 96, 115
Advanced Micro Devices 195
AEG-Telefunken 102, 106, 111, 116
Aérospatiale 206, 208
Afghanistan 47, 113, 137, 240
Agnelli, Giovanni 203
Airbus 191, 208
Ajinomoto (japan. Firma) 104, 258
Alfa-Romeo 205
Algerien 84
Amaya, Naohiro 268
Amdahl Corp. (amerik. Firma) 287
American Motors Corp. (AMC) 34
Andropow, Juri 120
Angola 83
Antarktis 83
Antiope-System 72
Apple Computer 30, 62, 132, 157, 217, 239, 249, 266, 285, 287, 302
Arabisch-israelischer Krieg von 1973 76
Arktis 83
Aron, Paul 37
Asea Incorporation (schwed. Firma) 45, 209
Atari 30, 62, 156 f.
AT & T (American Telephone and Telegraph Company) 64 f., 68 ff., 191 ff.
AWACS-Frühwarnsystem 81

Baibakow, Nikolai 130
Bakterienfabrik 48, 98, 202, 249
Baltimore, David 285
Bank of America 76
BASF AG 103, 287
Bayer AG 103
Belgien 212
Bell Telephone System (Ma Bell) 64, 193, 283
Bendix Corporation 38
Benedetti, Carlo de 203 f., 300
Berti, Humberto Calderon 85
Biogen Co. 53, 285
Biotechnik 30, 48, 104 f., 122, 132, 148, 162, 202, 209, 257, 266
Biotechnology Investments 56
Bismarck, Otto von 31, 97
BMW 94
Bonn 93, 96 ff., 109 ff., 116, 188, 307
Boyer, Charles 52, 57, 59, 283 ff.
Brandt, Willy 92, 116
Brasilien 163 ff., 182, 184
Breschnew, Leonid 46, 120, 144 f.
British Leyland 205
Bundesrepublik Deutschland 31, 91–118, 188 f., 212, 307 ff.
Burns International Securities Services 220
Byung-Chull Lee 167 ff., 302

311

Cables de Lyon (franz. Firma) 200
CAD-CAM 181, 196
California Institute of Technology (Cal Tech) 52, 283
Carnegie Mellon University 289
Castro, Fidel 198
Carter, Jimmy 240
Caterpillar Tractor 240
CBS 67, 72
Celanese Corporation 298
Cetus Company 50, 53f., 58, 285
Chaplin, Charlie 32
Chase Bank 76, 89, 147
Chile 171
China (VR) 83, 159ff.
Chruschtschow, Nikita 121, 128, 134
Chrysler 34
Chun Doo-Hwan 169
Chung Ju Yung 167
Churchill, Winston 185
Cii-Honeywell-Bull 189, 206
Cincinnati Milicron Co. 38
CIT-Alcatel 99, 201f.
Citibank 63, 76, 89
Citicorp. 63, 67
Club of Rome 302
Coca Cola 264
COCOM (Coordinating Committee on Exports Controls) 192, 239f.
Cohen, Stanley 52, 57, 59, 283f.
Collaborative Genetics Inc. 285
Collaborative Research, Inc. 58
Commerzbank 106
Commodore Computer 287
Compagnie Coppée de Développement (belg. Firma) 56
Compagnie Générale d' Electricité 193, 201f.
Computer aided manufacturing (CAM) 43f.
Control Data Corporation 138, 163, 236

Corning Glass 70, 170, 193, 200, 205, 286
Craig, Gordon A. 107
Crick, Francis 59

Daimler-Benz 45, 106
Dainichi Kiko (jap. Firma) 155
Daiwa Securities Company 37
Dänemark 209ff.
Data-Saab 186
Datenschutz 182ff., 199
Daussalt-Breguet (franz. Firma) 205
DDR 115ff., 140
Deniau, Jean-François 116f.
Detroit 34, 36, 80, 249f., 278, 297
Deutsche Bank 89, 106
Digital Equipment Corporation 241
Direction Générale des Télécommunications (DGT) 199
DNS 59, 285
Doppelhelix 59
Dow Chemical Industries 58, 104
Dresdner Bank 89, 106, 147
Dritte Welt 112, 151–176, 197f.
Du Pont 104

Eastern Airlines 191
Einstein, Albert 103
Elf-Aquitaine 202
Embratel (brasil. Firma) 164
Emminger, Otmar 211
Engleberger, Joseph F. 33, 35
Erhard, Ludwig 96, 115
Europäische Gemeinschaft (EG) 25, 92, 109ff., 115ff., 118f., 187, 212, 307ff.
Europäische Wirtschaftsgemeinschaft (EWG) 95f., 187

Fairchild Camera and Instrument Corporation 154, 223, 283
Falklandinseln 83, 86f., 205
Federal Communications Commission (FCC) 64

Fiat 36, 45, 131, 203
Finnland 140, 239
Ford, Henry 43
Ford Motor Corp. 34
Frankreich 56, 94, 164, 173, 182, 187f., 199ff., 205ff., 212, 235f., 247, 264, 307ff.
Fuji Bank 99
Fujitsu Fanuc 24, 31f., 35, 38, 41, 70f., 99, 154, 187, 193ff., 204f., 209, 226, 246, 257, 261ff., 287

Gabun 83
Gareis, Hansgeorg 105
GATT 187
Genchirurgie 49ff., 298
Genentech Co. 52f., 54, 59, 284f.
General Electric 40f., 44f., 286, 289
General Motors 34, 38, 44, 202, 289
General Telephone and Electronics Corporation 99, 189, 209
Genex Co. 53, 58
Ghana 151
Gilbert, Walter 285
Giscard d'Estaing, Valérie 116, 199
Griechenland 212
Großbritannien 56, 84, 86, 94, 188f., 212, 247, 287, 309
Grundig 94

Halbleiter 38, 52, 98
Harris Corporation 193, 207, 235f., 287
Harvard Business School 280, 302
Harvard University 53, 55, 104, 285, 291, 298
Herrera Campins, Luis 85
Hewlett-Packard (amerik. Firma) 165f.
Hitachi 24, 44f., 154, 193, 195, 205, 216, 220, 225ff., 245, 257, 261ff., 287
Hitler, Adolf 103f., 122, 132
Hoechst AG 55f., 103ff., 298

Hoffmann-La Roche 56
Honda Motors 99, 205, 250, 264
Honecker, Erich 140
Hongkong 156ff., 169
Hughes Aircraft 164, 210

IBM 24, 30, 38, 42, 63ff., 71f., 99, 102, 135, 155, 165, 181, 187f., 195, 206, 215ff., 225ff., 235, 244, 261, 264f., 283, 286ff.
ICL (brit. Firma) 188, 287
Indien 153, 155, 159
Indonesien 84, 151, 156
Intel Corporation 138, 163, 207, 221f., 224, 232, 235f., 283, 302
Intergovernmental Bureau for Informatics (IBI) 198
Internationaler Währungsfonds 151
International Program for Development of Communications 197
International Seabed Authority (ISA) 173ff.
Iran 82
Israel 88, 123, 162f.
Italien 188f., 203f., 309
ITT (amerik. Firma) 99, 209

Jamani, Scheich Achmed Zaki 87f.
Japan 31, 34, 39, 55ff., 71, 108, 153, 168ff., 189, 193ff., 204f., 216, 239, 243–273, 243–273, 287, 307ff.
Japan Development Bank 254
Japan Electronic Computer Company 263
Japan Industrial Robot Association (JIRA) 263, 291
Japan Robot Lease Company (JAROL) 263
Japscam-Affäre 216, 223–229, 237

Kabelfernsehen 67ff.
Kanada 239

313

Kawasaki Heavy Industries 35, 38, 47, 141, 258
Kennecott Copper (amerik. Firma) 175
Kentucky Fried Chicken 264
Kissinger, Henry 92, 278
Kodak 248, 286
Kohl, Helmut 117
Kolumbien 163
Koppers Company 53
Koreakrieg 95
Krupp AG 106, 128
Krupp, Alfred 114
Kuwait 76, 82

Lafarge Coppée (franz. Firma) 56, 202
Leica 94
Libanonkrieg 1982 88, 123, 236
Libyen 82, 84f.
L. M. Ericsson 99, 186, 189, 209f.
Lockheed Aircraft 175
Lovell, Malcolm R., jr. 293
Lysenko, Trofim Desinowitsch 132ff.

MacArthur, Douglas 247, 256
Malaysia 154, 156
Mannesmann 113, 116
Manufacturers Hanover Bank 147
Mao Tse-tung 159
Marathon Oil 281
Massachusetts General Hospital 55, 104
Massachusetts Institute of Technology (MIT) 53, 234, 285
Matra (franz. Firma) 207f., 235f.
Matsushita Electric Corporation 24, 161, 269, 287
McDonald's 48, 290f.
McDonnell-Douglas-Flugzeugwerke 181, 215
MCI Communications Corp. 65, 71
Mellon, Andrew 167

Metternich, Klemens 92
Mexiko 76, 81, 84, 86, 154f., 165f.
MicroTek International 161
Mitel (kanad. Firma) 65
MITI (Ministry of International Trade and Industry) 58, 123, 259–268, 304
Mitsubishi Chemical Industries 59
Mitsubishi Electric Company 195, 216, 220, 225ff., 245, 261
Mitterrand, François 206
Mitterrand, Jacques 206
Morita, Akio 248, 302
Mormac Technology Corp. 222
Moskau 46, 93, 96, 112f., 124, 136, 215, 238ff., 309
Motorola (amerik. Firma) 137, 154, 161, 163, 195, 232
Multitech International (amerik. Firma) 161

Nakasone, Yasuhiro 272
NASA 164
National Academy of Sciences 60
National Destillers and Chemical Corporation 50f., 53
National Institutes of Health (NIH) 60
National Semiconductor Corporation 163, 224, 227, 236, 285
NATO 25, 109, 112, 117f., 130, 239, 307ff.
Nigeria 84f., 163
Nippon Electric Corporation (NEC) 71, 193ff., 205, 226, 261ff., 285, 287, 291
Nippon Telegraph and Telephone Company (NTT) 71
Nixon, Richard 278
Nokia (finn. Firma) 47, 141
Norsk Data (norweg. Firma) 209f.
Norwegen 183, 209ff.
Novo Industries (dän. Firma) 56, 209f.
Noyes, Robert 302

DIE VERKABELTE GESELLSCHAFT

Hans Peter Bleuel

Der Bürger im Netz neuer Technologien

verlegt bei Kindler

Bleuel beschreibt die vielen Annehmlichkeiten, die die neuen Technologien mit sich bringen, verschweigt aber auch nicht die wirtschaftlichen Ziele und die gesellschaftlichen Folgen dieser Entwicklung, die unaufhaltsam auf uns zukommen wird. 160 Seiten.

Erhältlich in jeder Buchhandlung

**Dankwart Guratzsch (Hrsg.)
Siegbert Luckat
Peter Menke-Glückert
Bernhard Ulrich
Karl Friedrich Wentzel
Rolf Zundel
und andere**

Baumlos in die Zukunft?

verlegt bei Kindler

Das Sterben der Wälder ist kein Schicksal. In diesem Buch entwickeln namhafte Persönlichkeiten aus allen Bereichen aus der Bilanz der Schäden Strategien für das Überleben der Wälder.

272 Seiten mit zahlreichen graphischen Darstellungen und Tabellen.

Erhältlich in jeder Buchhandlung